国家重点档案专项资金资助项目

抗日战争档案汇编

吉林省档案馆藏日伪奴役与镇压劳工档案汇编

1

吉林省档案馆　编

中華書局

图书在版编目（CIP）数据

吉林省档案馆藏日伪奴役与镇压劳工档案汇编 / 吉林省档案馆编. —北京：中华书局，2024.12 —（抗日战争档案汇编）—ISBN 978-7-101-16897-6

Ⅰ. K265.606

中国国家版本馆CIP数据核字第20241L5S45号

书　　名　吉林省档案馆藏日伪奴役与镇压劳工档案汇编（全五册）
编　　者　吉林省档案馆
丛 书 名　抗日战争档案汇编
策划编辑　许旭虹
责任编辑　李晓燕　刘　楠
装帧设计　许丽娟
责任印制　管　斌
出版发行　中华书局
（北京市丰台区太平桥西里38号　100073）
http://www.zhbc.com.cn
E-mail:zhbc@zhbc.com.cn
图文制版　北京禾风雅艺文化发展有限公司
印　　刷　天津艺嘉印刷科技有限公司
版　　次　2024年12月第1版
2024年12月第1次印刷
规　　格　开本889×1194毫米　1/16
印张133.25
国际书号　ISBN 978-7-101-16897-6
定　　价　2600.00元

抗日战争档案汇编编纂出版工作组织机构

编纂出版工作领导小组

组　长　陆国强

副组长　王绍忠　付　华　魏洪涛　刘鲤生

刘玉峰　刘灿河　刘忠平　刘新华　汤俊峰　孙　敏
苏东亮　杜　梅　李宁波　李宗春　吴卫东　何素君
张　军　张明决　陈念芜　陈艳霞　卓兆水　岳文莉
郑惠姿　赵有宁　查全洁　施亚雄　祝　云　徐春阳
郭树峰　唐仁勇　唐润明　黄凤平　黄远良　黄菊艳
梅　佳　龚建海　常建宏　韩　林　程潜龙　焦东华
童　鹿　蔡纪万　谭荣鹏　黎富文

编纂委员会

主　任　陆国强

副主任　王绍忠

顾　问　杨冬权　李明华

成　员（按姓氏笔画为序排列）

于学蕴　于晓南　于晶霞　马忠魁　马俊凡　马振犊
王　放　王文铸　王建军　卢琼华　田洪文　田富祥
史晨鸣　代年云　白明标　白晓军　吉洪武　刘　钊

编纂出版工作领导小组办公室

主　任　常建宏

副主任　孙秋浦　石　勇

成　员（按姓氏笔画为序排列）

李　宁　沈　岚　贾　坤

吉林省抗日战争档案汇编编纂工作组织机构

主　任　杨　川

副主任　周　颖　王　放　赵志刚　朱　力

编　委（按姓氏笔画为序排列）

马　岚　王心慧　王　满　付　利　冯晓忠

刘　丽　刘　岩　李　峰　李秀娟　李伟东

李拾芝　杨俊卿　杨惠波　陈长春　赵玉洁

《吉林省档案馆藏日伪奴役与镇压劳工档案汇编》编辑组

第一册

主　编　赵玉洁

副主编　刘正彬

编　辑（按姓氏笔画为序排列）

王　枫　孙艳波　李　星　单玉红　陶　敏　唐月波

翻　译（按姓氏笔画为序排列）

王　枫　吕春月　李　星　张　雪　柳泽宇

第二册

主　编　赵玉洁

副主编　孙艳波

编　辑（按姓氏笔画为序排列）

王　枫　单玉红　陶　敏　唐月波

翻　译（按姓氏笔画为序排列）

王　枫　朱一丹　陈凝峰　周　岩　贾　娟

第三册

主　编　赵玉洁

副主编　孙艳波

编　辑（按姓氏笔画为序排列）

王　枫　单玉红　陶　敏　唐月波

翻　译（按姓氏笔画为序排列）

王　枫　朱一丹　陈凝峰　周　岩　贾　娟

第四册

主　编　赵玉洁

副主编　王　枫

编　辑（按姓氏笔画为序排列）

孙艳波　单玉红　柴　瑜　唐月波

翻　译（按姓氏笔画为序排列）

王　枫　朱一丹　刘胜伟　陈凝峰　周　岩　贾　娟

第五册

主　编　赵玉洁
副主编　王　枫
编　辑（按姓氏笔画为序排列）
孙艳波　单玉红　柴　瑜　唐月波
翻　译（按姓氏笔画为序排列）
王　枫　朱一丹　刘胜伟　陈凝峰　周　岩　贾　娟

总序

为深入贯彻落实习近平总书记「让历史说话，用史实发言，深入开展中国人民抗日战争研究」的重要指示精神，国家档案局根据《全国档案事业发展「十三五」规划纲要》和《「十三五」时期国家重点档案保护与开发工作总体规划》的有关安排，决定全面系统地整理全国各级综合档案馆馆藏抗战档案，编纂出版《抗日战争档案汇编》（以下简称《汇编》）。

中国人民抗日战争是近代以来中国反抗外敌入侵第一次取得完全胜利的民族解放战争，开辟了中华民族伟大复兴的光明前景。这一伟大胜利，也是中国人民为世界反法西斯战争胜利、维护世界和平作出的重大贡献。加强中国人民抗日战争研究，具有重要的历史意义和现实意义。

全国各级档案馆保存的抗战档案，数量众多，内容丰富，全面记录了中国人民抗日战争的艰辛历程，是研究抗战历史的珍贵史料。一直以来，全国各级档案馆十分重视抗战档案的开发利用，陆续出版公布了一大批抗战档案，对揭露日本帝国主义侵华罪行，讴歌中华儿女勠力同心、不屈不挠抗击侵略的伟大壮举，弘扬伟大的抗战精神，引导正确的历史认知，发挥了积极作用。特别是国家档案局组织有关方面共同努力和积极推动，「南京大屠杀档案」被联合国教科文组织评选为「世界记忆遗产」，列入《世界记忆名录》，捍卫了历史真相，在国际上产生了广泛而深远的影响。

全国各级档案馆馆藏抗战档案开发利用工作虽然取得了一定的成果，但是，在档案信息资源开发的系统性和深入性方面仍显不足。正如习近平总书记所指出的：「同中国人民抗日战争的历史地位和历史意义相比，同这场战争对中华民族和世界的影响相比，我们的抗战研究还远远不够，要继续进行深入系统的研究。」「抗战研究要深入，就要更多通过档案、资料、事实、当事人证词等各种人证、物证来说话。要加强资料收集和整理这一基础性工作，全面整理我国各地抗战档案、照片、资料、实物等……」

国家档案局组织编纂《汇编》，对全国各级档案馆馆藏抗战档案进行深入系统地开发，是档案部门贯彻落实习近平总书记重要指示精神，推动深入开展中国人民抗日战争研究的一项重要举措。本书的编纂力图准确把握中国人民抗日战争的历史进程、主流和本质，用详实的档案全面反映一九三一年九一八事变后十四年抗战的全过程，反映中国共产党在抗日战争中的中流砥柱作用以及中国人民抗日战争在世界反法西斯战争中的重要地位，反映国共两党「兄弟阋于墙，外御其侮」进行合作抗战、共同捍卫民族尊严的历史，反映各民族、各阶层及海外华侨共同参与抗战的壮举，展现中国人民抗日战争的伟大意义，以历史档案揭露日本侵华暴行，揭示日本军国主义反人类、反和平的实质。

编纂《汇编》是一项浩繁而艰巨的系统工程。为保证这项工作的有序推进，国家档案局制订了总体规划和详细的实施方案，明确了指导思想、工作步骤和编纂要求。为保证编纂成果的科学性、准确性和严肃性，国家档案局组织专家对选题进行全面论证，对编纂成果进行严格审核。

各级档案馆高度重视并积极参与到《汇编》工作之中，通过全面清理馆藏抗战档案，将政治、军事、外交、经济、文化、宣传、教育等多个领域涉及抗战的内容列入选材范围。入选档案包括公文、电报、传单、文告、日记、照片、图表等多种类型。在编纂过程中，坚持实事求是的原则和科学严谨的态度，对所收录的每一件档案都仔细鉴定、甄别与考证，维护档案文献的真实性，彰显档案文献的权威性。同时，以《汇编》编纂工作为契机，以项目谋发展，用实干育人才，带动国家重点档案保护与开发，夯实档案馆基础业务，提高档案人员的业务水平，促进档案馆各项事业的发展。

守护历史，传承文明，是档案部门的重要责任。我们相信，编纂出版《汇编》，对于记录抗战历史，弘扬抗战精神，发挥档案留史存鉴、资政育人的作用，更好地服务于新时代中国特色社会主义文化建设，都具有极其重要的意义。

抗日战争档案汇编编纂委员会

编辑说明

九一八事变后，为阻断关内对东北抗日救亡运动的支持，确立伪满洲国「治安秩序」，关东军在操纵伪满政权制定取缔「外国劳动者」的「劳动统制」政策的同时，于天津设立大东公司管控关内招募、输送东北劳工事务。一九三七年起，日本加紧在东北开矿建厂，修路筑坝，修建秘密军事工程。为应对劳力紧缺局面，关东军违反国际法，强迫战俘、「司法矫正」对象及平民、流浪者以「特殊工人」、「辅导工人」、「保护工人」或一般劳工身份「就劳」。伪满中后期，又把针对性的强制劳动调整为「全民皆劳」，即全民劳工化。面对日伪残酷的统制、奴役、镇压，东北劳工以躲避征用、怠工罢工、武装暴动等形式进行了不屈不挠的斗争，谱写了一曲曲反帝国主义压迫的英雄壮歌。

吉林省档案馆选录馆藏日文档案原件，影印出版《吉林省档案馆藏日伪奴役与镇压劳工档案汇编》（以下称《汇编》），按「主题—时间」体例编辑，分为日伪在东北劳动统制政策的制定、日伪在东北劳动统制的实施、劳工反抗与日伪镇压三部分内容，史料丰富翔实，为研究日本对东北掠夺史和东北人民反日斗争史，追究日本战争责任，提供了有力的第一手资料。

《汇编》收录主体为日本关东军战败焚余档案；为维护史实原貌，也辑取了日本华北派遣军操控成立的反动政治组织「新民会」形成的《伪中华民国新民会劳工指导要领》入书，以全面反映该组织对关东军东北劳务统制的帮凶作用。

《汇编》对部分残损缺失或字迹模糊但不影响阅读的档案全文保留；对仅局部内容涉及劳工问题或页面破损严重的档案做了节选处理，在标题末尾标明「（节选）」。原标题完整或基本符合编纂要求的使用原标题，原标题有明显缺陷的进行了修改或重拟，无标题的加拟标题。标题中的机构名称使用机构全称或规范简称，历史地名沿用当时地名，地名出现繁体字、错别字的予以径改；人物姓名、机构名称及伪满专用名称（如「特殊工人」「辅导工人」「保护工人」）等予以保留；档案成文时间不完整或不准确的作了补充或订正，没有考证出时间的标注「时间不详」。只有年份、月份没有具体日期的排在该月末；只有年份的排在该年末；时间不详或只有月份、日期而没有年份的排在该专题末。

限于篇幅，全书不作注释。

由于时间仓促，档案公布量大，编者水平有限，疏漏之处在所难免，恳请读者及同行专家指正。

编　者

二〇二〇年八月

总目录

总　序

编辑说明

第一册

一、日伪在东北劳工统制政策的制定

奉天宪兵队长三浦三郎关于一九三四年度从营口入境的苦力监管现状及将来对策致日本关东宪兵队司令官岩佐禄郎的报告（通牒）（一九三五年一月十四日）……〇〇三

日本关东局警务部长关于实施外国劳工监管规则及「支那」报纸舆论的调查报告（一九三五年四月六日）……〇一七

伪满洲国劳工协会关于劳工协会「组」工作及其组织规则致日本关东宪兵队司令部的呈（一九三五年四月十六日）……〇三六

附一：伪满洲国劳工协会「组」组织规则……〇三九

附二：各组劳工调查表样本……〇四五

海拉尔宪兵队本部关于管辖内（伪兴安北省）劳工现状及对策的调查报告（一九三九年五月十五日）……〇四七

伪满治安部警务司长植田贡太郎关于特别地区内日军所发身份证明书携带者管理事宜致日本关东宪兵队司令部警务部长的通牒（一九三九年六月二日）……〇七四

附：日本关东宪兵队司令部警务部长齐藤美夫关于指导对军队所发身份证明书携带者监管事宜致伪满治安部警务司长的通牒（一九三九年五月二十七日）……〇七五

延吉宪兵队长矶高麿关于军事工程苦力的监管对策致日本关东宪兵队司令官城仓义卫的报告（通牒）
（一九三九年六月十五日）……〇七六
附：延吉宪兵队关于军事工程苦力的监管计划（一九三九年六月一日）……〇七八
伪中华民国新民会中央指导部制发的《新民会劳工指导要领》（一九三九年六月）……〇七九
延吉宪兵队长阿部起吉关于防止劳工流动的对策致日本关东宪兵队司令部等的报告（通报）
（一九四二年三月二十五日）
附：关于防止劳工流动对策的意见征求情况……一四八
日本关东军参谋长笠原幸雄关于保护工人管理问题的通牒（节选）（一九四二年八月二十八日）……一五六
伪满民政部大臣谷次亨、治安部大臣于琛澂关于管理辅导工人及保护工人致各公司、会社、
团体的训令（一九四二年九月九日）……一六〇
伪满民政部大臣谷次亨、治安部大臣于琛澂关于发布辅导工人及保护工人管理要领致伪满各省长、
伪新京特别市长的训令（一九四二年九月九日）……一六一
附一：辅导工人及保护工人管理要领（一九四二年九月九日）……一六二
附二：辅导工人管理要领……一六四
附三：保护工人管理要领……一八二
日本关东军经理部长关于定量配给军用劳工粮秣事宜致管辖内各部队的通牒（一九四二年十二月十九日）……一八七
日本关东军经理部长关于军用劳工粮秣等补给规定致管辖内各部队的通牒（一九四二年十二月二十四日）……一八九
日本关东军总参谋长关于部分修改《关东军筑城工程特殊工人管理规定》致管辖内各部队的通牒
（一九四三年三月十八日）……二〇〇
日本关东军经理部长关于修改部分军用劳工粮秣等补给规定致管辖内各部队的通牒（一九四三年三月二十日）……二〇二
日本关东军总司令官梅津美治郎关于第七〇部队长从「北支那」方面军接收俘虏事宜的命令
（一九四三年六月五日）……二〇三
附一：第七〇部队到站接收情况表……二〇八

附二：日本关东军总参谋长根据关总作命丙第一七五号所作的指示……二〇九
日本关东宪兵队司令部警务部长关于转发《关东军劳务处理要领及其细则》致关东宪兵队各队（抄送教习队、八六部队）长的通牒（一九四三年六月八日）……二一一
附：关东军劳务处理要领及细则（一九四三年三月二十二日）……二一二
日本关东军总司令官梅津美治郎关于第四四部队长从「北支那」方面军接收俘虏事宜的命令（一九四三年六月二十三日）……三〇七
附一：日军第四四部队到站接收情况表……三一〇
附二：日本关东军总参谋长根据关总作命丙第一八九号所作的指示……三一一
日本关东宪兵队司令部警务部长关于转发《关东军特殊工人管理规定》致关东宪兵队各队（抄送教习队、八六部队）长的通牒（一九四三年七月二十二日）……三一三
附：日本关东军总司令部编制《关东军特殊工人管理规定》（一九四三年七月）……三一六
东安宪兵队长关于接收分配管理直佣劳务者的命令（一九四三年九月一日）……三二九
伪满警务总局经济保安科关于劳务统制关系要纲一览表（一九四五年七月十日）……三三二
伪满洲国《决战勤劳对策》实施要纲（一九四五年）……三三五
日本关东防卫军司令部从防卫角度制发的目前和防卫令下达时重要矿山及工厂的参考劳务对策（时间不详）……三四八
伪满洲国劳务警察关系法规一览表（时间不详）……三六六
伪满洲国重要工厂、企事业空袭下的劳务对策（时间不详）……三七七

第二册

二、日伪在东北劳工统制的实施

伪满民政部警务司长关于送交一九三四年十一月苦力出入伪满及拒签者和日、鲜、中国人出入伪满统计表致伪满国务院统计处长、情报处长等的函（一九三五年一月二十一日）……○○三
附一：日、鲜、中国人出入伪满统计表（十一月）……○○四
附二：苦力出入伪满及拒签者统计表（十一月）……○○六
日本关东局警务部长关于山东苦力在营口港移动状况致日本对伪满事务局次长、外务次官等的函（一九三五年一月三十日）……○○七
日本关东宪兵队司令部警务部长关于要求调查大东公司致奉天宪兵队长的通牒（一九三五年一月三十日）……○一二
日本关东局警务部长关于大东公司奉天事务所开设情况致日本对伪满事务局次长、外务次官等的函（一九三五年二月九日）……○一四
日本关东局警务部长关于一九三五年一月来往大连港的「支那」苦力情况致日本对伪满事务局次长、上海总领事等的函（一九三五年二月十二日）……○一七
承德宪兵队长由里龟太郎关于调查一九三四年度入伪满苦力概况及管理现状致日本关东宪兵队司令官岩佐禄郎的报告（一九三五年二月十八日）……○二三
附：一九三四年度出入伪满苦力概况……○三四
日本关东局警务部长关于一九三四年来往大连港的「支那」苦力情况致日本对伪满事务局次长、外务次官等的函（一九三五年二月）……○四○
附一：一九三四年内苦力来往大连港月份表……○四三
附二：一九三四年内来往大连港苦力地区表……○四四

奉天宪兵队长三浦三郎关于调查一九三四年度入伪满苦力概况及监管现状致日本关东宪兵队司令官岩佐禄郎的报告（一九三五年三月六日） ……〇四五
附：一九三四年度出入伪满苦力概况 ……〇六一
日本关东宪兵队司令官关于一九三四年度入伪满苦力概况致日本关东军司令部、关东宪兵队司令部、各关东宪兵队（分队、分遣队）长的报告（通牒）（一九三五年四月四日） ……〇七二
附：一九三四年度入伪满苦力概况（一九三五年四月） ……〇七三
山海关机关关于一九三五年三月经山海关出入伪满的劳工情况及四月以后改变入伪满劳工限制标准致日本关东军参谋长的电报（一九三五年四月六日） ……一〇三
奉天宪兵队长三浦三郎关于营口纺纱厂奉天第一分厂工人动向致日本关东宪兵队司令官岩佐禄郎的报告（通牒）（一九三五年六月三日） ……一〇五
日本驻奉天总领事馆新民府分馆主任土屋波平、承德宪兵队长由里龟太郎、日本关东宪兵队司令官岩佐禄郎关于「满洲国劳工协会彰武县支部」设置计划及其背后关系的一组文件（一九三五年六月） ……一一一
由里龟太郎致岩佐禄郎的报告（通牒）（一九三五年六月十五日） ……一一一
土屋波平致岩佐禄郎的函（一九三五年六月十八日） ……一一九
附：（抄送信）土屋波平致南次郎的函（一九三五年六月十八日） ……一二〇
奉天宪兵队长三浦三郎、日本关东宪兵队司令官岩佐禄郎关于不予批准伪奉天市总工会工人登记处开设计划的一组文件（一九三五年六月） ……一二四
三浦三郎致岩佐禄郎的报告（通牒）（一九三五年六月二十日） ……一二四
伪奉天市总工会顾问菊池秋四郎提交的伪奉天市总工会工人登记处开设计划（一九三五年六月） ……一二八
附一：开设工人登记处的宗旨书（草案） ……一三〇
附二：奉天市总工会附属工人登记处章程（草案） ……一三二
附三：工人登记处收支预算书 ……一四三

新京宪兵队长马场龟格、日本关东宪兵队司令官岩佐禄郎关于伪满劳工协会再组织情况的一组文件（一九三五年六月至七月） …… 一四七
马场龟格致岩佐禄郎的报告（通牒）（一九三五年六月二十五日） …… 一四七
附一：伪满劳工协会本部事务局组织表 …… 一五五
附二：计划在伪新京组织的各行会调查表（一九三五年六月） …… 一五六
附三：伪满劳工协会地方相关人员调查表（一九三五年六月） …… 一五七
伪满劳工协会编制的劳工协会章程、劳工协会事务局规定（一九三五年七月二日） …… 一五九
孙吴宪兵队长和田昌雄关于调查七七事变时征用劳工情况致日本关东宪兵队司令官田中静一的报告（一九三八年三月六日） …… 一八四
伪满铁道警护总队总监三浦惠一关于特别地区苦力动向致日本关东宪兵队司令官城仓义卫的报告（一九三八年八月二十六日） …… 一八七
承德宪兵队长早川唯一关于从防谍立场对军用苦力实施就地检查情况致日本关东宪兵队司令官城仓义卫的报告（通牒）（一九三九年六月九日） …… 一九〇
牡丹江宪兵队长儿岛正范关于军事工程苦力动向致日本关东宪兵队司令官城仓义卫的报告（通牒）（一九三九年六月十二日） …… 二〇二
附：苦力逃跑及「拉拢策动」事件统计表 …… 二〇六
海拉尔宪兵队、日本关东宪兵队司令部关于军队直辖特殊工程苦力转用计划的往来文件（一九三九年六月） …… 二〇七
安藤次郎致城仓义卫的报告（一九三九年六月十六日） …… 二〇七
日本关东宪兵队司令部警务部长致海拉尔宪兵队长的电报（一九三九年六月二十二日） …… 二一四
伪满治安部警务司长植田贡太郎关于天津方面募集苦力状况致日本关东宪兵队警务部长等的报告（一九三九年六月二十五日） …… 二一六

延吉宪兵队长矶高磨关于五家子军事工程苦力情况致日本关东宪兵队司令官城仓义卫的报告（通牒）
（一九三九年七月十四日）……二一九
伪满劳工协会发行的《劳工协会报》（第三卷第二号）（一九四〇年二月一日）……二二五
伪满劳工协会国外部长饭岛满治关于送交一九四〇年一月出入伪满劳工统计月报致驻伪满特命全权大使、
治安部大臣等的函（一九四〇年二月二十九日）……三〇四
附：伪满劳工协会国外部编制的出入伪满劳工统计月报（一九四〇年一月）……三〇六
伪满劳工协会监理部长关于送交一九四〇年二月出入伪满劳工统计月报致伪满治安部警务司长、
民生部劳务司长等的函（一九四〇年五月二十日）……三一七
附：伪满劳工协会监理部编制的出入伪满劳工统计月报（一九四〇年二月）……三一九
伪满劳工协会监理部长关于送交一九四〇年三月出入伪满劳工统计月报致伪满治安部警务司长、
民生部劳务司长等的函（一九四〇年六月五日）……三三〇
附：伪满劳工协会监理部编制的出入伪满劳工统计月报（一九四〇年三月）……三三二
伪满劳工协会监理部长关于送交一九四〇年四月出入伪满劳工统计月报致伪满治安部警务司长、
民生部劳务司长等的函（一九四〇年七月十五日）……三四三
附：伪满劳工协会监理部编制的出入伪满劳工统计月报（一九四〇年四月）……三四五
伪满劳工协会监理部长关于送交一九四〇年五月出入伪满劳工统计月报致伪满中央银行调查课的函
（一九四〇年八月十三日）……三五六
附：伪满劳工协会监理部编制的出入伪满劳工统计月报（一九四〇年五月）……三五八
伪满劳工协会理事长重藤千秋关于送交一九四〇年六月出入伪满劳工统计月报致伪满治安部警务司长、
民生部劳务司长等的函（一九四〇年九月三十日）……三六九
附：伪满劳工协会监理部编制的出入伪满劳工统计月报（一九四〇年六月）……三七一

第三册

二、日伪在东北劳工统制的实施（续）

伪满劳工协会理事长重藤千秋关于送交一九四〇年七月出入伪满劳工统计月报致伪满治安部警务司长、民生部劳务司长等的函（一九四〇年十月一日）……〇〇三
附：伪满劳工协会监理部编制的出入伪满劳工统计月报（一九四〇年七月）……〇〇五
伪满劳工协会理事长近藤安吉关于送交一九四〇年九月出入伪满劳工统计月报致伪满治安部警务司长、民生部劳务司长等的函（一九四〇年十一月二十一日）……〇一六
附：伪满劳工协会监理部编制的出入伪满劳工统计月报（一九四〇年九月）……〇一八
伪满劳工协会理事长近藤安吉关于送交一九四〇年十月出入伪满劳工统计月报致伪满治安部警务司长、民生部劳务司长等的函（一九四〇年十二月二十日）……〇二九
附：伪满劳工协会监理部编制的出入伪满劳工统计月报（一九四〇年十月）……〇三一
伪满劳工协会理事长近藤安吉关于送交一九四〇年十一月出入伪满劳工统计月报致伪满治安部警务司长、民生部劳务司长等的函（一九四一年一月十七日）……〇四二
附：伪满劳工协会监理部编制的出入伪满劳工统计月报（一九四〇年十一月）……〇四四
伪满劳工协会理事长近藤安吉关于送交一九四〇年十二月出入伪满劳工统计月报致伪满民生部劳务司长、治安部警务司长等的函（一九四一年二月二十二日）……〇五五
附：伪满劳工协会监理部编制的出入伪满劳工统计月报（一九四〇年十二月）……〇五七
伪满民生部劳务司编制的一九四二年一月出入伪满劳工统计月报（一九四二年一月）……〇六八
通化宪兵队长石原健一关于东边道开发会社在山东省招募劳工状况致日本关东宪兵队司令部等的报告（通报）（一九四二年三月十九日）……〇七〇

伪满协和会中央本部调查部长坂田修一关于伪滨江省兰西县出现非法摊派致日本关东军司令官的报告
（一九四二年三月二十三日）……〇七五
附：安城村非法摊派调查表……〇七六
通化宪兵队长石原健一关于一九四二年三月东边道开发会社招募劳工状况致日本关东宪兵队司令部等的报告
（通报）（一九四二年三月二十六日）……〇七八
伪满民生部劳务司编制的一九四二年三月出入伪满劳工统计月报（一九四二年三月）……〇八四
大连陆军特务机关制发的《劳工情报（资源）》（一九四二年四月七日）……〇八六
新京宪兵队长儿岛正范关于一九四二年度劳工供需计划致日本关东宪兵队司令部等的报告（通报）
（一九四二年四月十六日）……〇八八
新京宪兵队长儿岛正范关于「国外」劳工在伪满动向致日本关东宪兵队司令部等的报告（通牒）
（一九四二年四月二十一日）……〇九六
通化宪兵队长石原健一关于一九四二年四月东边道开发会社招募劳工状况致日本关东宪兵队司令部等的报告
（通报）（一九四二年四月二十二日）……一〇一
伪满劳务兴国会理事长梅野实关于送交一九四一年度上半年国内劳工募集统计半年报致日本关东宪兵队司令部
警务部长的函（一九四二年四月二十七日）……一〇三
奉天宪兵队长矶高麿关于昭和制钢所录用投降兵情况致日本关东宪兵队司令部等的报告（通报）
（一九四二年四月二十八日）……一〇五
伪满治安部警务司长关于报送本溪湖煤矿事故反响情报致日本关东宪兵队司令官的报告（一九四二年五月三日）……一一〇
牡丹江宪兵队长都筑敦关于秘密调查军需资材（劳力）征用反响致日本关东宪兵队司令官原守的报告
（通牒）（节选）（一九四二年六月二日）……一一五
伪满民生部劳务司编制的一九四二年六月出入伪满劳工统计月报（一九四二年六月）……一三四
伪满民生部劳务司编制的一九四二年九月出入伪满劳工统计月报（一九四二年九月）……一四三

伪满民生部劳务司编制的一九四二年十月出入伪满劳工统计月报（一九四二年十月）……一四九
伪满民生部劳务司编制的一九四二年十一月出入伪满劳工统计月报（一九四二年十一月）……一五八
伪满民生部劳务司编制的一九四二年十二月出入伪满劳工统计月报（一九四二年十二月）……一六七
关于各地劳工动向的警务报告（节选）（一九四二年十二月）……一七四
海拉尔宪兵队长谷家春雄关于扎赉煤矿苦力招募情况及苦力动向致日本关东宪兵队司令部等的报告（通报）
（一九四二年）……二四八
伪满民生部劳务司长斋藤武雄关于送交一九四二年四月出入伪满劳工统计月报致伪满中央银行调查课
的函（一九四三年一月二十日）……二五六
附：伪满民生部劳务司编制的出入伪满劳工统计月报（一九四二年四月）……二五七
日本陆军少将滨田平关于华北苦力言论引发流言的报告（一九四三年二月二十二日）……二六五
伪满民生部劳务司编制的一九四三年三月出入伪满劳工统计月报（一九四三年三月）……二六八
伪满民生部劳务司长斋藤武雄关于送交一九四二年七月出入伪满劳工统计月报致伪满中央银行调查课长
的函（一九四三年四月十七日）……二七三
附：伪满民生部劳务司编制的出入伪满劳工统计月报（一九四二年七月）……二七四
伪满民生部劳务司编制的一九四三年五月出入伪满劳工统计月报（一九四三年五月）……二八三
齐齐哈尔宪兵队长关于部队常雇伙夫与村公所员发生争执致日本关东宪兵队司令部等的报告（通牒）
（一九四三年六月十九日）……二九三
齐齐哈尔宪兵队长关于讷河县紧急供出军用劳工后的动向致日本关东宪兵队司令部等的报告（通牒）
（一九四三年六月二十八日）……二九七
齐齐哈尔宪兵队长关于军用劳工供出状况致日本关东宪兵队司令部等的报告（通牒）（一九四三年六月三十日）……三〇二
伪满民生部劳务司编制的一九四三年六月出入伪满劳工统计月报（一九四三年六月）……三〇七
新京宪兵队长关于军队直佣劳工供出反响致日本关东宪兵队司令部等的报告（通报）（一九四三年七月二日）……三一七

附：各区供出不合格者以及逃跑者调查表……三二六
东宁宪兵队长关于特殊工人出现死亡、逃跑等状况致日本关东宪兵队司令部等的报告（通牒）（一九四三年七月五日）……三二八
通化宪兵队长关于劳工紧急供出状况致日本关东宪兵队司令部等的报告（通牒）（一九四三年七月二十六日）……三四一
齐齐哈尔宪兵队长关于军队直佣劳工动向致日本关东宪兵队司令部等的报告（通牒）（一九四三年八月二日）……三四七
间岛宪兵队长关于军队和煤矿劳工供出状况致日本关东宪兵队司令部等的报告（通报）（一九四三年八月十八日）……三五三
伪满警务总局长山田俊介关于华北劳工在伪黑河省山神府接连死亡致日本关东宪兵队司令官的报告
（一九四三年八月二十三日）……三七三
附：各月死亡劳工统计表……三七七
伪满警务总局长山田俊介关于镇东县供出的军用车马劳工在当地劳动概况致日本关东宪兵队司令官
的特务情报（第五七九报）（一九四三年八月二十四日）……三七八
伪满警务总局长山田俊介关于将军用特殊工人移交至用工团体管理致伪奉天省警务厅长森田贞男
的命令（一九四三年十月十四日）……三八一
奉天宪兵队长关于委托地方管理军用特殊工人状况致日本关东宪兵队司令官的报告（通牒）
（一九四三年十月二十六日）……三八三
孙吴宪兵队长关于特殊工人移管状况致日本关东宪兵队司令部的报告（一九四三年十月二十六日）……三八六
日本陆军中佐远藤三郎关于最近特殊工人动向的报告（防谍）（一九四三年十月二十九日）……三九〇
附：特殊工人逃跑情况一览表（截至一九四三年十月二十九日）……三九六
伪满民生部劳务司长斋藤武雄关于送交一九四三年四、五、六月出入伪满劳工统计月报致伪满中央银行
调查课长的函（一九四三年十一月五日）……三九七

第四册

二、日伪在东北劳工统制的实施（续）

孙吴宪兵队长关于特殊工人移管情况致日本关东宪兵队司令部的报告（一九四三年十一月九日）……〇〇三
伪奉天地方检察厅长王镇关于以妨碍物资征缴罪起诉日军所属伪满苦力致伪满司法部大臣阎傅绂、最高检察厅徐维新等的报告（一九四三年十一月二十日）……〇〇六
伪满警务总局长山田俊介关于抚顺煤矿中军队移管辅导工人劳动状况致日本关东宪兵队司令官的特务情报（第八一五报）（一九四三年十一月二十六日）……〇一一
兴安宪兵队长关于军事工程「劳动报国」队员返乡状况致日本关东宪兵队司令部的报告（通牒）（一九四四年一月一日）……〇二三
间岛宪兵队〔长〕关于在军队劳动的「勤劳报国」队轮岗状况致日本关东宪兵队司令部等的报告（通报）（一九四四年二月二十五日）……〇二五
阿尔山宪兵队长关于转用劳工情况致日本关东宪兵队司令官等的报告（通牒）（一九四四年九月十六日）……〇三五
阿尔山宪兵队长关于五十八名军事工程「劳动报国」队员返乡致日本关东宪兵队司令官的报告（通牒）（一九四四年九月二十日）……〇三八
日本关东宪兵队司令部关于各地劳工供出摊派情况致日本关东防卫军司令部等的情报（第二十一号）（节选）（一九四四年九月）……〇四一
附：伪满各地的摊派状况……〇四三
阿尔山宪兵队长关于军用道路工程「劳动报国」队员的返乡情况致日本关东宪兵队司令官的报告（通牒）（一九四四年十月二日）……〇五四
阿尔山宪兵队长关于六十四名军事工程「劳动报国」队员返乡致日本关东宪兵队司令官的报告（通牒）（一九四四年十月二日）……〇五八

阿尔山宪兵队长关于军事工程「勤奉」队员返乡状况致日本关东宪兵队司令部等的报告（通牒）
（一九四四年十月六日）……〇六一
阿尔山宪兵队长关于军事工程劳工返乡状况致日本关东宪兵队司令部等的报告（通牒）（一九四四年十月十一日）……〇六三
阿尔山宪兵队长关于军事工程「劳动报国」队员返乡状况致日本关东宪兵队司令部等的报告（通牒）
（一九四四年十月十五日）……〇六五
阿尔山宪兵队长关于军事工程劳工返乡状况致日本关东宪兵队司令部等的报告（通牒）（一九四四年十月二十三日）……〇六六
兴安宪兵队长关于军事工程「劳动报国」队员返乡状况致日本关东宪兵队司令部等的报告（通牒）
（一九四四年十一月一日）……〇六八
奉天宪兵队长关于向部队供出劳工时满人动向致日本关东宪兵队司令部等的报告（通牒）（一九四四年十一月四日）……〇七〇
兴安宪兵队长关于军事工程「劳动报国」队员共同陈情致日本关东宪兵队司令部等的报告（通牒）
（一九四四年十一月七日）……〇七五
奉天宪兵队长关于在补给厂工作的供出劳工实际情况致日本关东宪兵队司令官的报告（通牒）
（一九四四年十一月八日）……〇八一
附一：供出劳工调查表……〇八七
附二：在补给厂工作的供出劳工逃亡原因等调查表……〇八八
附三：劳工病患状况调查表……〇九〇
附四：在补给厂工作的供出劳工替身状况调查表……〇九三
附五：无故缺勤者的缺勤原因等调查表……〇九五
兴安宪兵队长关于军事工程「劳动报国」队员返乡状况致日本关东宪兵队司令部等的报告（通牒）
（一九四四年十一月十一日）……〇九六
各工厂劳工调查、各署普通劳工调查、普通劳工经营者调查等各项调查表（时间不详）……〇九八
关于珲春县供出「勤劳报国」队员的解散及入厂状况的函（时间不详）……二三一

附一：劳工（「报国」队员）解散以及入厂状况……二三五
附二：解散以及入厂劳工（「报国」队员）的动向……二三七
关于伪锦州省劳工供出情况的函（时间不详）……二三九
附一：一九四四年度伪锦州省内劳工动员计划概要……二四八
附二：伪兴安北省劳工供出情况……二五〇
附三：伪锦州市土木建筑业者使用劳工情况……二五二
附四：使用劳工情况……二五四
关于辑安、临江、柳河等各县供出劳工情况的函（时间不详）……二五五
出入伪满劳工概况调查表（时间不详）……二六二
入伪满劳工发证地、经由地、目的地省份调查表（时间不详）……二六三
入伪满劳工籍贯省份、目的地省份、从事产业（大分类）调查表（时间不详）……二六五
出伪满劳工滞留伪满省份、籍贯省份、从事产业（大分类）调查表（时间不详）……二六七
出入伪满劳工概况调查表（时间不详）……二六八
入伪满劳工发证地、经由地、目的地省份调查表（时间不详）……二六九
入伪满劳工籍贯省份、目的地省份、从事产业（大分类）调查表（时间不详）……二七一
出伪满劳工滞留伪满省份、籍贯省份、从事产业（大分类）调查表（时间不详）……二七三

三、劳工反抗与日伪镇压

齐齐哈尔宪兵队长饭岛满治、日本关东宪兵队司令官岩佐禄郎关于扎兰屯日本工业会社雇佣苦力逃跑的报告（通牒）（一九三五年五月）……二七七
齐齐哈尔宪兵队长饭岛满治致日本关东宪兵队司令官岩佐禄郎的报告（通牒）（一九三五年五月十六日）……二七七
齐齐哈尔宪兵队长饭岛满治致日本关东宪兵队司令官岩佐禄郎的报告（通牒）（一九三五年五月三十日）……二八〇

新京宪兵队长马场龟格关于索温线铁路工程苦力逃跑致日本关东宪兵队司令官岩佐禄郎的报告
（一九三五年六月二十六日）……二八三
山海关宪兵分队长岸武夫关于秦皇岛东矿务局因解雇高龄工人引起大罢工致日本关东宪兵队司令官的报告（通牒）
（一九三六年一月三十日）……二八七
孙吴宪兵队长和田昌雄关于军队雇用的满人苦力逃入苏联领地致日本关东宪兵队司令官田中静一的报告（通牒）
（一九三八年五月二日）……二九七
附：逃往苏联领地的人物关系图……三一四
伪满采金株式会社理事长草间秀雄关于伪黑河省瑷珲县达音河采金苦力「叛乱」事件致宪兵队长的报告
（一九三八年六月十一日）……三一五
齐齐哈尔宪兵队长星实敏关于缉捕逃跑苦力致日本关东宪兵队司令官城仓义卫的报告（通牒）
（一九三九年七月十七日）……三一八
附：逃跑苦力名簿……三二二
海拉尔宪兵队长安藤次郎关于通缉从特设军事工地逃跑转佣苦力致日本关东宪兵队司令官城仓义卫的报告
（通牒）（一九三九年八月十二日）……三二四
附：逃跑苦力名簿……三三二
日本关东宪兵队司令官原守关于德苏开战后军事工程等劳工逃跑及罢工状况致日本关东军司令部的报告
（一九四一年八月十六日）……三四〇
附一：劳工逃跑及罢工原因调查表（一九四一年六月二十二日至七月三十一日）……三四四
附二：军用苦力逃跑及罢工调查表（一九四一年六月二十二日至七月三十一日）……三四六
附三：地方苦力逃跑调查表（一九四一年六月二十二日至七月三十一日）……三五二
日本关东宪兵队司令官原守关于军队及地方劳工逃跑、罢工等状况及对策致日本关东军司令部的报告
（一九四一年八月二十六日）……三五六

附一：军用劳工逃跑罢工调查表（一九四一年七月一日至八月二十日）……三五九
附二：地方劳工逃跑罢工调查表（一九四一年七月一日至八月二十日）……三六三
附三：军用苦力供出的良好事例……三六八
附四：警乘兵射杀或射伤输送途中逃跑苦力而加剧不安的事例……三六九
附五：确保劳动力的根本对策……三七〇

通化宪兵队长石原健一、日本关东宪兵队司令部等关于调查及处理开发会社铁厂子采煤所辅导工人向日本人结伙「施暴」事件的报告（通报）（一九四二年三月）……三七二

石原健一致日本关东宪兵队司令部等的报告（通报）（一九四二年三月十六日）……三七二

石原健一致日本关东宪兵队司令部等的报告（通报）（一九四二年三月二十六日）……三八一

通化宪兵队长石原健一关于五道江采煤所「勤劳奉仕」队员逃跑致日本关东宪兵队司令部等的报告（通报）（一九四二年四月三日）……三八七

伪满治安部警务司长谷口明三关于特殊劳工逃跑致日本关东宪兵队司令官的报告（一九四二年四月十六日）……三九三

延吉宪兵队长阿部起吉关于珲春煤矿庙岭矿业所劳工罢工致日本关东宪兵队司令部等的报告（通报）（一九四二年四月二十四日）……三九七

日本关东宪兵队司令官原守关于在鞍山昭和制钢所劳动的投降士兵结伙对日本警备员「施暴」致日本关东军司令部的报告（一九四二年五月七日）……四〇八

第五册

三、劳工反抗与日伪镇压（续）

阿尔山独立宪兵分队长关于军事工程的「勤劳报国」队员结伙逃跑致日本关东宪兵队司令部等的报告（通牒）（一九四三年五月二十九日）……〇〇三

附：逃跑工人原籍、姓名、年龄一览表……〇一一
孙吴宪兵队长关于军事工程劳工结伙逃跑致日本关东宪兵队司令部等的报告（通牒）（一九四三年六月三日）……〇一三
伪满警务总局长山田俊介关于军用劳工与伪警察的对抗事件致日本关东宪兵队司令官的特务情报
（第四二五报）（一九四三年六月三日）……〇一六
鸡宁临时宪兵队长关于特殊工人逃跑致日本关东宪兵队司令部等的报告（通牒）（一九四三年六月十一日）……〇二〇
东宁宪兵队长关于特殊工人结伙逃跑致日本关东宪兵队司令官的报告（通牒）（一九四三年六月十四日）……〇二五
奉天宪兵队长关于乱石山军事工程劳工逃跑致日本关东宪兵队司令官的报告（通牒）（一九四三年六月二十一日）……〇三三
附：逃跑劳工名簿……〇三七
东安宪兵队长关于缉捕逃跑特殊工人致日本关东宪兵队司令部等的报告（通牒）（一九四三年六月二十五日）……〇四二
齐齐哈尔宪兵队长关于在军队劳动的实习童工擅自结伙返乡致日本关东宪兵队司令部等的报告（通牒）
（一九四三年六月二十八日）……〇四八
东宁宪兵队长关于特殊工人结伙逃跑致日本关东宪兵队司令部等的报告（通牒）（一九四三年六月二十八日）……〇五三
附：逃跑特殊工人名簿……〇五八
奉天宪兵队长、日本关东宪兵队司令官、日本关东军总参谋长、第四四部队参谋长关于辅导工人在输送
途中逃跑情况的文电（一九四三年六月至八月）……〇五九
奉天宪兵队长致日本关东宪兵队司令官的报告（通牒）（一九四三年六月二十九日）……〇五九
奉天宪兵队长致日本关东宪兵队司令官的报告（电话记录）（一九四三年六月二十九日）……〇六三
奉天宪兵队长致日本关东宪兵队司令官的报告（通牒）（一九四三年七月十四日）……〇六七
附：逃跑辅导工人逮捕者（含死亡）名簿……〇七一
日本关东军总参谋长致第四四部队参谋长的通牒（一九四三年七月十五日）……〇七三
附：关于特殊工人在输送途中逃跑的通牒（一九四三年七月一日）……〇七四
奉天宪兵队长致日本关东宪兵队司令官的报告（通牒）（一九四三年八月十四日）……〇七七

海拉尔宪兵队长关于军事工程劳工结伙逃跑致日本关东宪兵队司令部等的报告（通报）（一九四三年七月二日）……〇七九
附：逃跑劳工名簿……〇八四
新京宪兵队长关于军队机场工人逃跑致日本关东宪兵队司令部等的报告（通牒）（一九四三年七月七日）……〇八五
东宁宪兵队长关于特殊工人结伙逃跑致日本关东宪兵队司令部等的报告（通牒）（一九四三年七月九日）……〇九二
东宁宪兵队长关于从事阵地构筑作业的特殊工人结伙入苏未遂事件致日本关东宪兵队司令部等的报告
（通报）（一九四三年七月十三日）……〇九六
附：企图袭击日军的相关图……一〇八
承德宪兵队长关于缉捕结伙逃跑劳工致日本关东宪兵队司令官的报告（通牒）（一九四三年七月十四日）……一〇九
附：逃跑劳工名簿……一一二
齐齐哈尔宪兵队长关于富海军事工程劳工「危险行为」致日本关东宪兵队司令部等的报告（通牒）
（一九四三年七月十五日）……一一三
齐齐哈尔宪兵队长关于伪齐齐哈尔市当局强制供出劳工后的反响致日本关东宪兵队司令部等的报告
（通牒）（一九四三年七月二十二日）……一一八
鸡宁临时宪兵队长关于特殊工人逃跑致日本关东宪兵队司令部等的报告（通牒）（一九四三年七月二十八日）……一二四
孙吴宪兵队长关于特殊工人结伙逃跑情况致日本关东宪兵队司令部等的报告（通牒）（一九四三年七月二十八日）……一二五
鸡宁宪兵队长、伪满警务总局石川、日本关东宪兵队司令部等关于调查及处理勃利机场军事工程的军队
直营劳工罢工情况的报告（一九四三年八月）……一三〇
鸡宁宪兵队长致日本关东宪兵队司令部等的报告（通牒）（一九四三年八月一日）……一三〇
伪满警务总局石川的报告（电话记录）（一九四三年八月三日）……一四三
鸡宁宪兵队长致日本关东宪兵队司令部等的报告（通牒）（第二报）（一九四三年八月六日）……一四五
鸡宁宪兵队长关于逮捕审讯在军事工程劳动中结伙逃跑劳工情况致日本关东宪兵队司令部等的报告（通牒）
（一九四三年八月二日）……一五四

鸡宁宪兵队长关于军事工程劳工抗击日方监督人员事件致日本关东宪兵队司令部等的报告（通牒）
（一九四三年八月二日）……一五九
鸡宁宪兵队长关于缉捕逃跑特殊工人致日本关东宪兵队司令官的报告（通牒）（一九四三年八月九日）……一六五
附：逃跑特殊工人相貌表……一六九
锦州宪兵队长关于缉捕苏联籍逃跑工人致日本关东宪兵队司令官的报告（通牒）（一九四三年八月十日）……一七〇
阿尔山独立宪兵分队长关于军事工程劳工结伙逃跑致日本关东宪兵队司令部等的报告（通牒）
（一九四三年八月十二日）……一七五
附：逃跑劳工名簿……一八一
伪满铁道警护总队总监部关于各种具有「不稳定因素」的言论致日本关东宪兵队司令部、关东防卫军
参谋部等的情报日报（一九四三年八月十八日）……一八四
阿尔山独立宪兵分队长关于军用劳工结伙逃跑致日本关东宪兵队司令部等的报告（通牒）
（一九四三年八月二十一日）……一八七
附：逃跑劳工名簿……一九一
东宁宪兵队长关于缉捕结伙逃跑特殊工人致日本关东宪兵队司令官的报告（通牒）（一九四三年八月二十六日）……一九七
东宁宪兵队长关于通缉结伙外逃特殊工人致日本关东宪兵队司令官的报告（通牒）（一九四三年九月五日）……一九九
东宁宪兵队长关于结伙入苏特殊工人所在部队劳务管理状况致日本关东宪兵队司令官的报告
（一九四三年九月六日）……二〇〇
牡丹江宪兵队长关于缉捕逃跑供出工人致日本关东宪兵队司令官的报告（通牒）（一九四三年九月七日）……二一八
附：逃跑者情况表……二二三
东宁宪兵队长关于缉捕逃跑特殊工人致日本关东宪兵队司令官的报告（通牒）（一九四三年九月八日）……二二六

东宁宪兵队长致日本关东宪兵队司令部、日本关东宪兵队司令官、日本关东军总司令官等关于调查及处理伪满洲第五七〇部队四十三名特殊工人袭击日军后逃跑情况的报告（通报）（一九四三年九月至十月） …… 二二八
东宁宪兵队长致日本关东宪兵队司令部等的报告（通报）（一九四三年九月十四日） …… 二二八
附一：特殊工人逃跑相关图 …… 二五〇
附二：结伙逃跑入苏特殊工人名簿 …… 二五一
日本关东宪兵队司令官致日本关东军总司令部、关东防卫军司令部等的报告（通报）（一九四三年九月二十二日） …… 二五六
附一：被捕逃跑特殊工人名簿 …… 二六三
附二：被杀伤卫兵表 …… 二六七
附三：特殊工人逃跑相关图 …… 二六八
东宁宪兵队长致日本关东宪兵队司令部等的报告（通报）（一九四三年十月四日） …… 二六九
附一：卫兵所放大图、卫兵所及特殊工人宿舍概要图 …… 二八一
附二：关于特殊工人管理的宪兵意见 …… 二八二
日本关东宪兵队司令官致日本关东军总司令官（第一课）的报告（一九四三年十月十二日） …… 二八七
东安宪兵队长关于缉捕军事工程逃跑特殊工人致日本关东宪兵队司令官的报告（通牒）（一九四三年十月三日） …… 二九〇
孙吴宪兵队长关于军事及铁道工程工人结伙逃跑致日本关东宪兵队司令部等的报告（通报）（一九四三年十月七日） …… 二九六
阿尔山独立宪兵分队长关于「劳动报国」队员结伙进入外蒙致日本关东宪兵队司令部等的报告（通报）（一九四三年十月七日） …… 三〇〇
附：逃跑「劳动报国」队员入外蒙位置图 …… 三〇六
阿尔山独立宪兵分队长关于劳务恳谈会召开情况致日本关东宪兵队司令部、西部防卫司令部等的报告（通牒）（一九四三年十月二十日） …… 三〇七
附一：出席劳务恳谈会相关部队、官署、会社名簿 …… 三一三

附二：劳务恳谈会参加者名簿……三一四
附三：防卫司令官训示要点……三一五
附四：对第一回恳谈会提议事项的实践情况、意见、要求及希望事项……三一八
齐齐哈尔宪兵队长关于讷河街公所供出军用劳工后收到恐吓信致日本关东宪兵队司令部等的报告（通报）
（一九四三年十月三十日）……三二五
鸡宁宪兵队长关于逮捕一名逃跑特殊工人致日本关东宪兵队司令部等的报告（通牒）（一九四三年十月三十一日）……三三二
牡丹江宪兵队长关于军事工程「劳动报国」队员结伙逃跑致日本关东宪兵队司令官的报告（通牒）
（一九四三年十一月十一日）……三三七
附：逃跑「报国」队员名簿……三四二
孙吴宪兵队长关于军事工程供出工人结伙逃跑致日本关东宪兵队司令部等的报告（通牒）
（一九四三年十一月十六日）……三四九
孙吴宪兵队长关于从事煤炭搬运的军用苦力结伙入苏致日本关东宪兵队司令部等的报告（通牒）
（一九四三年十一月三十日）……三五五
附一：结伙入苏苦力名簿……三六四
附二：苦力结伙入苏周边图……三六七
孙吴宪兵队长关于军事工程供出工人结伙逃跑致日本关东宪兵队司令部等的报告（通牒）
（一九四三年十二月十五日）……三六八
海拉尔宪兵队长关于粮食不足导致采伐劳工骚动致日本关东宪兵队司令部等的报告（通报）
（一九四三年十二月十七日）……三七四
孙吴宪兵队长关于军事工程苦力结伙逃跑致日本关东宪兵队司令部等的报告（通牒）（一九四三年十二月二十一日）……三八〇
间岛宪兵队长关于缉捕军事工程逃跑劳工致日本关东宪兵队司令官的报告（通牒）（一九四四年二月九日）……三八二
附一：逃跑劳工名簿……三八六

附二：逃跑劳工臂章实物尺寸……三八八
日本关东宪兵队司令部关于劳工的逃避状况致日本关东宪兵队各队（至分队）的伪满情报（第二十七号）（一九四四年九月三十日）……三八九
阿尔山宪兵队长、兴安宪兵队长、日本关东宪兵队司令官关于缉捕结伙逃跑的军事工程「劳动报国」队员及处理「自首」人员的报告（通牒）（一九四四年十月）……三九七
阿尔山宪兵队长致日本关东宪兵队司令官的报告（通牒）（一九四四年十月二日）……三九七
附：逃跑队员名簿……四〇二
兴安宪兵队长致日本关东宪兵队司令官的报告（通牒）（一九四四年十月三十一日）……四一八
附：「自首」队员名簿……四二三
鸡宁宪兵队长关于军用「勤劳报国」队员结伙逃跑致日本关东宪兵队司令部等的报告（通牒）（一九四四年十月四日）……四二八
佳木斯宪兵队长关于「勤劳报国」队员结伙逃跑致日本关东宪兵队司令部等的报告（通牒）（一九四四年十月六日）……四二九
齐齐哈尔宪兵队长关于部队的供出工人结伙逃跑致日本关东宪兵队司令官的报告（通牒）（一九四四年十月二十五日）……四三三
东安宪兵队长关于通缉逃跑特殊工人致日本关东宪兵队司令官的报告（通牒）（一九四四年十一月四日）……四三九
关于伪吉林省蛟河县抚顺煤矿蛟河采煤所内特殊工人「危险计划」事件的公诉书（时间不详）……四四二
后　记

総目録

第一冊

一、日偽政権ガ中國東北地方ニ於ケル苦力統制政策ノ策定

奉天憲兵隊長三浦三郎ヨリ關東憲兵隊司令官岩佐禄郎へ営口ニ於ケル昭和九年度入偽満洲國苦力取締ノ現況ト将来ノ対策ニ關スル件報告「通牒」（昭和十年一月十四日）……〇〇三
關東局警務部長ヨリ対偽満洲國事務局次長等へ外國労働者取締規則実施ト支那新聞ノ論調ニ關スル件（昭和十年四月六日）……〇一七
偽満洲國労工協会ヨリ關東憲兵隊司令部へ偽満洲國労工協会「組」工作及其の組織規則ノ件（康徳二年四月十六日）……〇三六
別紙一　偽満洲國労工協会「組」組織規則……〇三九
別紙二　各組苦力調査薄表式……〇四五
海拉爾憲兵隊本部ヨリ管内（興安北省）ニ於ケル労働者ノ現況ト対策ニ關スル件（昭和十四年五月十五日現在調）……〇四七
偽満洲國治安部警務司長植田貢太郎ヨリ關東憲兵隊司令部警務部長へ特別地区間ニ於ケル日本軍発給ノ身分証明書携帯者ノ取扱ニ關スル件（康徳六年六月二日）……〇七四
別紙　軍発給ノ身分証明書携帯者ニ対スル取締指導方ニ關スル件通牒（昭和十四年五月二十七日）……〇七五
延吉憲兵隊長磯高麿ヨリ關東憲兵隊司令官城倉義衛へ軍關係工事従業苦力ノ取締対策ニ關スル件報告「通牒」（昭和十四年六月十五日）……〇七六

別紙　延吉憲兵隊軍關係工事従業苦力取締計画（昭和十四年六月一日）……○七八
偽中華民國新民会中央指導部『新民会労工指導要領』（民國二十八年六月）……○七九
延吉憲兵隊長阿部起吉ヨリ労働者異動防止対策ニ關スル件（昭和十七年三月二十五日）
別紙　労働者ノ異動防止対策意見ニ關スル件……一四八
關東軍参謀長笠原幸雄ヨリ保護工人取扱ニ關スル件通牒（抜粋）（昭和十七年八月二十八日）……一五六
偽満洲國民政部大臣谷次亨、偽満洲國治安部大臣于琛澂ヨリ輔導工人及保護工人取扱ニ關スル件
（康德九年九月九日）……一六○
偽満洲国民政部大臣谷次亨、偽満洲国治安部大臣于琛澂ヨリ輔導及保護工人取扱ニ関スル件（康德九年九月九日）……一六一
別紙一　輔導工人及保護工人取扱要領ニ關スル件（康德九年九月九日）……一六二
別紙二　輔導工人取扱要領……一六四
別紙三　保護工人取扱ニ關スル件……一八二
關東軍経理部長ヨリ軍用労務者用糧秣ノ配給定量ニ關スル件管内一般へ通牒（昭和十七年十二月十九日）……一八七
關東軍経理部長ヨリ軍用労務者用糧秣等ノ配給要領ニ關スル件管内一般へ通牒（昭和十七年十二月十四日）……一八九
關東軍参謀長ヨリ『關東軍築城工事就労特殊工人取扱規定』中一部改正ニ關スル件管内一般へ通牒
（昭和十八年三月十八日）……二○○
關東軍経理部長ヨリ軍用労務者用糧秣等ノ補給要領中改正ノ件管内一般へ通牒（昭和十八年三月二十日）……二○二
關東軍総司令官梅津美治郎大将ヨリ第七○部隊ニ「北支那」方面軍ヨリ俘虜ヲ受領スルニ關スル命令
（昭和十八年六月五日）……二○三
別紙一　第七○部隊受領状況……二○八
別紙二　關総作命丙第一七五號ニ基ク総参謀長指示……二○九
關東憲兵隊司令部警務部長ヨリ『關東軍労務處理要領』同細則送付ノ件通牒（昭和十八年六月八日）……二一一
別紙　關東軍命令部『關東軍労務處理要領』同細則（昭和十八年三月二十二日）……二一二

關東軍総司令官梅津美治郎大将ヨリ第四四部隊ニ「北支那」方面軍ヨリ俘虜ヲ受領スルニ關スル命令
（昭和十八年六月二十三日）……三〇七
別紙一　第四四部隊受領状況……三一〇
別紙二　關総作命丙第一八九號ニ基ク総参謀長指示……三一一
關東憲兵隊司令部警務部長ヨリ『關東軍特殊工人取扱規定』送付ノ件通牒（昭和十八年七月二十二日）……三一三
別紙　關東軍総司令部『關東軍特殊工人取扱規定』（昭和十八年七月）……三一六
東安憲兵隊長ヨリ部隊直傭労務者ヲ受領スルニ關スル命令（昭和十八年九月一日）……三二九
偽満洲國警務総局経済保安科ヨリ労務統制關係要綱一覧表（康德十二年七月十日）……三三二
偽満洲國『決戦勤労対策実施要綱』（康德十二年）……三三五
關東防衛軍司令部ヨリ『防衛上現地並ニ防衛下令時ニ於ケル重要鉱山及工場ノ労務対策参考』（時間不詳）……三四八
偽満洲國労務警察關係法規一覧表（時間不詳）……三六六
偽満洲國重要工場事業場空襲時勤労対策（時間不詳）……三七七

第二冊

二、中國東北地方ニ於ケル日偽當局苦力統制ノ実施

偽満洲國民政部警務司長ヨリ偽國務院統計處長、情報處長等ヘ十一月中苦力出入偽満洲國及拒否者並日、鮮、
中國人出入偽満洲國統計表ノ送付ニ關スル件（康德二年一月二十一日）……〇〇三
別紙一　出入偽満洲國日鮮中國人統計表（十一月分）……〇〇四
別紙二　十一月中苦力出入偽満洲國及拒否者統計表……〇〇六

關東局警務部長ヨリ対偽満洲國事務局次長、外務次官等へ営口港ニ於ケル山東苦力ノ移動状況ニ關スル件（昭和十年一月三十日）……○○七
關東憲兵隊司令部警務部長ヨリ奉天憲兵隊長へ大東公司ノ調査方ニ關スル件通牒（昭和十年一月三十日）……○一二
關東局警務部長ヨリ対偽満洲國事務局次長、外務次官等へ大東公司奉天事務所ノ経営状況ニ關スル件（昭和十年二月九日）……○一四
關東局警務部長ヨリ対偽満洲國事務局次長等へ昭和十年一月中ノ大連港来往「支那」人苦力状況ニ關スル件（昭和十年二月十二日）……○一七
承徳憲兵隊長由里亀太郎ヨリ關東憲兵隊司令官岩佐禄郎へ昭和九年度入偽満洲國苦力ノ概況ト取締ノ現況調査方ノ件報告（昭和十年二月十八日）……○二三
別紙　昭和九年度出入偽満洲國苦力ノ概況……○三四
關東局警務部長ヨリ対偽満洲國事務局次長、外務次官等へ昭和九年度中大連港来往「支那」人苦力ノ状況ニ關スル件（昭和十年二月）……○四○
別紙一　昭和九年度中大連港来往苦力月別表……○四三
別紙二　昭和九年度中大連港来往苦力人員地別表……○四四
關東憲兵隊司令官ヨリ昭和九年度入偽満洲國苦力概況ニ關スル件報告「通牒」（昭和十年四月四日）……○七二
別紙　昭和九年度出入偽満洲國苦力ノ概況……○七三
山海關機關ヨリ關東軍参謀長へ三月中山海關通過労働者ノ状況並四月以後入偽満労働者制限ノ調整ニ關スル電報（昭和十年四月六日）……一○三
奉天憲兵隊長三浦三郎ヨリ關東憲兵隊司令官岩佐禄郎へ営口紡紗廠奉天第一分廠工人ノ動静ニ關スル件報告（昭和十年六月三日）……一○五
（公文書組み）日本駐奉天総領事館在新民府公館主任土屋波平ト承徳憲兵隊長由里亀太郎及關東憲兵隊司令官岩佐禄郎ガ「満洲國労工協会彰武県支部」ノ設置計画及背後關係ニ關スル件（昭和十年六月）……一一一
公文書一　由里亀太郎ヨリ岩佐禄郎へノ報告「通牒」（昭和十年六月十五日）……一一一

公文書二　土屋波平ヨリ岩佐禄郎ヘノ件（昭和十年六月十八日）……一一九
別紙　土屋波平ヨリ南次郎ヘノ公信（昭和十年六月十八日）……一二〇
（公文書組み）奉天憲兵隊長三浦三郎及關東憲兵隊司令官岩佐禄郎ガ偽満洲國奉天市総工會内ニ工人登記處開設計画ニ關スル件（昭和十年六月）……一二四
公文書一　三浦三郎ヨリ岩佐禄郎ヘノ報告（昭和十年六月二十日）……一二四
公文書二　偽満洲國奉天市総工會顧問菊池秋四郎ノ偽満洲國奉天市総工會内ニ工人登記處開設計画（昭和十年六月）……一二八
別紙一　工人登記處開設趣旨書（私案）……一三〇
別紙二　偽満洲國奉天市総工會附属工人登記處章程（案）……一三二
別紙三　工人登記處収支豫算見積書……一四三
（公文書組み）新京憲兵隊長馬場亀格及關東憲兵隊司令官岩佐禄郎ガ偽満洲國労工協会再組織状況ニ關スル件（自昭和十年六月至七月）……一四七
公文書一　馬場亀格ヨリ岩佐禄郎ヘノ報告（昭和十年六月二十五日）……一四七
別紙一　偽満洲國労工協会本部事務局組織表……一五五
別紙二　偽新京組織計画中ノ各業組合調（昭和十年六月）……一五六
別紙三　偽満洲國労工協会地方關係者調査表（昭和十年六月）……一五七
公文書二　偽満洲國労工協会編『労工協会章程』『労工協会事務局規定』（康徳二年七月二日）……一五九
孫呉憲兵隊長和田昌雄ヨリ關東憲兵隊司令官田中静一ヘ「支那事変」ニ伴フ徴用人夫ノ状況調査ニ關スル件報告（昭和十三年三月六日）……一八四
偽満洲國鉄道警護総隊総監三浦恵一ヨリ關東憲兵隊司令官城倉義衛ヘ特別地区内ニ於ケル苦力ノ動向ニ關スル件報告（康徳五年八月二十六日）……一八七
承徳憲兵隊長早川唯一ヨリ關東憲兵隊司令官城倉義衛ヘ防諜上ノ見地ヨリ軍使用苦力検査立會状況ニ關スル件報告「通牒」（昭和十四年六月九日）……一九〇

牡丹江憲兵隊長児島正範ヨリ關東憲兵隊司令官城倉義衛ヘ軍工事關係者及苦力ノ動静ニ關スル件報告「通牒」
（昭和十四年六月十二日）……二〇二
別紙　苦力逃走及策動事件統計表……二〇六

（公文書組み）海拉爾憲兵隊長安藤次郎ト關東憲兵隊司令部ヨリ軍直轄特殊工事苦力ノ転用計画ニ關スル来往公文書
（自昭和十四年六月）……二〇七
公文書一　安藤次郎ヨリ城倉義衛ヘノ報告（昭和十四年六月十六日）……二〇七
公文書二　關東憲兵隊司令部警務部長ヨリ海拉爾憲兵隊長ヘノ電報（昭和十四年六月二十二日）……二一四

偽満洲國治安部警務司長植田貢太郎ヨリ關東憲兵隊司令部警務部長ヘ天津方面ニ於ケル苦力募集状況ニ關スル件
（康德六年六月二十五日）……二一六
延吉憲兵隊長磯高麿ヨリ關東憲兵隊司令官城倉義衛ヘ五家子軍工事使用苦力ノ状況ニ關スル件報告「通牒」
（昭和十四年七月十四日）……二一九
偽満洲國労工協会編『労工協会報』（第三巻第二號）（康德七年二月一日）……二二五
偽満洲國労工協会國外部長飯島満治ヨリ入離偽満洲國労働者統計月報送付ノ件（康德七年二月二十九日）……三〇四
別紙　『入離偽満洲國労働者統計月報』（康德七年一月）……三〇六
偽満洲國労工協会監理部長ヨリ偽満洲國治安部警務司長等ヘ入離偽満洲國労働者統計月報送付ノ件
（康德七年五月二十日）……三一七
別紙　偽満洲國労工協会監理部『入離偽満洲國労働者統計月報』（康德七年二月）……三一九
偽満洲國労工協会監理部長ヨリ偽満洲國治安部警務司長等ヘ入離偽満洲國労働者統計月報送付ノ件（康德七年六月五日）……三三〇
別紙　偽満洲國労工協会監理部『入離偽満洲國労働者統計月報』（康德七年三月）……三三二
偽満洲國労工協会監理部長ヨリ偽満洲國治安部警務司長等ヘ入離偽満洲國労働者統計月報送付ノ件
（康德七年七月十五日）……三四三
別紙　偽満洲國労工協会監理部『入離偽満洲國労働者統計月報』（康德七年四月）……三四五

偽滿洲國労工協会監理部長ヨリ偽滿洲中央銀行調査課等へ入離偽滿洲國労働者統計月報送付ノ件
（康德七年八月十三日）……………………………………………三五六
別紙　偽滿洲國労工協会監理部『入離偽滿洲國労働者統計月報』（康德七年五月）……………三五八
偽滿洲國労工協会理事長重藤千秋ヨリ偽滿洲國治安部警務司長等へ入離偽滿洲國労働者統計月報送付ノ件
（康德七年九月三十日）……………………………………………三六九
別紙　偽滿洲國労工協会監理部『入離偽滿洲國労働者統計月報』（康德七年六月）……………三七一

第三冊

二、中國東北地方ニ於ケル日偽當局苦力統制ノ実施（続編）

偽滿洲國労工協会理事長重藤千秋ヨリ偽滿洲國治安部警務司長等へ入離偽滿洲國労働者統計月報送付ノ件
（康德七年十月一日）……………………………………………〇〇三
別紙　偽滿洲國労工協会監理部『入離偽滿洲國労働者統計月報』（康德七年七月）……………〇〇五
偽滿洲國労工協会理事長近藤安吉ヨリ偽滿洲國治安部警務司長等へ入離偽滿洲國労働者統計月報送付ノ件
（康德七年十一月二十一日）……………………………………………〇一六
別紙　偽滿洲國労工協会監理部『入離偽滿洲國労働者統計月報』（康德七年九月）……………〇一八
偽滿洲國労工協会理事長近藤安吉ヨリ偽滿洲國治安部警務司長等へ入離偽滿洲國労働者統計月報送付ノ件
（康德七年十二月二十日）……………………………………………〇二九
別紙　偽滿洲國労工協会監理部『入離偽滿洲國労働者統計月報』（康德七年十月）……………〇三一
偽滿洲國労工協会理事長近藤安吉ヨリ偽滿洲國治安部警務司長等へ入離偽滿洲國労働者統計月報送付ノ件
（康德八年一月十七日）……………………………………………〇四二

別紙　偽満洲國労工協会監理部『入離偽満洲國労働者統計月報』（康徳七年十一月）……〇四四
偽満洲國労工協会理事長近藤安吉ヨリ偽満洲國治安部警務司長等へ入離偽満洲國労働者統計月報送付ノ件
（康徳八年二月二十二日）……〇五五
別紙　偽満洲國労工協会監理部『入離偽満洲國労働者統計月報』（康徳七年十二月）……〇五七
偽満洲國民生部労務司ヨリ『康徳九年一月分入離偽満洲國労働者統計月報』（康徳九年一月）……〇六八
通化憲兵隊長石原健一ヨリ東邊道開発会社工人募集状況ニ關スル件報告（昭和十七年三月十九日）……〇七〇
偽満洲國協和会中央本部調査部長坂田修一ヨリ關東憲兵隊司令官へ偽満洲國濱江省蘭西県ニ於ケル苦力等ノ不法
攤派ニ關スル件（情報）（康徳九年三月二十三日）……〇七五
別紙　安城村不法攤派調査表……〇七六
通化憲兵隊長石原健一ヨリ東邊道開発会社工人募集状況ニ關スル件報告（昭和十七年三月二十六日）……〇七八
偽満洲國民生部労務司ヨリ『入離偽満洲國労働者統計月報』（康徳九年三月）……〇八四
大連陸軍特務機關ヨリ労働者ニ關スル情報（資源）（昭和十七年四月七日）……〇八六
新京憲兵隊長児島正範ヨリ昭和十七年度労働者ノ需給計画ニ關スル件（昭和十七年四月十六日）……〇八八
新京憲兵隊長児島正範ヨリ在偽満洲國労働者ノ動向ニ關スル件報告（昭和十七年四月二十一日）……〇九六
通化憲兵隊長石原健一ヨリ東邊道開発会社工人募集状況ニ關スル件報告（昭和十七年四月二十二日）……一〇一
偽満洲労務興國会理事長梅野実ヨリ關東憲兵隊司令部警務部長へ康徳八年度上半期國内労働者募集統計半年報
送付ノ件（康徳九年四月二十七日）……一〇三
奉天憲兵隊長磯高麿ヨリ昭和製鋼所就労投降兵採用ニ關スル件（昭和十七年四月二十八日）……一〇五
偽満洲國治安部警務司長ヨリ關東憲兵隊司令官へ本溪湖炭礦事故ノ反響ニ關スル報告（第一報）（康徳九年五月三日）……一一〇
牡丹江憲兵隊長都築敦ヨリ關東憲兵隊司令官原守へ軍需資材（労力）収集ニ伴フ反響内査ノ件（通牒）（抜粋）
（昭和十七年六月二日）……一一五
偽満洲國民生部労務司ヨリ『入離偽満洲國労働者統計月報』（康徳九年六月）……一三四

偽満洲國民生部労務司ヨリ『入離偽満洲國労働者統計月報』（康德九年九月）……一四三
偽満洲國民生部労務司ヨリ『入離偽満洲國労働者統計月報』（康德九年十月）……一四九
偽満洲國民生部労務司ヨリ『入離偽満洲國労働者統計月報』（康德九年十一月）……一五八
偽満洲國民生部労務司ヨリ『入離偽満洲國労働者統計月報』（康德九年十二月）……一六七
各地苦力動向ニ關スル警務報告（抜粋）（康德九年十二月）……一七四
海拉爾憲兵隊長谷家春雄ヨリ札賚炭礦苦力募集状況並ニ苦力動向ニ關スル件（昭和十七年）……二四八
偽満洲國民生部労務司長斎藤武雄ヨリ康德九年四月分入離偽満洲國労働者統計月報送付ニ關スル件
（康德十年一月二十日）……二五六
別紙　偽満洲國民生部労務司『入離偽満洲國労働者統計月報』（康德九年四月）……二五七
陸軍少将濱田平ヨリ華北苦力ノ言動ニ伴フ流説ニ關スル報告（昭和十八年二月二十二日）……二六五
偽満洲國民生部労務司『入離偽満洲國労働者統計月報』（康德十年三月）……二六八
偽満洲國民生部労務司長斎藤武雄ヨリ康德九年七月分入離偽満洲國労働者統計資料送付ニ關スル件
（康德十年四月十七日）……二七三
別紙　偽満洲國民生部労務司『入離偽満洲國労働者統計月報』（康德九年七月）……二七四
偽満洲國民生部労務司『入離偽満洲國労働者統計月報』（康德十年五月）……二八三
斉斉哈爾憲兵隊長ヨリ部隊常傭火夫対村公所員ノ紛争ニ關スル件（昭和十八年六月十九日）……二九三
斉斉哈爾憲兵隊長ヨリ訥河県ニ於ケル軍用労務者ノ緊急供出ニ伴フ動向ニ關スル件（昭和十八年六月二十八日）……二九七
斉斉哈爾憲兵隊長ヨリ軍労務者供出状況ニ關スル件（昭和十八年六月三十日）……三〇二
偽満洲國民生部労務司ヨリ『入離偽満洲國労働者統計月報』（康德十年六月）……三〇七
新京憲兵隊長ヨリ軍直傭労働者ノ供出ニ伴フ偽新京特別市ニ於ケル反響ニ關スル件（昭和十八年七月二日）……三一七
別紙　偽新京特別市各区別供出不合格、逃走者調……三二六
東寧憲兵隊長ヨリ特殊工人ノ状況ニ關スル件（昭和十八年七月五日）……三二八

通化憲兵隊長ヨリ緊急労働者供出状況ニ關スル件（昭和十八年七月二十六日）……三四一
斉斉哈爾憲兵隊長ヨリ軍直傭労務者動向ノ件（昭和十八年八月二日）……三四七
間島憲兵隊長ヨリ軍並炭礦労務者供出状況ニ關スル件（昭和十八年八月十八日）……三五三
偽満洲國警務総局長山田俊介ヨリ關東憲兵隊司令官へ偽満洲國黒河省山神府ニ於ケル華北労働者死亡続出ノ件
（康徳十年八月二十三日）……三七三
別紙　死亡者月別表……三七七
偽満洲國警務総局長山田俊介ヨリ關東憲兵隊司令官へ鎮東県ニ供出軍工事就労車馬卜苦力ノ現地就労状況
ニ關スル特務情報（第五七九報）（康徳十年八月二十四日）……三七八
偽満洲國警務総局長山田俊介ヨリ偽満洲國奉天省警務庁長森田貞男へ軍用特殊工人ヲ事業体へ移管ニ關スル件
（康徳十年十月十四日）……三八一
奉天憲兵隊長ヨリ關東憲兵隊司令官へ軍使用特殊工人ノ地方側委管状況ニ關スル件報告（通牒）
（昭和十八年十月二十六日）……三八三
孫呉憲兵隊長ヨリ特殊工人移管状況ニ關スル件（昭和十八年十月二十六日）……三八六
日本陸軍中佐遠藤三郎ヨリ最近ニ於ケル特殊工人ノ動静ニ關スル件（防諜）（昭和十八年十月二十九日）……三九〇
別紙　特殊工人逃亡状況一覧表（昭和十八年十月二十九日現在）……三九六
偽満洲國民生部労務司長斎藤武雄ヨリ偽満洲中央銀行調査課長へ康徳十年四、五、六月分入離偽満洲國労働者統計資料
ノ送付ニ關スル件（康徳十年十一月五日）……三九七

第四冊

二、中國東北地方ニ於ケル日偽當局苦力統制ノ実施（続編）

孫呉憲兵隊長ヨリ特殊工人移管状況ニ關スル件（昭和十八年十一月九日）……〇〇三

偽満洲國奉天地方検察庁長王鎮ヨリ偽満洲國司法部大臣閻傳紱、最高検察庁徐維新等ヘ日軍所属満系苦力ノ蒐荷阻害犯罪起訴ノ件報告（康徳十年十一月二十日）……〇〇六
偽満洲國警務総局長山田俊介ヨリ關東憲兵隊司令官ヘノ特務情報（第八一五號　撫順炭礦ニ於ケル軍移管輔導工人ノ就労状況）（康徳十年十一月二十六日）……〇一一
興安憲兵隊長ヨリ軍工事就労「労働報國」隊員帰還状況ノ件（昭和十九年一月一日）……〇二三
間島憲兵隊長ヨリ軍就労「勤労報國」隊ノ交替ニ關スル件（昭和十九年二月二十五日）……〇二五
阿爾山憲兵隊長ヨリ關東憲兵隊司令官ヘ労働者ノ転用ニ關スル件報告（通牒）（昭和十九年九月十六日）……〇三五
阿爾山憲兵隊長ヨリ關東憲兵隊司令官ヘ軍工事就労「労働報國」隊員ノ帰還ニ關スル件報告（通牒）（昭和十九年九月二十日）……〇三八
關東憲兵隊司令部ヨリ關東防衛軍司令部ヘ各地労工供出状況ニ關スル件情報（抜粋）（第二十一号）（昭和十九年九月）……〇四一
別紙　偽満洲國各地ノ攤派状況……〇四三
阿爾山憲兵隊長ヨリ關東憲兵隊司令官ヘ軍用道路工事就労「労働報國」隊員帰還ニ關スル件報告（通牒）（昭和十九年十月二日）……〇五四
阿爾山憲兵隊長ヨリ關東憲兵隊司令官ヘ軍工事就労「労働報國」隊員一部帰還ニ關スル件報告（通牒）（昭和十九年十月二日）……〇五八
阿爾山憲兵隊長ヨリ關東憲兵隊司令官ヘ軍工事就労「勤奉」隊員帰還状況ノ件報告（昭和十九年十月六日）……〇六一
阿爾山憲兵隊長ヨリ關東憲兵隊司令官ヘ軍工事就労労務者帰還ノ件報告（昭和十九年十月十一日）……〇六三
阿爾山憲兵隊長ヨリ關東憲兵隊司令官ヘ軍工事「労働報國」隊員帰還ノ件報告（昭和十九年十月十五日）……〇六五
阿爾山憲兵隊長ヨリ關東憲兵隊司令官ヘ軍工事就労労務者帰還状況ノ件報告（昭和十九年十月二十三日）……〇六六
興安憲兵隊長ヨリ軍工事就労「労働報國」隊員帰還状況ノ件（昭和十九年十一月一日）……〇六八
奉天憲兵隊長ヨリ部隊労務者供出ニ伴フ満系ノ動向ニ關スル件（昭和十九年十一月四日）……〇七〇

興安憲兵隊長ヨリ軍工事就労「労報」隊員ノ党與陳情ニ關スル件（昭和十九年十一月七日）……〇七五
奉天憲兵隊長ヨリ關東憲兵隊司令官へ補給廠就労ノ供出労務者ノ実情ニ關スル件報告（通牒）
（昭和十九年十一月八日）……〇八一
別紙一　供出労務者調査表……〇八七
別紙二　補給廠就労ノ供出労務者ノ逃亡原因調査表……〇八八
別紙三　疾病者ノ状況調査表……〇九〇
別紙四　補給廠就労ノ供出労務者中ニ於ケル替身状況調査表……〇九三
別紙五　無断欠席者ノ原因調査表……〇九五
興安憲兵隊長ヨリ軍工事就労「労報」隊員帰還状況ニ關スル件（昭和十九年十一月十一日）……〇九六
各工場労工状況ト各所労働者、経営者状況等ノ調査報告（時間不詳）……〇九八
琿春県供出「勤労報國」隊員ノ解散及入廠状況ニ關スル件（時間不詳）……二三一
別紙一　労務者解散及入廠状況調査表……二三五
別紙二　解散及入廠労務者（「報國」隊員）ノ動向……二三七
偽満洲國錦州省労工供出状況ニ關スル件（時間不詳）……二三九
別紙一　昭和十九年度偽満洲國錦州省内労力動員計画概要……二四八
別紙二　偽満洲國興安北省内労工供出ノ状況……二五〇
別紙三　偽満洲國錦州省錦州市土木建築業者使用労工ノ動態……二五二
別紙四　労工使用ノ状況……二五四
輯安、臨江、柳河等各県ノ供出労工状況ニ關スル件（時間不詳）……二五五
労働者入離偽満洲國概況表（時間不詳）……二六二
入偽満洲國労働者発証地別、経由地別、行先省別調査表（時間不詳）……二六三
入偽満洲國労働者郷關省別、行先省別、産業（大分類）別調査表（時間不詳）……二六五

離偽満洲國労働者滞満省別、郷關省別、産業（大分類）別調査表（時間不詳）……二六七
労働者入離偽満洲國概況表（時間不詳）……二六八
入偽満洲國労働者発証地別、経由地別、行先省別調査表（時間不詳）……二六九
入偽満洲國労働者郷關省別、行先省別、産業（大分類）別調査表（時間不詳）……二七一
離偽満洲國労働者滞満省別、郷關省別、産業（大分類）別調査表（時間不詳）……二七三

三、苦力ノ反抗ト日偽當局ノ彈圧

（公文書組み）斉斉哈爾憲兵隊長飯島満治及關東憲兵隊司令官岩佐禄郎ノ札蘭屯日本工業会社使用苦力ノ逃走ニ關スル件報告「通牒」（昭和十年五月）……二七七
公文書一　飯島満治ヨリ岩佐禄郎ヘノ報告（昭和十年五月十六日）……二七七
公文書二　飯島満治ヨリ岩佐禄郎ヘノ報告（昭和十年五月三十日）……二八〇
新京憲兵隊長馬場亀格ヨリ關東憲兵隊司令官岩佐禄郎ヘ索温線鉄道工事従業苦力ノ逃走ニ關スル件報告
（昭和十年六月二十六日）……二八三
山海關憲兵分隊長岸武夫ヨリ關東憲兵隊司令官ヘ秦皇島砿務局ニ於ケル高齢苦力ノ解雇ニ依ル大罷業問題
ニ關スル件報告「通牒」（昭和十一年一月三十日）……二八七
孫呉憲兵隊長和田昌雄ヨリ關東憲兵隊司令官田中静一ヘ軍使用満人苦力ノ蘇領逃入ニ關スル件報告
（昭和十三年五月二日）……二九七
別紙　蘇領逃走工作系統図……三一四
偽満洲採金株式会社理事長草間秀雄ヨリ憲兵隊長ヘ達音河採金苦力叛乱事件ニ關スル報告（昭和十三年六月十一日）……三一五
斉斉哈爾憲兵隊長星実敏ヨリ關東憲兵隊司令官城倉義衛ヘ逃亡苦力捜査手配ニ關スル件報告「通牒」
（昭和十四年七月十七日）……三一八
別紙　逃走苦力連名簿……三二二

海拉爾憲兵隊長安藤次郎ヨリ關東憲兵隊司令官城倉義衛ヘ交通部土木建設處ニ転傭中ノ特設軍工事場逃走苦力手配方ノ件報告「通牒」（昭和十四年八月十二日）……三二四
別紙　逃走苦力連名簿……三三二
關東憲兵隊司令官原守ヨリ獨蘇開戦後ニ於ケル軍工事其他就労労働者ノ逃走乃至罷業状況ニ關スル件（昭和十六年八月十六日）……三四〇
別紙一　労働者ノ逃走罷業原因調（自六月二十二日至七月三十一日）……三四四
別紙二　軍關係苦力ノ逃走罷業調（自六月二十二日至七月三十一日）……三四六
別紙三　地方側苦力逃走調（自六月二十二日至七月三十一日）……三五二
關東憲兵隊司令官原守ヨリ軍及地方側關係労働者逃走罷業等発生状況並対策ニ關スル件（昭和十六年八月二十六日）……三五六
別紙一　軍關係労働者ノ逃走罷業原因調査（自七月一日至八月二十日）……三五九
別紙二　地方關係労働者ノ逃走罷業調査（自七月一日至八月二十日）……三六三
別紙三　軍苦力供出ノ好事例……三六八
別紙四　輸送途中逃走苦力ヲ警乗兵射殺若ハ傷害ヲ與ヘ不安ヲ濃化セシメタル事例……三六九
別紙五　労働力確保ノ根本対策……三七〇
（公文書組み）通化憲兵隊長石原健一及關東憲兵隊司令部等開発会社鉄廠子採炭所輔導工人ノ対日人党與暴行ニ關スル件報告「通牒」（昭和十七年三月）……三七二
公文書一　石原健一ヨリ關東憲兵隊司令部等ヘノ報告（通報）（昭和十七年三月十六日）……三七二
公文書二　石原健一ヨリ關東憲兵隊司令部等ヘノ報告（通報）（昭和十七年三月二十六日）……三八一
通化憲兵隊長石原健一ヨリ五道江採炭所「勤労奉仕」隊員ノ逃走ニ關スル件（昭和十七年四月三日）……三八七
偽満洲國治安部警務司長谷口明三ヨリ關東憲兵隊司令官ヘ特殊労働者逃走ニ關スル件（康徳九年四月十六日）……三九三
延吉憲兵隊長阿部起吉ヨリ琿春炭礦廟嶺礦業所就労工人ノ罷業ニ關スル件（昭和十七年四月二十四日）……三九七
關東憲兵隊司令官原守ヨリ鞍山昭和製鋼所就労投降兵ノ日人警備員ニ対スル党與暴行ニ關スル件報告（昭和十七年五月七日）……四〇八

第五册

三、苦力ノ反抗ト日偽當局ノ弾圧（続編）

阿爾山獨立憲兵分隊長ヨリ軍工事就労中ノ「勤労報國」隊員党與逃亡ニ關スル件（昭和十八年五月二十九日）……〇〇三
別紙　逃走工人本籍氏名年齢一覧表……〇一一
孫呉憲兵隊長ヨリ軍工事就労工人ノ党與逃亡ノ件（昭和十八年六月三日）……〇一三
偽満洲國警務総局長山田俊介ヨリ關東憲兵隊司令官ヘノ特務情報（第四二五報　軍使用労工対警察官ノ抗争事件）
（康徳十年六月三日）……〇一六
鶏寧臨時憲兵隊長ヨリ特殊工人逃走ニ關スル件（昭和十八年六月十一日）……〇二〇
東寧憲兵隊長ヨリ關東憲兵隊司令官ヘ特殊工人党與逃走ニ關スル件報告（昭和十八年六月十四日）……〇二五
奉天憲兵隊長ヨリ關東憲兵隊司令官ヘ亂石山軍工事就労工人ノ逃走ニ關スル件報告「通牒」
（昭和十八年六月二十一日）……〇三三
別紙　労働者逃走名簿……〇三七
東安憲兵隊長ヨリ逃走特殊工人捜査手配ノ件（昭和十八年六月二十五日）……〇四二
斉斉哈爾憲兵隊長ヨリ軍就労見習少年工ノ党與帰郷ニ關スル件（昭和十八年六月二十八日）……〇四八
東寧憲兵隊長ヨリ特殊工人党與逃走ニ關スル件（昭和十八年六月二十八日）……〇五三
別紙　逃走特殊工人名簿……〇五八
（公文書組み）奉天憲兵隊長、關東憲兵隊司令官、關東軍総参謀長、第四四部隊参謀長等輸送途中ノ輔導工人逃走ニ關スル件（昭和十八年六月至八月）……〇五九
公文書一　奉天憲兵隊長ヨリ關東憲兵隊司令官ヘノ報告「通牒」（昭和十八年六月二十九日）……〇五九
公文書二　奉天憲兵隊長ヨリ關東憲兵隊司令官ヘノ報告（電話記録）（昭和十八年六月二十九日）……〇六三
公文書三　奉天憲兵隊長ヨリ關東憲兵隊司令官ヘノ報告「通牒」（昭和十八年七月十四日）……〇六七

別紙　逃走輔導工人逮捕者（死亡含め）名簿……〇七一
公文書四　關東軍総参謀長ヨリ第四四部隊参謀長ヘノ通牒（昭和十八年七月十五日）……〇七三
別紙　特殊工人輸送途中逃亡ノ件（昭和十八年七月一日）……〇七四
公文書五　奉天憲兵隊長ヨリ關東憲兵隊司令官ヘノ報告（昭和十八年八月十四日）……〇七七
海拉爾憲兵隊長ヨリ軍關係工事労務者ノ党與逃亡ニ關スル件（昭和十八年七月二日）……〇七九
別紙　逃走工人名簿……〇八四
新京憲兵隊長ヨリ軍飛行場就労工人逃亡ニ關スル件（昭和十八年七月七日）……〇八五
東寧憲兵隊長ヨリ特殊工人党與逃亡ニ關スル件（昭和十八年七月九日）……〇九二
東寧憲兵隊長ヨリ陣地構築作業就労特殊工人ノ党與入蘇未遂事件ニ關スル件（昭和十八年七月十三日）……〇九六
承徳憲兵隊長ヨリ關東憲兵隊司令官ヘ党與逃走苦力捜査手配ニ關スル件報告「通牒」（昭和十八年七月十四日）……一〇九
別紙　逃走苦力連名簿……一一二
斉斉哈爾憲兵隊長ヨリ富海軍工事就労者ノ不穏行動事件発生ニ關スル件（昭和十八年七月十五日）……一一三
斉斉哈爾憲兵隊長ヨリ斉市當局ノ労務者強制供出ニ伴フ反響ニ關スル件（昭和十八年七月二十二日）……一一八
鶏寧臨時憲兵隊長ヨリ特殊工人逃走ノ件（昭和十八年七月二十八日）……一二四
孫呉憲兵隊長ヨリ特殊工人ノ党與逃走状況ニ關スル件（昭和十八年七月二十八日）……一二五
（公文書組み）鶏寧憲兵隊長及偽満洲國警務総局長石川、關東憲兵隊司令部等勃利飛行場軍工事就労中ノ軍直営労務者罷業不穏行動ノ調査ト処置ニ關スル件（昭和十八年八月）……一三〇
公文書一　鶏寧憲兵隊長ヨリ關東憲兵隊司令部等ヘノ報告（昭和十八年八月一日）……一三〇
公文書二　偽満洲國警務総局長石川ノ報告（電話記録）（昭和十八年八月三日）……一四三
公文書三　鶏寧憲兵隊長ヨリ關東憲兵隊司令部等ヘノ報告（第二報）（昭和十八年八月六日）……一四五
鶏寧憲兵隊長ヨリ党與逃走軍工事就労苦力ノ逮捕取調状況ノ件（昭和十八年八月二日）……一五四
鶏寧憲兵隊長ヨリ軍工事就労苦力ノ対日人暴行事件発生ニ關スル件（昭和十八年八月二日）……一五九

雞寧憲兵隊長ヨリ關東憲兵隊司令官へ逃走特殊工人捜查手配ニ關スル件報告「通牒」（昭和十八年八月九日）……一六五
別紙　逃走特殊工人ノ人相書……一六九
錦州憲兵隊長ヨリ關東憲兵隊司令官へ蘇聯籍逃亡工人捜查手配ニ關スル件報告「通牒」（昭和十八年八月十日）……一七〇
阿爾山独立憲兵分隊長ヨリ軍工事就労工人ノ党與逃亡ニ關スル件（昭和十八年八月十二日）……一七五
別紙　逃亡労工連名簿……一八一
偽満洲國鉄道警護総隊総監部ヨリノ情報日報（各種不穏言動ニ關スル件）（康德十年八月十八日）……一八四
阿爾山独立憲兵分隊長ヨリ軍就労工人ノ党與逃亡ニ關スル件（昭和十八年八月二十一日）……一八七
別紙　逃亡労工連名簿……一九一
東寧憲兵隊長ヨリ關東憲兵隊司令官へ特殊工人党與逃走捜查手配ノ件報告「通牒」（昭和十八年八月二十六日）……一九七
東寧憲兵隊長ヨリ關東憲兵隊司令官へ特殊工人党與逃走手配ニ關スル件報告「通牒」（昭和十八年九月五日）……一九九
東寧憲兵隊長ヨリ關東憲兵隊司令官へ党與入蘇特殊工人部隊労務管理状況ニ關スル件報告（昭和十八年九月六日）……二〇〇
牡丹江憲兵隊長ヨリ關東憲兵隊司令官へ逃亡供出工人捜查手配ニ關スル件（昭和十八年九月七日）……二一八
別紙　逃亡者ノ状況表……二二三
東寧憲兵隊長ヨリ關東憲兵隊司令官へ逃走特殊工人捜查手配ニ關スル件報告「通牒」（昭和十八年九月八日）……二二六
（公文書組み）東寧憲兵隊長ヨリ關東憲兵隊司令部へ、關東憲兵隊司令官ヨリ關東軍命令官等へ満第五七〇部隊使用四十三名ノ特殊工人対日軍党與襲撃後逃走入蘇ノ状況ニ關スル報告「通報」（昭和十八年九月至十月）……二二八
公文書一　東寧憲兵隊長ヨリ關東憲兵隊司令部へノ報告（昭和十八年九月十四日）……二二八
別紙一　逃走苦力關係要図……二五〇
別紙二　党與逃走入蘇苦力名簿……二五一
公文書二　關東憲兵隊司令官ヨリ關東軍司令部等へノ報告「通報」（昭和十八年九月二十二日）……二五六
別紙一　党與逃走苦力名簿……二六三
別紙二　衛兵被殺傷者表……二六七

別紙三　逃走工人要図 …… 二六八
公文書三　東寧憲兵隊長ヨリ關東憲兵隊司令部等ヘノ報告（昭和十八年十月四日） …… 二六九
別紙一　衛兵所拡大図、衛兵所並工人宿舎要図 …… 二八一
別紙二　特殊工人管理ニ關スル憲兵意見 …… 二八二
公文書四　關東憲兵隊司令官ヨリ關東軍命令官（第一課）ヘノ報告（昭和十八年十月十二日）二八七
東安憲兵隊長ヨリ關東憲兵隊司令官ヘ軍工事就労特殊工人捜査手配ニ關スル件報告「通牒」（昭和十八年十月三日） …… 二九〇
孫呉憲兵隊長ヨリ軍並鉄道工事工人ノ党與逃走ニ關スル件（昭和十八年十月七日） …… 二九六
阿爾山独立憲兵分隊長ヨリ「労働報國」隊員ノ党與不正入外蒙ニ關スル件（昭和十八年十月七日） …… 三〇〇
別紙　「労働報國」隊員逃亡要図 …… 三〇六
阿爾山独立憲兵分隊長ヨリ労務懇談会開催状況ニ關スル件（昭和十八年十月二十日） …… 三〇七
別紙一　労務懇談会出席關係部隊官署会社側名簿 …… 三一三
別紙二　労務懇談会参集者名簿 …… 三一四
別紙三　防衛司令官訓示要点 …… 三一五
別紙四　第一回懇談会提議ノ事項ニ対スル実践状況並之カ所見 …… 三一八
斉斉哈爾憲兵隊長ヨリ軍用労務者供出ニ伴フ脅迫状郵送越ニ關スル件（昭和十八年十月三十日） …… 三二五
鶏寧憲兵隊長ヨリ特殊工人一逮捕ニ關スル件（昭和十八年十月三十一日） …… 三三二
牡丹江憲兵隊長ヨリ關東憲兵隊司令官ヘ軍工事就労「労働報國」隊員党與逃走ニ關スル件
（昭和十八年十一月十一日） …… 三三七
別紙　逃走「報國」隊員名簿 …… 三四二
孫呉憲兵隊長ヨリ軍工事供出苦力ノ党與逃走ノ件（昭和十八年十一月十六日） …… 三四九
孫呉憲兵隊長ヨリ軍用石炭運搬就労苦力ノ党與入「ソ」ニ關スル件（昭和十八年十一月三十日） …… 三五五
別紙一　党與入「ソ」苦力名簿 …… 三六四

別紙二　苦力党與入「ソ」附近要図 …… 三六七
孫呉憲兵隊長ヨリ軍工事就労供出工人ノ党與逃走ニ關スル件（昭和十八年十二月十五日） …… 三六八
海拉爾憲兵隊長ヨリ食糧不足ニ依ル伐採労動者ノ動揺ニ關スル件（昭和十八年十二月十七日） …… 三七四
孫呉憲兵隊長ヨリ軍工事苦力ノ党與逃走ニ關スル件（昭和十八年十二月二十一日） …… 三八〇
間島憲兵隊長ヨリ關東憲兵隊司令官ヘ軍關係工程逃走苦力捜査手配ノ件報告「通牒」（昭和十九年二月九日） …… 三八二
別紙一　逃走苦力名簿 …… 三八六
別紙二　逃走苦力ノ腕章（実物大） …… 三八八
關東憲兵隊司令部ヨリノ満内情報第27號（苦力逃避状況）（昭和十九年九月三十日）三八九
阿爾山憲兵隊長及興安憲兵隊長ヨリ關東憲兵隊司令官ヘ軍工事就労「労働報國」隊員ノ党與逃走捜査手配ト自首者ノ処置ニ關スル件報告「通牒」（昭和十九年十月） …… 三九七
公文書一　阿爾山憲兵隊長ヨリ關東憲兵隊司令官ヘノ報告（昭和十九年十月二日） …… 三九七
別紙　逃走隊員名簿 …… 四〇二
公文書二　興安憲兵隊長ヨリ關東憲兵隊司令官ヘノ報告（昭和十九年十月三十一日） …… 四一八
別紙　自首隊員名簿 …… 四二二
鶏寧憲兵隊長ヨリ軍就労「勤労報國」隊員党與逃走ノ件（昭和十九年十月四日） …… 四二八
佳木斯憲兵隊長ヨリ「勤労報國」隊員党與逃走ノ件（昭和十九年十月六日） …… 四二九
斉斉哈爾憲兵隊長ヨリ部隊就労供出工人党與逃走ノ件報告（昭和十九年十月二十五日） …… 四三三
東安憲兵隊長ヨリ關東憲兵隊司令官ヘ特殊工人逃走手配ニ關スル件報告「通牒」（昭和十九年十一月四日） …… 四三九
偽満洲國吉林省蛟河県所在撫順炭坑蛟河採炭所就労特殊工人ノ「不穩計画」事件ノ公訴状（時間不詳） …… 四四二

本册目录

总序
编辑说明
一、日伪在东北劳工统制政策的制定
奉天宪兵队长三浦三郎关于一九三四年度从营口入境的苦力监管现状及将来对策致日本关东宪兵队司令官岩佐禄郎的报告（通牒）（一九三五年一月十四日）……〇〇三
日本关东局警务部长关于实施外国劳工监管规则及「支那」报纸舆论的调查报告（一九三五年四月六日）……〇一七
伪满洲国劳工协会关于劳工协会「组」工作及其组织规则致日本关东宪兵队司令部的呈（一九三五年四月十六日）……〇三六
附一：伪满洲国劳工协会「组」组织规则……〇三九
附二：各组劳工调查表样本……〇四五
海拉尔宪兵队本部关于管辖内（伪兴安北省）劳工现状及对策的调查报告（一九三九年五月十五日）……〇四七
伪满治安部警务司长植田贡太郎关于特别地区内日军所发身份证明书携带者管理事宜致日本关东宪兵队司令部警务部长的通牒（一九三九年六月二日）……〇七四
附：日本关东宪兵队司令部警务部长齐藤美夫关于指导对军队所发身份证明书携带者监管事宜致伪满治安部警务司长的通牒（一九三九年五月二十七日）……〇七五
延吉宪兵队长矶高麿关于军事工程苦力的监管对策致日本关东宪兵队司令官城仓义卫的报告（通牒）（一九三九年六月十五日）……〇七六

附：延吉宪兵队关于军事工程苦力的监管计划（一九三九年六月一日）……〇七八
伪中华民国新民会中央指导部制发的《新民会劳工指导要领》（一九三九年六月）……〇七九
延吉宪兵队长阿部起吉关于防止劳工流动的对策致日本关东宪兵队司令部等的报告（通报）
（一九四二年三月二十五日）……一四八
附：关于防止劳工流动对策的意见征求情况……一四八
日本关东军参谋长笠原幸雄关于保护工人管理问题的通牒（节选）（一九四二年八月二十八日）……一五六
伪满民政部大臣谷次亨、治安部大臣于琛澂关于管理辅导工人及保护工人致各公司、会社、
团体的训令（一九四二年九月九日）……一六〇
伪满民政部大臣谷次亨、治安部大臣于琛澂关于发布辅导工人及保护工人管理要领致伪满各省长、
伪新京特别市长的训令（一九四二年九月九日）……一六一
附一：辅导工人及保护工人管理要领（一九四二年九月九日）……一六二
附二：辅导工人管理要领……一六四
附三：保护工人管理要领……一八二
日本关东军经理部长关于定量配给军用劳工粮秣事宜致管辖内各部队的通牒（一九四二年十二月十九日）……一八七
日本关东军经理部长关于军用劳工粮秣等补给规定致管辖内各部队的通牒（一九四二年十二月二十四日）……一八九
日本关东军总参谋长关于部分修改《关东军筑城工程特殊工人管理规定》致管辖内各部队的通牒
（一九四三年三月十八日）……二〇〇
日本关东军经理部长关于修改部分军用劳工粮秣等补给规定致管辖内各部队的通牒（一九四三年三月二十日）……二〇二
日本关东军总司令官梅津美治郎关于第七〇部队长从「北支那」方面军接收俘虏事宜的命令
（一九四三年六月五日）……二〇三
附一：第七〇部队到站接收情况表……二〇八
附二：日本关东军总参谋长根据关总作命丙第一七五号所作的指示……二〇九

日本关东宪兵队司令部警务部长关于转发《关东军劳务处理要领及其细则》致关东宪兵队各队
（抄送教习队、八六部队）长的通牒（一九四三年六月八日）……二一一
附：关东军劳务处理要领及细则（一九四三年三月二十二日）……二一二
日本关东军总司令官梅津美治郎关于第四四部队长从「北支那」方面军接收俘虏事宜的命令
（一九四三年六月二十三日）……三〇七
附一：日军第四四部队到站接收情况表……三一〇
附二：日本关东军总参谋长根据关总作命丙第一八九号所作的指示……三一一
日本关东宪兵队司令部警务部长关于转发《关东军特殊工人管理规定》致关东宪兵队各队
（抄送教习队、八六部队）长的通牒（一九四三年七月二十二日）……三一三
附：日本关东军总司令部编制《关东军特殊工人管理规定》（一九四三年七月）……三一六
东安宪兵队长关于接收分配管理直佣劳务者的命令（一九四三年九月一日）……三二九
伪满警务总局经济保安科关于劳务统制关系要纲一览表（一九四五年七月十日）……三三二
伪满洲国《决战勤劳对策》实施要纲（一九四五年）……三三五
日本关东防卫军司令部从防卫角度制发的目前和防卫令下达时重要矿山及工厂的参考劳务对策（时间不详）……三四八
伪满洲国劳务警察关系法规一览表（时间不详）……三六六
伪满洲国重要工厂、企事业空袭下的劳务对策（时间不详）……三七七

一、日伪在东北劳工统制政策的制定

奉天宪兵队长三浦三郎关于一九三四年度从营口入境的苦力监管现状及将来对策致日本关东宪兵队司令官岩佐禄郎的报告（通牒）（一九三五年一月十四日）

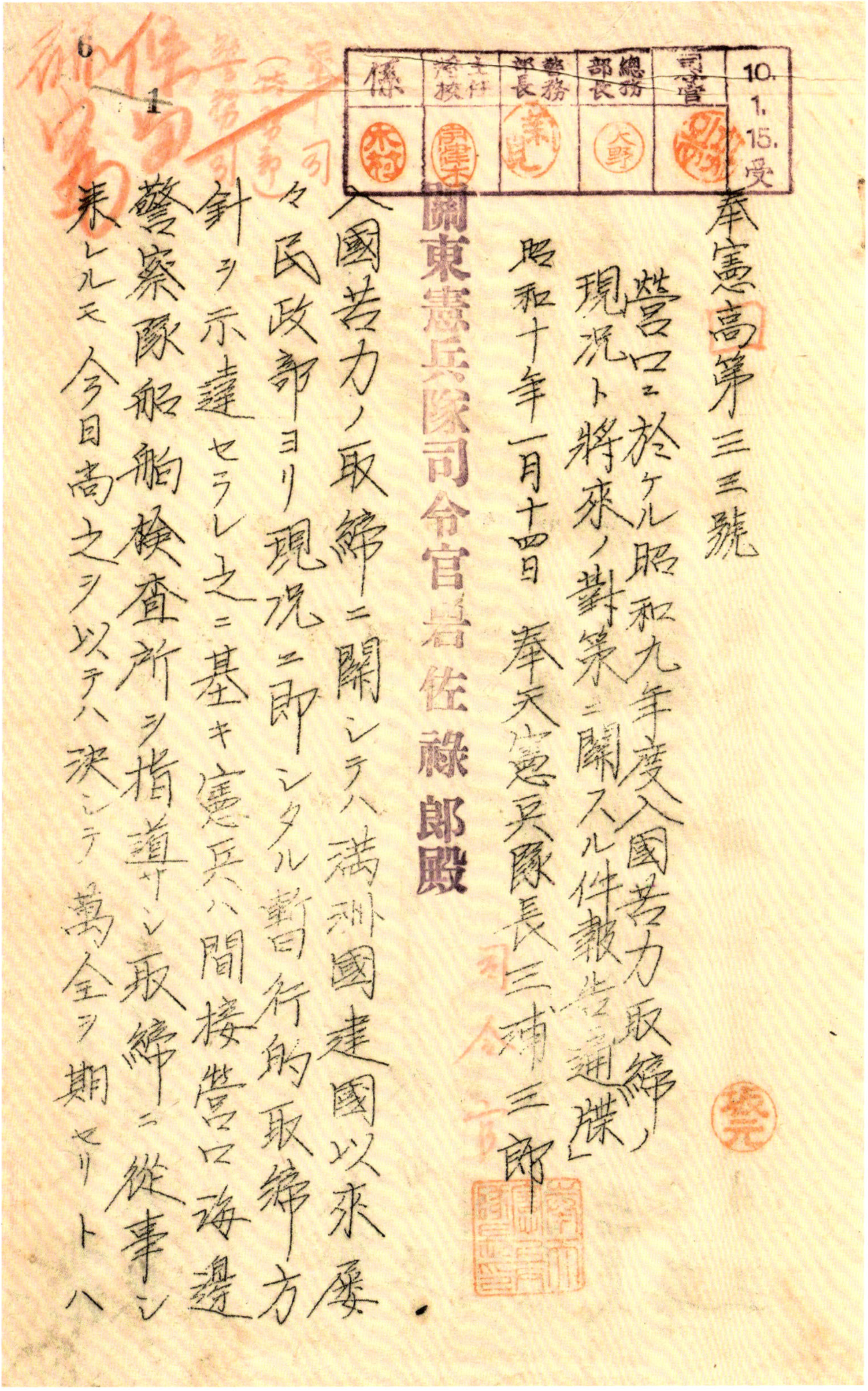
10. 1. 15. 受

司令官	總務部長	警務部長	主任檢	係

奉憲高第三三號

營口ニ於ケル昭和九年度入國苦力取締現況ト將來ノ對策ニ關スル件報告（通牒）

昭和十年一月十四日　奉天憲兵隊長三浦三郎

關東憲兵隊司令官岩佐祿郎殿

入國苦力ノ取締ニ關シテハ滿洲國建國以來屢々民政部ヨリ現況ニ即シタル暫行的取締方針ヲ示達セラレ之ニ基キ憲兵ハ間接營口海邊警察隊船舶檢査所ヲ指導サシ取締ニ從事シ來レルモ今日尚之ヲ以テハ決シテ萬全ヲ期セリトハ

言ヒ難ク将来ノ取締對策ニ關シテ更ニ一段ノ研究ヲ要スルモノアルヲ以テ参考ノタメ左記諸点ヲ報告「通牒」ス

左記

一、昭和九年度営口港ニ於ケル入國苦力ノ状況
昭和九年三月解氷以来十二月十五日終航ニ至ル期間ニ於ケル営口港入港船舶数ハ満洲國側埠頭大五ロ隻、満鐵埠頭三八九隻計一、〇三九隻ニテ其ノ内南北支那方面ヨリノ入港船六三四隻又之等汽船ニヨリ入國セル苦力ハ三五、四五二名ヲ算シ一年間ヲ通シ入國最盛期ハ自四月至八月ノ五

ヶ月ナリ本期中特ニ多キ日ハ一日ニ一、五九二名ノ多
数ニ及ヒ九月以後ハ漸次入國数ヲ減シ反對ニ
出境数増加セリ
如斯状況ニシテ此ノ入國者ノ検索ハ熟練セル
手腕ニヨリ充分警察的眼ヽ行ヲ以テ行ハサレ
ハ不良分子ノ潛入モ容易ナルヘキ状況ナリ

二　大東公司發給ノ身分證明書ニ就テ
大東公司カ乘船地ニ於テ發給スル身元證明
書ニ關シテハ尚研究スヘキ点尠シトセス昨年度
實施セル現況ヲ検討スルニ即チ
ハ大東公司ノ目的

二

大東公司ハ苦力以外ノ一般入國者ニ迄證明書ヲ發給スヘキモノト誤解シアルノミナラス全然發給不適當ト認メラルヽ事件尠カラス
大東公司ノ目的ハ大東公司設置ノ當初民政部ヨリ關係各警務機關ニ示達セラレタル如ク無制限ニ入滿シ来レル苦力ヲ統制シ治安ヲ紊ス虞レアルモノ就業ノ見込ナキ者等ヲ乗船地又ハ出發地ニ於テ阻止スルヲ最モ適當ナル措置ト認メ該公司ヲシテ入國證明書ヲ發給セシメ以テ如上ノ目的ヲ達成セントシタルハ明カナリ然ルニ之カ發給狀況ヲ見ルニ果シテ其ノ目的ニ合シアリヤ

否ヤ疑シキ点多キヲ認ム之カ具体的事例ヲ
挙クレハ
(イ)一般入國者ニ發給スヘキモノト誤解シアリ
大東公司ノ發給スル入國證明書カ下級労働者所謂山東苦力ニノミ發給セラルヘキモノナルコトハ明カナルニ苦力以外ノ一般乗客ニ對シ其ノ必要ナキニ拘ラス乗客全部ニ之ヲ發給シ之ヲ受ケサルモノハ全部不正入國者ノ如ク思料シ在リ
(ロ)甚タシキハ乞食ニ發給ス
證明書發給ノ目的カ入國後治安ヲ紊ス虞レアルモノ就業ノ見込ナキモノヽ入國阻止ニアルニ拘

ラス公私ノ救助ヲ要スル（乞食）者ニ證明書
ヲ發給シ居レルカ船舶検査所ニ於テ検査ノ
際發見シ送還セルモノ三十七名アリタリ

（ハ）慢然入満セントスルモノニ發給ス
懷中無一文且ツ何等知人モナク慢然就職ノ
為メト稱シ来満セルモノニ證明書ヲ發給シ
居タル實例幾多アリ

以上ノ如ク大東公司ノ證明書ナルモノハ何等被証
明者ノ身分ヲ調査スルコトナク無制限ニ發給シ居
リタルヲ以テ單ニ二、三十錢ノ手数料サヘ納付セハ何
人ニテモ之ヲ入手シ得ル結果トナリ大東公司設置ノ

目的ハ根底ヨリ没却セラレタル觀アリ又支那官憲ノ態度カ今日ノ如キ情況下ニ在リテハ少數公司員ヲシテ身元調査ノ上証明書ヲ發給スルカ如キハ甚タ難事ニシテ寧ロ不可能事ト言フモ過言ニ非ス 斯ル状態下ニ發給セラルヽ証明書ナルカ故ニ之ヲ信シ入國セシムルカ如キコトアランカ實ニ危險極マルモノナリ

然ルニ前述ノ如ク營口港滿鐵埠頭ニ入港セル苦力ハ七、二〇六名ヲ算スルニ拘ラス一名ノ入國阻止者モナキハ取締官憲カ苦力ノ取扱ヒヲ厄介視シ大東公司發給ノ身元證明書ヲ唯一ノ證據トシテ信

用（内心信用セサルモ之ヲ以テ責任ノ轉嫁ヲナス）シ通
過セシムルニ非サルヤト思料ス
更ニ昭和九年一月以降十月末迄ノ大連港ヨリ入
港セル中國人（滿人ヲ含ム）入國數ハ三五二、四二〇名
（関東廳發表）ニ及ヒ其ノ間相當多數ノ入國
苦力アリタル筈ナルモ該港ヨリノ入國阻止送還者
ノ幾何アリタルヤヲ聞カス斯ル状況下ニ於ケル
入國苦力ノ統制ハ甚タ難事ナリ

三、將来ノ對策

以上ノ状況ニ鑑ミ入國苦力ヲ如何ニ統制スヘキ
ヤヲ考究スルニ相當ノ繁雜ト手數ヲ要センモ

10 5

先ツ入國シ来レル苦力ノ登録ヲ為シ以テ統制セントス即チ

(ハ) 労働者ノ登録

(イ) 労働許可證ヲ交附シ且ツ指紋ヲ保管ス

上陸地水上警察署並全國各警察署ニ労働者登録名帳ヲ備付ケ管内ノ就業苦力全部ノ登録ヲ為シ登録者ニ各登録官署毎ニ一連番號ヲ付シタル労働許可証ヲ交付ス而シテ登録名帳及労働許可證ニハ被登録者ノ寫眞ヲ添付シ以テ許可証ノ貸借悪用等ヲ防止ス尚登録官署ヲ管轄

スル各區指紋局ニ保管ス

(ロ) 常時許可證ヲ携帯セシム

労働許可証ハ常ニ携帯セシメ許可証ヲ所持セル者ハ國内ニ於テ労働ニ従事スルヲ得サラシム

(ハ) 年一回許可證ヲ查證ス

労働許可證ハ引續キ在満者並ニ再度入國者ヲ問ハス毎年一定期間ニ登録官署ノ查証ヲ受ケシメ爾後一年間ハ有効トシ累年使用スルコトヲ得セシメ查証ハ何レノ登録官署ニテモ之ヲ受付ケ查証シ查証料若干ヲ

五

徵收ス

(ニ) 許可證ヲ紛失シタルトキハ届出テシム

許可證ヲ紛失セル場合ニハ届出セシメ受附官署ヨリ前登録官署ニ其ノ旨ヲ通知シ旧台帳写及写真ノ送付ヲ受ケ新ニ登録ス査證ヲ與ヘタル官署ハ其ノ旨登録官署ニ通知シ台帳ニ記入セシム

(2) 苦力使用者需要者ノ隱匿ニ對スル届出

(イ) 苦力需要者ハ需要ノ多寡ニ拘ラス所轄警察署ニ届出シム

(ロ) 使用苦力中未登録者アル場合ハ使用者

ニ於テ所轄警察署ニ届出登録ヲ為サシム

(3) 団体苦力ヲ奨励シ個人苦力ノ入國ヲ禁ス

苦力入國ハ満洲國民政部ノ許可セル団体苦力ノミヲ認メ個人苦力ノ入國ハ之ヲ禁シ以テ可成団体苦力ニ加入方指導サス

(4) 大東公司ハ天津特務機関ノ監督下ニ在ルヲ以テ軍ハ従来ニ倍シ監督指導ヲ厳ニシ以テ出航地ニ於ケル苦力ノ募集及団体編成等ヲ指導督励セシムルト共ニ證明書發給ヲ廢シ登録ノ際登録手数料若干ヲ徴シ登録ノ費用ニ充当ス

（5）

苦力收容所ノ設置

最近ノ情報ニ依レハ大東公司ハ國内各地ニ苦力ノ無料宿泊所ヲ設置シ大東公司ノ発給セル證明書所持者ニハ無料宿泊セシムル由ナルカ至極妥當ノ措置ト思料ス營口或ハ安東ノ如キ上陸地及鉄道沿線主要地ニ苦力ノ一時收容所ヲ設置シ之ヲ收容セハ前述ノ登録実施其ノ他ニモ非常ナル便トナリ且ツ之ニヨリ反満抗日分子容疑者ノ検挙ニ多大ノ効果ヲ齎シ得ルモノト信ス

（了）

実施ノ困難ハ伴フヘキモ有力ナル方法ト認ム

12

發送先

隊司關各隊、奉特二揺司、隊下、

警務亍、

日本关东局警务部长关于实施外国劳工监管规则及「支那」报纸舆论的调查报告（一九三五年四月六日）

10.4.6受　司令官　總務部長　警務部長　主任將校　係

關各隊長

秘

關機高第四〇一號

昭和十年四月六日

關東局警務部長

對滿事務局次長殿
內閣書記官長殿
外務次官殿
內務省警保局長殿
關東州廳警察部長殿
大使館警務部長殿
奉天、哈爾賓、吉林、間島、上海各總領事殿
關東軍參謀長殿
關東憲兵隊司令官殿
駐滿海軍部參謀長殿
滿鐵資料課長殿
上海
哈爾賓各事務官殿
管下各警察署長殿

外國勞働者取締規則實施ト支那新聞ノ論調ニ關スル件

日滿各機關協議ノ下ニ客月十五日ヨリ施行シタル外國勞働者取締規則ニ關シ同月二十日前後ノ支那各地新聞ハ何レモ本問題ヲ紙上ニ報導シタルカ特ニ上海ニ於テ發行ノ「申報」北平ニ於テ發行ノ「北平晨報」天津ニ於テ發行ノ「大公報」ノ如キハ本問題ヲ社説トシテ掲ケ居ルヲ以テ之ヲ譯出シタルカ御參考迄及送附候也。

43

申　報（上海）　三月二十日附社説

日本我國農工ノ出關ヲ禁止ス

本月十四日　日本ハ突然我國農工者ノ出關ヲ禁止シタ　當時東北ニ赴カントシテ山海關ニ於テ阻止セラレタルモノ千ヲ以テ數ヘタルカ進退兩難ニ陷リ甚シキハ老ヲ扶ケ幼ヲ携ヘテ街路上ニ露宿スルサヘアリ其狀悲慘ヲ極ムトノ消息傳ハリ爲ニ北寧路當局ハ既ニ沿線各驛ニ「農工者カ不用意ニ出關シテ流民トナルカ如キ事ノ無キ樣」勸告スル旨ノ廣告ヲ貼出シ我政府モ亦事實ノ研究ト對策ニ着手シタ

夫レ日本ノ我國農工者カ出關シテ生計ヲ謀スルトスルヲ禁止シタル最大原因ハ最近我國農工者ノ出關スル者カ漸次増加シ日鮮人ノ移植ニ影響スルカ爲テアリ關東軍司令南次郎ハ前ニ我國農工者ノ出關シテ生計ヲ謀ラ

ントスル者ヲ制限スヘキ辦法ヲ頒布シタ今回我國勞工者ノ出關ニ對シ妨
阻ヲ加フルハ實ニコノ辦法實施ノ爲ナノテアル
按スルニ日本ノ滿蒙移民ハ卽其大陸政策實現ノ一段階テアリ固ヨリ今日
ニ始ツタノテハナイ只其ノ傀儡ヲ操ツテ我東北ヲ統治スル様ニナツテカ
ラ其進行ハ極メテ積極的トナツタ一九三三年一月日本側ハ關東軍特務部
內ニ軍參謀部　大使館　總領事館　拓務省　朝鮮總督府及關東廳等ノ代
表ヲ召集シ移民部ヲ組織シ一切ノ移民事項ヲ處理スル事トナリ其後又軍
部ノ援助ヲ得テ在鄉軍人一千二百餘名ヲ募集シ松花江一帶ニ移住セシメ
又北大營公主嶺等ニ移民訓練所ヲ設立シテ移民ヲ指導スヘキ人才ヲ訓練
シテ居リ一面傀儡ノ力ヲ藉リテ其東北ニ於ケル商租權ヲ擴張シテ一九三
四年七月ニハ日本ハ吉林省ニテ已有セル土地商租權以外更ニ松花江流域
拉濱、圖寧、濱北、齊北、黑河等ノ附近地方ト哈爾賓郊外ノ商租權ヲ獲取シタル後關東軍特務部ハ復文十一月廿六日ヨリ十二月六日迄關東軍、滿鐵　拓務省　朝鮮總督府　東亞勸業會社　三菱東山農事會社及僞國代表等ヲ長春ニ集メ移民會議ヲ舉行シテ一官民合辦ノ拓殖會社ヲ組織スヘク決定シタ其資本額ハ五千萬圓トシ日本政府ハ二千萬圓僞國ハ一千萬圓ヲ負擔シ其餘ノ二千萬圓ヲ民間ニテ募集スル之ニ依リテ日本ノ東北向ケ移民ハ夙ニ決心セル處テアルノミナラス僞國成立以來百方畫策努力進行シタルモノテアルコトカワカル　此種移民事業ノ積極進行ハ即「兼併政策」實施ノ重要ナル段階テアリ其我國農工者ノ關外進入ヲ禁止スルハ即コノ政策實行ノ一手段ナノテアル

近時我國民ノ海外出稼者ハヤヤモスレハ排斥ニ遭フ例之ハ墨西哥、日本ノ相繼ク我カ出稼者驅逐及最近シヤムノ華人學校閉鎖ノ如キ[illegible]モ顯著ナモノテアル東北四省ハ元來我國ノ領土テアルカ日本ハ已ニ之ヲ強占シ

46

今又我國勞工者カ生計ノ爲之ニ赴カントスルヲ禁止シタ我國人口ノ捌口カ日ニ縮少スル苦痛ヲ感シナイ者カアラウカ人口ノ捌口ノ有無ハ國計民生ニ影響スル事重且大テアル

願クハ我政府ハ一方積極的交渉シテ補救ニ努力スルト共ニ一方國内生産事業ノ發展ヲ促進シ以テ失業ノ勞工ヲ救濟セラレ度イ然ラハ我「民族」「民生」ノ前途ニ横ハル荆棘ハ逐次芟除サルルテアラウ

北平晨報（北平）　三月二十一日附社說

日本ノ中國人出關阻止事件

日本人ノ山海關ニ設置セル大東公司ハ本月十五日ヨリ中國人ノ出關ヲ阻止シタ之カ爲現ニ中國人ノ山海關ニ滯在スル者及原籍地ニ歸ル者其數甚タ多イカ其大部分ハ或ハ東北ニ家庭ヲ持チ或ハ東北ニ正當ナル職業ヲ有スルモノテアリ日本人ノ阻止ニ因リ家庭ニ歸ルヲ得ス業ニ復スル事ヲ得ナイ之等ノ輩ハ皆無智ナルカ爲ニ日偽當局ノ威勢ニ　伏シ正當ノ理由ト困難ナル事情アルニモ拘ハラス辯明ヲ敢テセス只其憐憫ヲ得ル事ニ勉メルノミテアルカ如何トモスルナク首ヲ垂レテ其命令ニ従フノ外ハナイ中國人ノ出關ニハ精神上ノ痛苦ト時間上金錢上ノ損害等何等受クルノ事ナキニ不拘尚此種意外ノ損失ヲ只管忍ヘル其慘狀ハ想フタニ心ハ悖ル

旅費無キ爲進退トモニ窮マリ山海關ニ於テ術ナキ塞ニ哭ク者モ徒ニ還命ノ神ノ弄レト諦メテヰルカ弱國ノ民ノ何ト浩嘆スヘキテアラウ

吾人ノ得タル報道ニ依レハ今回日本側カ華人ノ出關（長城ヨリ北ニ出ル事）ヲ阻止スルハ本月九日日本駐滿全權大使ノ發セル「外國勞働者取締規則」ニ基クモノノ樣テアル本規則ハ全文十三條ヨリ成リ本月十五日ヲ其施行期ト爲シテ居ル今回日本側カ華人ノ出關ヲ阻止スルハ適々此期ニ於テ實行シタモノテアル故ニ消息家ハ此事ヲ以テ大東公司ノ本規則施行ノ結果ナリトシテヰル然シ規則ノ第一條ヲ見ルニ明ニ施行區域ヲ所謂關東州及南滿洲鐵道附屬地ト限定シテアル山海關ハ遠ク南滿鐵道線ヲ離レテ居ルニ今日本規則ヲ施行スルハ本規則ノ規定ニ合致シナイモノテアツテ眞相ノ如何ハ實ニ了解ニ苦シム處テアル日本ハ今ヤ東北四省ヲ占據シテ居リ取ルモ求ムルモ心ノ儘テアル其中甲地ト乙地ト甲省ト乙省トノ間

ニハ自ラ必ス息々相關シ相互ニ呼應スルモノカアル故ニ日本ノ華人出關阻止ト前記規則トノ間ニ因果關係アル事ハ疑ナキコトテアル

コノ觀點ニ基ケハ日本ノ華人出關阻止ニハ左ノ如キ原因ノアルコトカ判ル

一、華人ノ入滿ヲ統制シテ入國ノ華人ヲシテ該地ノ生産消費ニ有利無害タラシム即空手ヲ以テ錢ヲ攫ム者、技能勞力ニシテ該地ノ生産ニ必要ナキモノハ入國ヲ取締リ勞作ニ耐フル工人及旅費ノ豐富ナル旅客ハ檢査後入國セシム之ハコノ觀察ノ誤リテナイコトヲ證明スルニ足ル

二、華人ノ入滿ヲ制限シテ其東北ニ對スル大量移民ノ目的ヲ遂ク年來關內同胞ノ東北ニ食ヲ求メントスル者大部分ハ老ヒタルヲ扶ケ幼キヲ携ヘテ滿洲ヨリ追ハレタ其原因ヲ考フルニ之等ノ輩ハ生活程度甚タ低ク面モ艱苦勞作スルハ移リ來レル日鮮人ノ到底及ヒモツカヌ處テアル故

ニ之ヲ驅除セサレハ日鮮人ハ決シテ移入スルヲ得ヌ移住スルモ亦自ラ生存シ難イ　東北事變前日本ノ溫室式移民政策カ屢失敗ニ歸シタノハ彼等ニ我關內同胞ト　生活ノ條件ニテ競爭シ得ル資格ヲ備ヘサリシ爲テアルカ今ヤ日本ハ大權ヲ掌握シ移民ニ都合ヨクスル爲ニ壓迫凌辱及種々苛酷ナル待遇ヲ以テ關內同胞ヲシテ再ヒ東北ニ於テ安シテ生活スルヲ得サラシムルニ至ツタ此ノ情況ハ延吉一帶ヲ最トスル卽內地同胞ノ猶同地ニ居住スル者百人中一二人ニ過キヌ華人朝ニ去レハ鮮人夕ニ來ル有樣テ間島ハ假令ハ朝鮮ニ歸屬スルカ如キコトナシトスルモ遠カラス華人ノ足跡ヲ絕ツテアラウ滿鐵沿線ノ各縣ニ於テハ現在大部分ハ區域或ハ二區域ヲ劃分シテ專ラ日鮮人ノ移住ニ備ヘテ舊有ノ華人ヲ盡ク追放シタ之吾人ノ得タル最近ノ東北ノ情況テアル日本ノ溫室式移民政策ハ軍政大權ノ切實ナル保障ヲ得テ最後ニハ成功スルテアラウコト

51

殆ト疑フ餘地モナイ目下ニ於ケル華人ノ出關阻止ト華人ノ在滿者驅逐トハ全ク其作用ヲ等シクシ特ニ其移民政策ヲ勵行シ華人ヲ漸次東北ヨリ絶滅セシムルモノテアル

日本ノ東北占領後ニ於ケル苦心積慮ハ咄々人ニ逼ルモノカアル最初政權ヲ把握シタル時ハ舊來ヨリノ官吏ヲ頤使シ其後ハ舊來ヨリノ華人ヲ漸次追放シタカ今度ハ華人ノ滿洲行キヲ阻止シ東北ノ利源ヲ盡ク日鮮人ニテ享有シ華人トノ競爭ヲ無カラシメントシテ居ル斯クシテ推シ進メハ單ニ官吏ヲ全部日鮮人ニテ占ムルノミナラス住民モ亦盡ク日鮮人ヲ以テ替ヘルテアラウ他人ノ土地ヲ奪ヒ他人ノ國家ヲ滅ス術是レニ過クルハナイコレ實ニ我カ擧國上下ノ痛切ニ覺醒シ以テ自力強化ヲ謀ラネハナラヌトコロテアル

傳フルトコロニヨレハ當局ハ是ニ對シ既ニ日本ト極力交渉中テアルト

イフ、如何ニ進展スルカハ逆賭シ難イカ中日ノ提携親善カ盛ニ傳ヘラルル今日斯ル報道ニ接スルハ實ニ意外トスルトコロテアリ特ニ事態ノ注意スヘキハタダニ親善提携ノ趣旨ニ悖ルコトテナク日本カ自ラ僞國獨立ノ宣言ヲ食言スルコトテアル

日本ハ事實上既ニ東北四省ヲ强占シテ居ルカ從來僞國ノ國家名義ハ未タ承認サレテ居ナイ日本ノ外交辭令ニハ常ニ其ノ手造リノ僞組織ヲ東亞ノ獨立國家テアルトイフカ所謂外國勞働者ノ取締規則ハ畢竟日本ノ駐「滿」大使名義ニテ公布施行セラレタ日本ハ僞國獨立宣言ニ對シ何ト之ヲ辯解スルテアラウカ吾人ノ如キ頭腦ノ惡イ者ニハ了解ニ苦シムノテアル日本ノ僞國ニ對スル統治奪取ハ其名ヲ捨テテ其實ヲ取ル式ニテ事實上ハ一歩々々深ク入テキルカ其名義ハ甚タ廻リクトクシテキルカ今回ノ華人出國取締ハ遂ニ公々然トシテ僞國ノ名義スラモ顧ミナイノテアル（以下略）

大公報（天津）　三月二十二日附社説

日本ノ華工出關禁止問題

日本ハ最近東北四省ニ於テ突然中國勞働者ノ入境ヲ禁止シ已ニ關東軍司令部ヨリ「外國勞働者入境取締規則」ヲ公布シ嚴重勵行セル爲數日前來山海關ニ於テ入境ヲ阻止セラレタル農工貧民ハ慘擔タル光景ヲ呈シテ居リ青島等ヨリ大連ニ赴キタル者モ上陸ヲ許サレナイ吾人ハ實ニコノ中國政府カ日本ニ對シ交歡セントスル際ニ於テ其ノ得ルトコロノ報酬カ中國人カ昔カラノ領地タル東三省ニ入國スルヲ禁止サルルコトテアルトハ思ヒモ及ハナカツタコレハ實ニ忍ヒ難キコトテアル

然シコノ事ハ數多ノ矛盾性ヲ含シテイル、日本ニ就イテ言ヘハ○○○○日露戰爭後彼レノ一貫セル目的ハ滿蒙各地ニ大量移民スルコトテアルカ實際上ノ障碍ノ爲九一八以前ニ在リテハ日本人ノ東北ニ居住セシ人口ハ二十三

9 54

萬ニ過キス朝鮮人モ六十萬ニ過キナカツタ九一八以後ハ盛ニ移民ヲ唱ヘ又土地商租權ノ範圍ヲ東三省全部ニ擴張シタノテ三年間ニ日本居留民ハ四十八萬余ニ增加シテ九一八以前ノ二倍トナリ朝鮮人ハ百萬以上ニ增加シタ、然シ日本人ハコレニ滿足セス二十年內ニ日本內地人ヲ東北ニ三百萬移住セシムル筈ト言ツテ居ルシ軍部モ移民事業ニハ特ニ熱心テアル

二年前移民團体ハ盡　失敗シ不平ノ聲內外ニ充滿シタカ軍部ノ言論壓迫ハ新聞ノ實際ニ則シタル報道ヲ許サス故ニ各新聞紙トモ移民ノ困難セル情況ヲ記載スルニシテモ終リニハ必ス將來ハ有望ナコトヲ附言シキルカクシナケレハ軍部ノ許可ヲ得ラレナイカラテアル然シ一面國內ニ於テモ始終日本ノ東北移民ノ成功ヲ疑ツテ居ルモノカアル。而シテ日本人ノ僑居ヲ[illegible]スルヤ都市ノ外觀ハ遂次繁榮ヲ來シ所有建設ニ於テ遂ニ勞働力不足ヲ告クルノ傾カアリ資本家ノ利益トシテハ當然廉價テ勤勉ナル中國苦力カ渡滿シテ

仕事スルノヲ歓迎スル故ニ各種ノ機關ヲ設ケ河北、山東ノ内地ニ人ヲ派遣シテ苦力ヲ募集シタ過去ニ於テコレカ爲ニ害セラレタ華工ハ其ノ數ヲ知ラナイ、シカシコレハ軍部ノ理想ト資本家ノ利害トカ元來正面衝突スルコトテアルカラ政府モ急ニ國策ヲ決定シ難カツタノテアル、憶ヘハ昨年日本ノ議會ニ於テ某議員カ廣田外相ニ「中國勞働者ノ多數滿洲ニ赴クハ中國人人口ノ激增ヲ來シ後患ヲ大ニスルモノテアル　政府ニ取ノ意アリヤ否ヤ」ト質問シタルニ對シ外相ハ「僕ハ滿洲國ノ外務大臣テナイカラコレニ對シ何トモ答辯ノ致シ様カナイ」ト答ヘタノハ實ハ當時日本政府ノ方針カ尚決定シテヰナカツタノテアル。昨年十二月一日ヨリ四日マテ關東軍特務部ハ大連ニ會議ヲ召集シ日僞合辦ノ形式ヲ採用シテ現有ノ東亞勸業會社ヲ農業移民會社ニ改組シ大農式ノ經營ヲ排シ自作農奬勵ノ方針トスルコト等ヲ決定シ從來移民失敗ノ素因トナリシトコロヲ一掃セントシタト同時ニ關内（長城以南ノ華北地方）勞働者カ年來困難ト危害ヲ顧ス渡滿シテ生活ノ途ヲ求ムル者依然トシテ毎年三四十萬ノ多數ニ昇ルヲ見テ憂慮ニ堪ヘス突然今回ノ取締規則制定トナツタノテアル其ノ意味ハ統制ニ便利ヨク、中國勞働者ノ自由入滿ヲ阻止スルニアル。コレハ勿論資本家カ無條件ニ中國勞働者ヲ歡迎セントスル意向トハ合致シナイ然シ軍部ニ於テ果シテ中國勞働者ヲ輸入スル必要アリト認メタル時ハ開放サルルノテアツテ要スルニ統制ノ權力買人ノ手ニ操ラルルノミテアル

中國ニ就イテ言フナラハ○○○一般人ノ意見ニモ亦矛盾ノ點カ多分ニアル一方面ヨリ立論スレハ日本ハ我東北ヲ占領シ僞國ヲ口實トシテ諸建設ヲ爲スノテアルカラ我國トシテハ人力ヲ供給シテ其ノ建設ヲ助クヘキテナイ又一方面ヨリ立論セハ東北ハ我カ領土テアルシ華北過剩人口ノ捌口テアル目下政治上無關係ナリト雖經濟上ノ利害ハ斷絶スヘキテナイカラ苦力カ渡滿

シテ生計ヲ立ツルニ對シテハ從來通リ保護ヲ加フヘキテアル、以上ハ日本中國兩方面ヨリ研究シテ內部的觀點ヨリスル幾多ノ不一致テアル然シ中國國民ノ感情ヨリ言ヘハ東三省三千萬ノ人民ハ大部分華北各省ヨリ移住シタモノテアル從來勞働者カ渡滿スルノハ政府ノ保護ヲ受ケタトイフヨリモ同鄉會及本人ノ鄉黨友誼ノ扶持ニ依ツタモノテアル一朝此等ノ輩ノ渡滿ヲ禁止スルハ實ニ人情ノ忍フ能ハサルトコロテアル日本今回ノ行爲ハ徒ニ其ノ門戶閉鎖旌人忌避ノ　狹心理ニ依ルモノテアリ今日中日國交カ纔ニ好轉セントスル際實ニ中國民衆ニ極メテ不快ノ印象ヲ與フルモノテアル蓋シ政治關係ハ好轉シテ經濟關係ニ於テ惡化スルカ爲テアル

遮莫日本ハ既ニコノ禁令ヲ出シタノテアル則チ政府ハ抗議ヲ提出シ嚴重交涉スルノミナラスソノ交涉成立セサル以前ニ在リテハ華北各省當局ヨリ所屬轄內ニ通牒シ佈告ヲ出シテ人民ニ對シ「從前渡滿シテ生計ヲ立テタル故

83 58 /8

智ニ倣フコトナク又地方ノ不良分子カ勞働者募集ニ藉口シテ苦力ヲ誘惑シ鄉里ヲ遠ク離ルルヲ厳禁スヘク」諭告シ且ツ山海關靑島及長城各國ニ於テ旅行者ヲ嚴重檢査シ若シ貧民ノ自發的ニ渡滿セントスル者アラハ勸告阻止シテ鄉里ニ送還シ以テ流浪ノ民トナルヲ防クヘキテアル若シ彼ノ日鮮浪人ニシテ地方ノ不良分子ト結托シ「兒豚」販賣ニ口ヲ藉リテ勞働者募集ヲナス者ヲ發見シタル場合ハ必ス之ヲ逮捕シテ日本側ニ引渡シ處分ヲ要求スルトトモニ日本ノ責任者ニ對シコレ等ノ行爲ヲ嚴禁スルヤウ請求スヘクコレハ目前至急ニ爲スヘキコトテアル北平政治整理會カ之ニ注意シ勞働者募集渡滿ヲ調査嚴禁スルコト及入境禁止令取消交渉ヲ同時ニ至急行ハレンコトヲ切望スルソレハ實ニ河北山東諸省ノ勞働者ノ華麗ナノテアル尙吾人ニハ一歩進メテ云ヒタイコトカアル、日本關東軍今回ノ中國勞働者入境禁止ノト約ハ今回ニ限キヲ置キ絶對永久ニ禁圖スルノテハナイカ中國トシテモ今ト日封鎖主義ヲ採用シテ勞働者ノ出鄕ヲ許サナイカ或ハ日本カ排斥セサル場合ハ其ノ勞働者募集及渡滿ヲ許スカノ政策ヲ確定セネハナラヌ、果シテ許可スルトシテ從來ノ如ク放任的態度ニ出テ日本人カ地方悪漢ト結託シテ募集シ貧民ヲ削取シ一度故鄕ヲ出スルヤ生死サヘモ定カナラサルカ如キ狀態ヲ許スカ或ハ日本ニ對シ將來勞働者ヲ需要スル場合ハ必ス中國官廳ニ募集ヲ依託シ條件ヲ明カニ定メ保護ニ注意スルヤウ要求スルカテアルコノ根本方針ハ只今至急決定スヘキテアル吾人ハ日本カ華工募集入國ニ對シ統制政策ヲ採用スルナラハ人道主義上貧民ノ利益ノ爲ニ吾方モ官憲ヨリ干渉主義ヲ取リコレ等勞働者募集行爲ヲ監督シ放任スヘキテナイト考ヘルコレハ國際當局ニ於テ速ニ方法ヲ講シ日本ト交渉解決セラレ度クサウスレハ幾多人道上ノ悲劇ヲ免ルルコトカ出來ルノテアル。

伪满洲国劳工协会关于劳工协会「组」工作及其组织规则致日本关东宪兵队司令部的呈（一九三五年四月十六日）

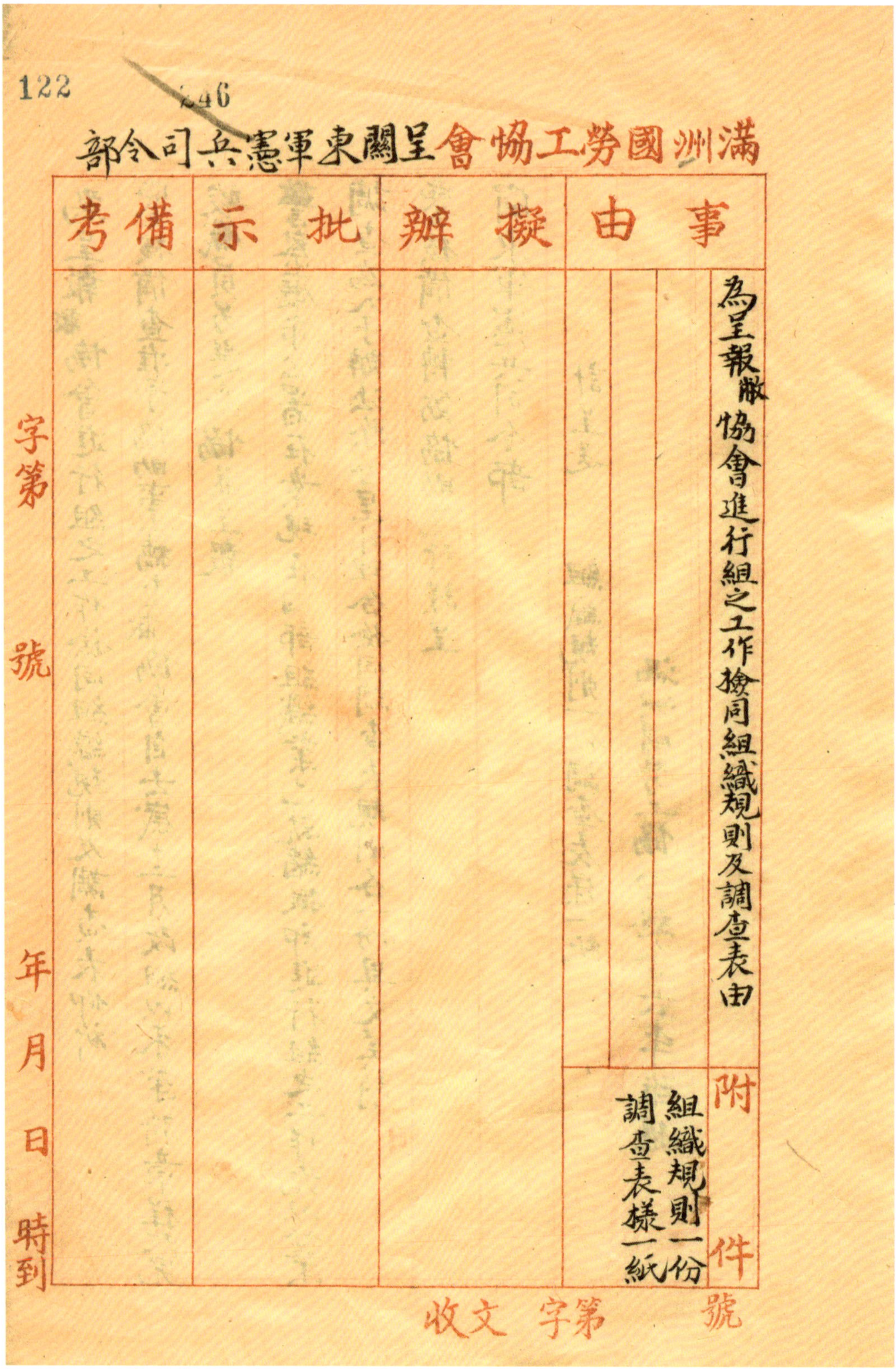

122　246

满洲國勞工協會呈關東軍憲兵司令部

事由	擬辦	批示	備考
為呈報敝協會進行組之工作檢同組織規則及調查表由 附件：組織規則一份　調查表樣一紙			

字第　號　年　月　日　時到

收文　字第　號

為呈報敝協會進行組之工作檢同組織規則及調查表仰祈
鑒核備查准予協助事竊查敝協會自去歲十二月改組以來業將章程改完
竣職員另選妥協並呈報
警察廳市公署在案現在內部組織業已就緒擬即進行組之工作先以分業
調查為入手辦法除分呈外理合檢同調查表規則各一份具文呈請
鑒核備查轉飭協助施行謹呈
關東軍憲兵司令部

計呈送　組織規則一份調查表樣一紙

滿洲國勞工協會總會長李維權

已制卡

滿洲帝國康德二年四月十六日

128

滿洲國劳工協會「組」組織規則

滿洲國勞工協會「組」組織規則

第一條 本組織規則依據本會章程第九條作成之

第二條 組之構成依據各職業分別設立凡會員在五千名以下者推選委員九人由委互選組長一名會員在三千名以下者推選委員七名由委員中互選組長一名會員在一千名以下者推選委員五名由委員中互選組長一名會員在五百名以下者推選委員三名由委員中互選組長一名承支部長之命辦理本組一切事務

第三條 組長委員以自力自業而有同業人信仰力者為合格

第四條 組長委員經互選公推後由支部長呈報本會事務局承認充任之其任期二年

第五條 組得按第二條會員額數酌設辦事員及書記若干

名新條另定之

第六條　組長及委員如有違背會章及不正當行爲時準由該組全體會員三分之二之請求由支部長轉請本部查明確實後撤免之

第七條　組會員以本業現有工作者爲會員

第八條　組會員有享受本會利益之權利及遵守章程之義務不得違背組織破壞同業致妨碍進行

第九條　組的業務承支部長之命辦理左開事業

一、職業之介紹

二、調劑勞資糾紛

三、準酌工資之增減

四、調查會員之日常生活及改善會員之工作

130 354

五、褒揚會員之勤勞及獎勵會員之品行
六、會員工作日期工資數目之調查
七、提倡會員儲金之利益（其辦法另擬之）
八、辦理其他一般公益事業

第十條 組會議於每春秋召開例會一次必要時或經多數會員之請准得臨時召開之

第十一條 組會議以組長為議長組長缺席時以首席委員代理之

第十二條 組會議議決事項須出席會員三分之二通過呈報支部長核准後施行之

第十三條 組會議決議重要事項須由支部長轉呈本部核准後施行之

第十四條 組委員會每月須開例會二次但受支部長之委託

或有緊急事項得由組長臨時召開之以組長為議長

組長缺席時以首席委員代理之

第十五條　組委員會議議決事項須出席委員過半數通過呈報支部長核准後施行之其重要事項由支部長呈報本部核准後施行之

第十六條　組長委員均義務職惟須按照事務之繁減及會員之多寡另酌給車馬辦公費

第十七條　遇有特殊情事動用款項時須臨時由支部長轉請本部酌定之

第十八條　組會員除每年繳納維持費外該組長不得自由攤收費用

第十九條　組會員之維持費於二個月期內一次繳納不得藉詞推延

第二十條　組會員之維持費由該地支部與組長共同負責催收

並付與正式收據

第二十二條 組需用一切單據均由支部長轉請本部發給之

第二十三條 本組織規則須經議員會議決議通過後施行之

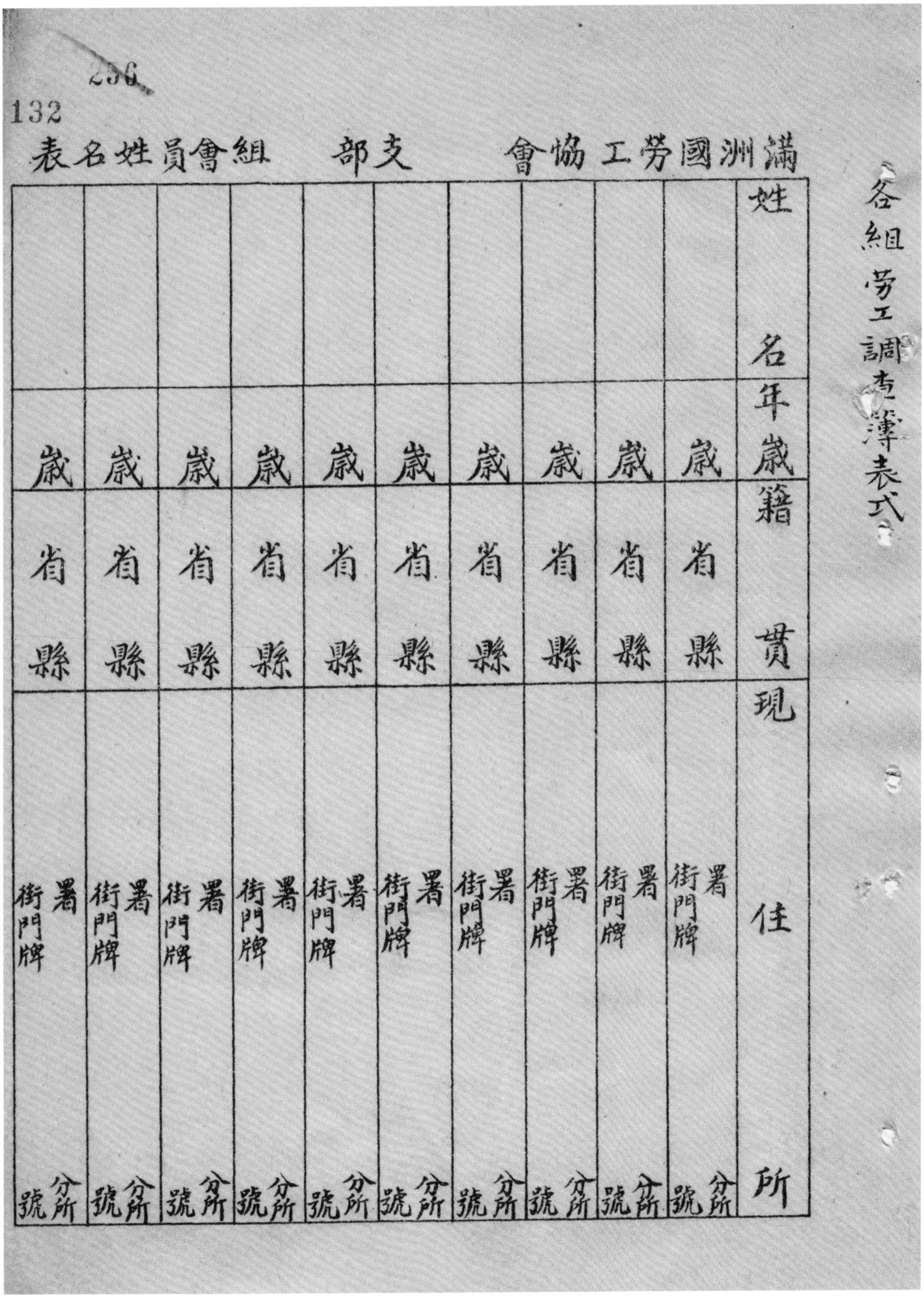

各組勞工調查簿表式

236

132

滿洲國勞工協會　支部　組會員姓名表

姓名	年歲	籍貫	現住所
	歲	省　縣	署　街門牌　分所　號
	歲	省　縣	署　街門牌　分所　號
	歲	省　縣	署　街門牌　分所　號
	歲	省　縣	署　街門牌　分所　號
	歲	省　縣	署　街門牌　分所　號
	歲	省　縣	署　街門牌　分所　號
	歲	省　縣	署　街門牌　分所　號
	歲	省　縣	署　街門牌　分所　號
	歲	省　縣	署　街門牌　分所　號
	歲	省　縣	署　街門牌　分所　號

	歲	省 縣	署 街門牌 分所 號
	歲	省 縣	署 街門牌 分所 號
	歲	省 縣	署 街門牌 分所 號
	歲	省 縣	署 街門牌 分所 號
	歲	省 縣	署 街門牌 分所 號
	歲	省 縣	署 街門牌 分所 號
	歲	省 縣	署 街門牌 分所 號
	歲	省 縣	署 街門牌 分所 號
	歲	省 縣	署 街門牌 分所 號
	歲	省 縣	署 街門牌 分所 號
	歲	省 縣	署 街門牌 分所 號

海拉尔宪兵队本部关于管辖内（伪兴安北省）劳工现状及对策的调查报告（一九三九年五月十五日）

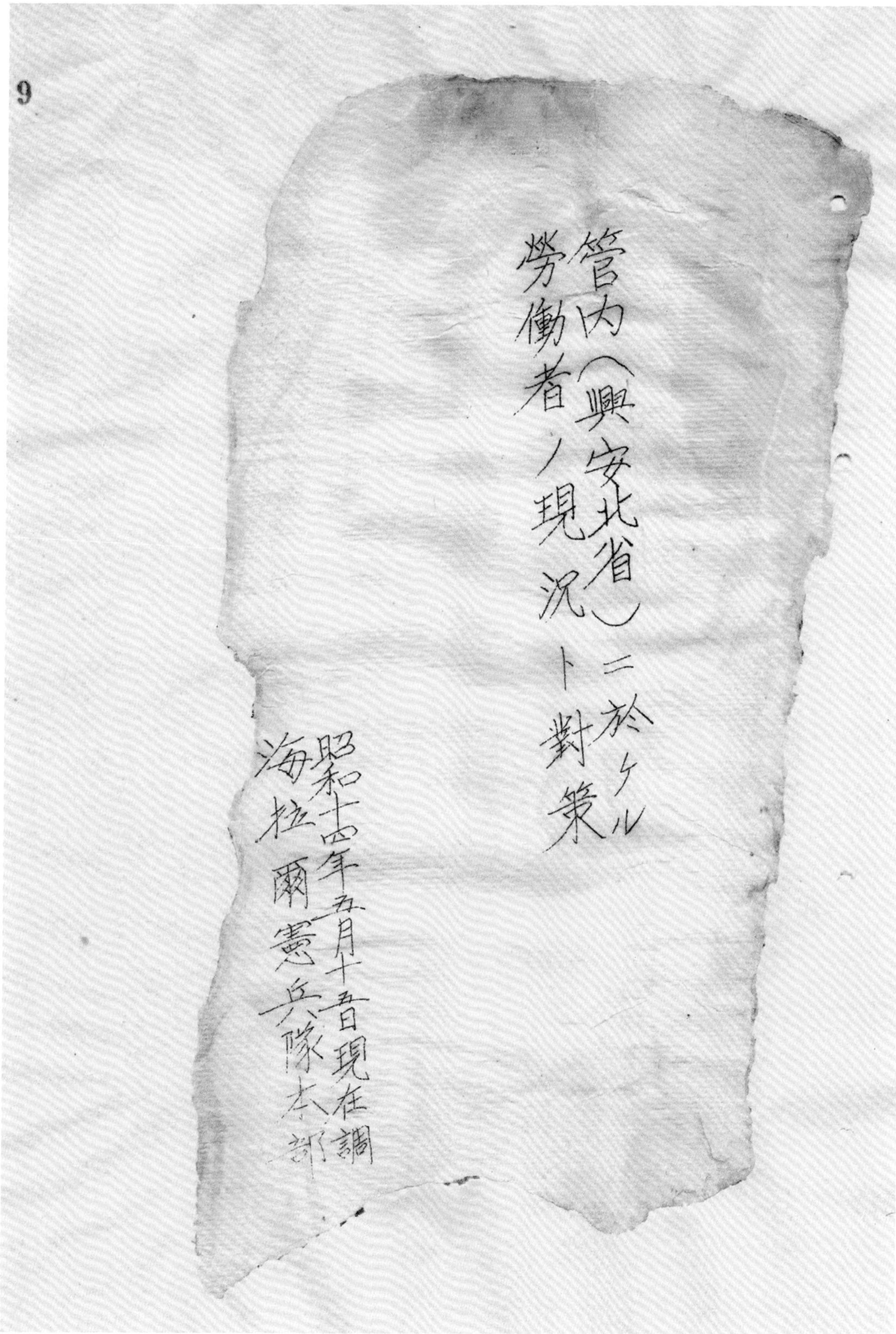
9

管内（興安北省）ニ於ケル
勞働者ノ現況ト對策

昭和十四年五月十五日現在調
海拉爾憲兵隊本部

旨

二 労働者ノ現在数(職業別)及本年一月以降ノ増減状況

三 労働者ノ出身地別概況

四 労働者ノ勤労状況

(1)賃金其他ノ処遇状況

(2)勤惰ノ状況ト使用者側ノ監督状況

(3)事故者ノ状況

(4)軍特殊工事部隊使用苦力ノ素質

五 労働者ノ不穏行動ノ状況

六 支那事変等時局カ労働者ニ及ス影響

七 対策

八 所見

10

一 要旨

(1) 現在（五月十五日）管内ニ於ケル労働者ノ總数ハ一九、六五三名ニシテ将来尚増加ノ傾向ニアリ

而シテ其ノ約四〇%ハ軍關係工事使用労働者ナルカ之ヲ出身地別及職業別ニ観ニ労働者總数ノ五八%強ハ中華民國出身者ニシテ其他ハ満洲國出身者ナリ前者ハ□ハ錦州奉天

0

附近出身者ヲ最多トス

(2)労働者ノ賃金其他ノ處遇ニ関シテハ一定セルモノ(日當制度)ト然ラサルモノ(出来高拂)トアルモ一般ニハ労資共後[illegible]ヲ歓迎シアリテ此ノ制度ニ依ルモノ多シ

(3)労働者ハ概ネ真面目ニ稼動シアルモ労働力ノ不足ニ乗シ動トモスレハ増長センスルノ傾向ナシトセス

条ノ[illegible]

11

逮捕サル、病死一〔以下缺損〕
リ其他表面上労働者ノ不穏行動トシテ認
ムヘキモノナキモ既報札賚諾爾炭鉱ニ於
ケル満人小使外六名ノ通ソ容疑者ニ對シ
テハ引續キ偵諜中ナリ
(4) 而シテ現下満洲國内ニ於ケル國境建設
事其他増産計畫ニ基ク諸事業ノ殷賑ニ伴
ヒ労働力ノ不足ヲ来シアル結果業者ハ募
〔缺損〕ク所要人員

ヲ充シアル関係上之等中ニソ、支諜者其他
有害分子潜入シアルハ豫想セラルル處ニ
シテ相當注意ヲ要スルモノアリ
(5)憲兵ハ関係部隊並ニ満警、鐵警ト連繋協
ノ下ニ有害事象ノ未然警防並ニ諜者其他
不逞分子ノ索出ニ努メ以テ軍機保護防諜
ニ萬全ヲ期シツツアリ
二、勞働者ノ現在数（職業別ノ及ヒ
ノ増減状況

12

管内労働者總数　一九、六五三名
内譯（軍関係労働者　七、九六一名
（地方関係労働者　一一、六九二名
（他ニ日人労働者　二〇七名アリ）
アリ而シテ之ヲ職業別ニ主ナルモノヲ擧
クレハ
一般苦力　一四、六四三名
大工

(1)管内ニ於テハ本年
會興安北省支部設置セラレタル状況ニ
テ開設以来日浅ク之カ登録業務モ未タ其
ノ途上ニ在リテ海拉爾市以外ニハ全然其
ノ力及ハサル状態ナルヲ以テ自由苦力ノ
如キハ調査正確ヲ期シ難ク且憲兵比在セ
ス且交通通信ノ不便ナル邊境地方ニ對シ
テモ未タ其ノ状況ヲ詳ニシ得サルモ主要

等ニシテ詳細別紙第一ノ如シ

(2) 勞働者一月以降ノ増減狀況ハ軍並ニ地方
工事ノ最盛期ニ近ツクニ從ヒ益々増加ノ
傾向ニアリ其ノ狀況別紙第二ノ如シ

三、勞働者出身地別概況

管内勞働者出身地別總数ハ
中華民國移入苦力　一一、五二六名
滿洲國内苦力
ニシテ

左官　五〇〇名
仙夫　二六四名
鐵工　一七九名
鉽力工　一〇五名
電工　五六名
塗工　五六名
製材工

（五〇名以下ハ省略）

14

…作ノ大部分…請出来高拂制度ヲ採
用シアルヲ以テ一定シアラス而シテ一般
労働者ハ此ノ出来高拂制度ヲ歓迎シアル
傾向多ク且雇傭者側ニ於テモ工事能率
増進ヲ期シ得ラルル利益アルノミナラス
労働者ノ監督亦比較的容易ナルヲ以テ本
制度ヲ慫慂シアル状態ナリ
又右ノ内軍特殊工事部隊使用労…
シテハ特殊ノ…

之ヲ出身省別ニ觀

アリテハ河北、山東、山西省出身者ヲ主ト

洲國内ニ在リテハ錦州、奉天、安東省出身者ヲ

最多トス

詳細別紙第三ノ如シ

四 勞働者ノ勤務狀況

(1) 賃金其他ノ處遇狀況

勞働賃金ハ軍特殊工事部隊（木暮部隊）

[illegible]別ニ[illegible]ハ、既不一定シアル

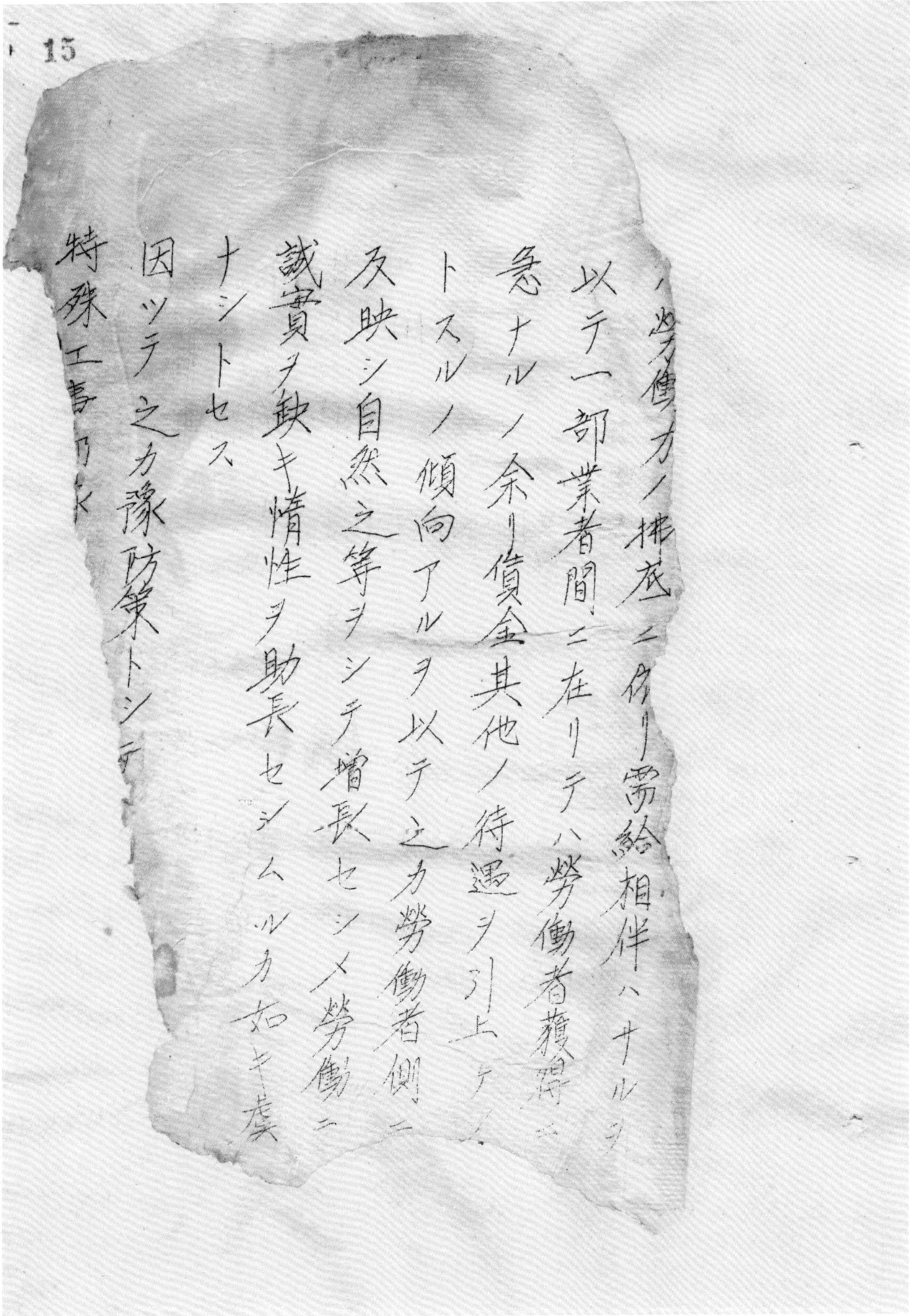
15
ハ労働力ノ拂底ニ依リ需給相伴ハナルヲ
以テ一部業者間ニ在リテハ労働者獲得ニ
急ナルノ余リ賃金其他ノ待遇ヲ引上テ
トスルノ傾向アルヲ以テ之カ労働者側ニ
及映シ自然之等ヲシテ増長セシメ労働ニ
誠實ヲ缺キ惰性ヲ助長セシムルカ如キ虞
ナシトセス
因ツテ之カ豫防策トシテ
特殊工事乃

シアルヲ以テ借金[illegible]
其他ニ在リテハ今尚中間業者ニ[illegible]
如シ之ノ搾取根絶セサル為不正事故発生
ノ虞ナシトセス依ッテ憲兵ハ之カ事故発
生ノ未然警防ニ萬全ヲ期シツツアリ
貸金ノ状況別紙第四ノ如シ
(2) 勤惰ノ状況ト使用者ノ監督状況
概ネ眞面目ニ稼働シアリテ目下ノ處目立
[illegible]ハ[illegible]也ハ手当[illegible]ハ[illegible]見サルモ當地方

事營造物内ニ起居
シ監督者ヲ設ケテ軍隊内務式ニ嚴格ニ監
督ヲ勵行シ相當ノ効果ヲ收メツツアリ
其他ノ軍関係工事請負業者ニ於テハ憲兵
ノ指導ニ依リ責任者ヲ定メ各現場毎ニ點
呼日誌ヲ備ヘ毎日朝夕二回人員點呼ヲ實
施シテ監督ヲ嚴ニシ事故防止ニ任シアリ
一般地方業者ニ於テモ夫々監督者ヲ定メ
[illegible]ニ札賚諾爾炭

16

象ニ在リテハ警務係警備係等有力ナル専

問機関ヲ設ケ之カ警防ニ任シアリ

(ロ) 事故者ノ状況

(イ) 逃走者数及原因並ニ逮捕状況

本年一月以降五月十五日迄ノ逃走者数

八

軍工事関係苦力　七八名

地方工事関係苦力　二〇〇

ニシテ内憲警其他
ルモノ軍工事関係苦力二五名北方工事
関係苦力八名計三三名ニ過キス相當注
意ヲ要スルモノアリ
而シテ被逮捕者ハ何レモ復職セシメア
リ
尚逃走原因ノ主ナルモノヲ挙クレハ
◎家族ヨリ生活困難ナル旨通信ニ接シ
一[illegible]止ミ難キニ

17

◎前借ヲ踏倒サントスルモノ

◎身体虚弱ノ為連日ノ就労ニ堪ヘ兼ネタルモノ

◎阿片吸喰制限ヲ苦痛トスルモノ

◎募集條件ト合致セスト憤慨シ

◎監督者ヨリ欧打セラレ或ハ同僚ト闘争シ

◎賭博ニ依リ、、

◎外出ノ自由ヲ[illegible]
モノ
◎移動僻ニ依ルモノ
等其ノ大部ヲ占メアリ
(ロ)死亡（戦死、病死其他）者ノ状況
本年一月以降五月十九日迄ノ間憲兵ノ
知得セルモノ
軍工事関係苦力　一〇〇名

18

変死　　六名

地方工事関係苦力

病死　　一一名

変死　　三名

アリ詳細別紙第五ノ如シ

(ヌ)軍特殊工事部隊使用苦力ノ素質

別紙第六ノ如クニシテ他ノ苦力ニ比シ逃

亡率最モ多キハ防諜上注

モノアリ

19

五、勞働者ノ不穩行動ノ[illegible]
ソ聯諜者トシテ曩ニ札賚諾爾炭鑛ニ方リ[illegible]
擧セル同鑛警備員シニーツエンノ取調（昭一四、四、
一八海拉爾憲高第二四七號）ニ依リ同人ハ札賚諾爾炭鑛
小使王若然以下七名ヲ煽動シ有事ノ際有力
苦力ヲシテ暴動ヲ蜂起セシムヘク策動シア
リタルコト判明セルヲ以テ炭鑛及關係機關
ト連絡ヲ密ニシ其ノ動靜嚴ニ偵諜中ナルカ
[illegible]

[illegible]衡テ[illegible]ニ在リ[illegible]ノ未ダ特殊ノ不穩行
動ヲ認メス

六支那事変等時局カ労働者ニ及ス影響

一般労働者ハ無智蒙昧ナルモノ多ク時局ニ
對スル観念極メテ薄ク思想上時局ノ影響セ
リト認ムル事象ナシ

然レ共支那事変以来生活必需品ハ頓ニ昂騰
シ殊ニ最近ニ於ケル物價ハ事変當初ヨ[illegible]
六、七割以上ノ[illegible]

アリ

七 對策

目下實施シアル對策左ノ如シ

(1) 陣地外圍全般ノ警防對策トシテ國境守備隊ト協力シ憲兵ハ巡察（視察）ヲ派シ不良苦力並ニ陣地附近徘徊者ノ發見ニ努メ其ノ警防ヲ嚴ニス

(2) 軍工事部隊（木暮部隊）ト密ニ協力ヲ異

勞働者ノ生活ニ影響
建設工事乃至ハ満洲國產業五ヶ年計畫ニ基
ク諸事業ノ勃興等ニ依リ勞働力ノ不足ヲ来
シタル結果必然的ニ勞銀其他雇傭條件ヲ引
揚クルノ止ムナキニ至リタルノミナラス之
力獲得ニ急ナルノ余リ人選ニ遑ナク多数苦
力ヲ募集シアル為之等ノ内ニハソ聯並ニ支
那側ノ諜者其他ノ有害分子混入シアルハ豫
[illegible]注意ヲ要スル

21

(ア)憲兵ハ鐵道警護隊ト
到着時驛頭ニ於テ身体並ニ携行品検査ヲ
實施シ潜入容疑者ノ發見ニ努ム
(イ)軍関係請負業者ヲ指導シ各現場ニ點呼日
誌ヲ備付責任者ヲシテ朝夕二回勞働者ノ
人員點呼ヲ實施セシメ容疑者並ニ逃走其
他事故者ノ早期發見ニ努メ憲兵ニ届出セ
シム

ヲシテ各現

地ニ[illegible]店及理髪屋ヲ設置シ其ノ店員理髪師中ニ密偵ヲ潜入セシメテ労働者ノ動静ヲ内査セシムルト共ニ容疑者ノ發見ニ努ム

(6) 軍工事部隊配属憲兵及警務機関ト連繋ノ下ニ每月概ネ一週間ヲ定メ検問検索ヲ實施シテ軍関係逃走苦力ノ逮捕ニ努ム

(7) 軍関係工事現場ノ視察ヲ[illegible]

發見ニ努[illegible]

22

ニ任ス

(8)軍特殊工事部隊ニアリテハ勞力供給者ヲ
指導シ勞働者ノ優遇策トシテ賣店ヲ開設
シ或ハ娛樂器具ノ貸與疾病傷者ノ無料診
斷施藥等ノ對策ヲ講シ宣撫工作ニ努メア
リ

八所見

管内勞働者ノ状況ハ叙上ノ如ク概シテ順
出身地並

伪满治安部警务司长植田贡太郎关于特别地区内日军所发身份证明书携带者管理事宜致日本关东宪兵队司令部警务部长的通牒（一九三九年六月二日）

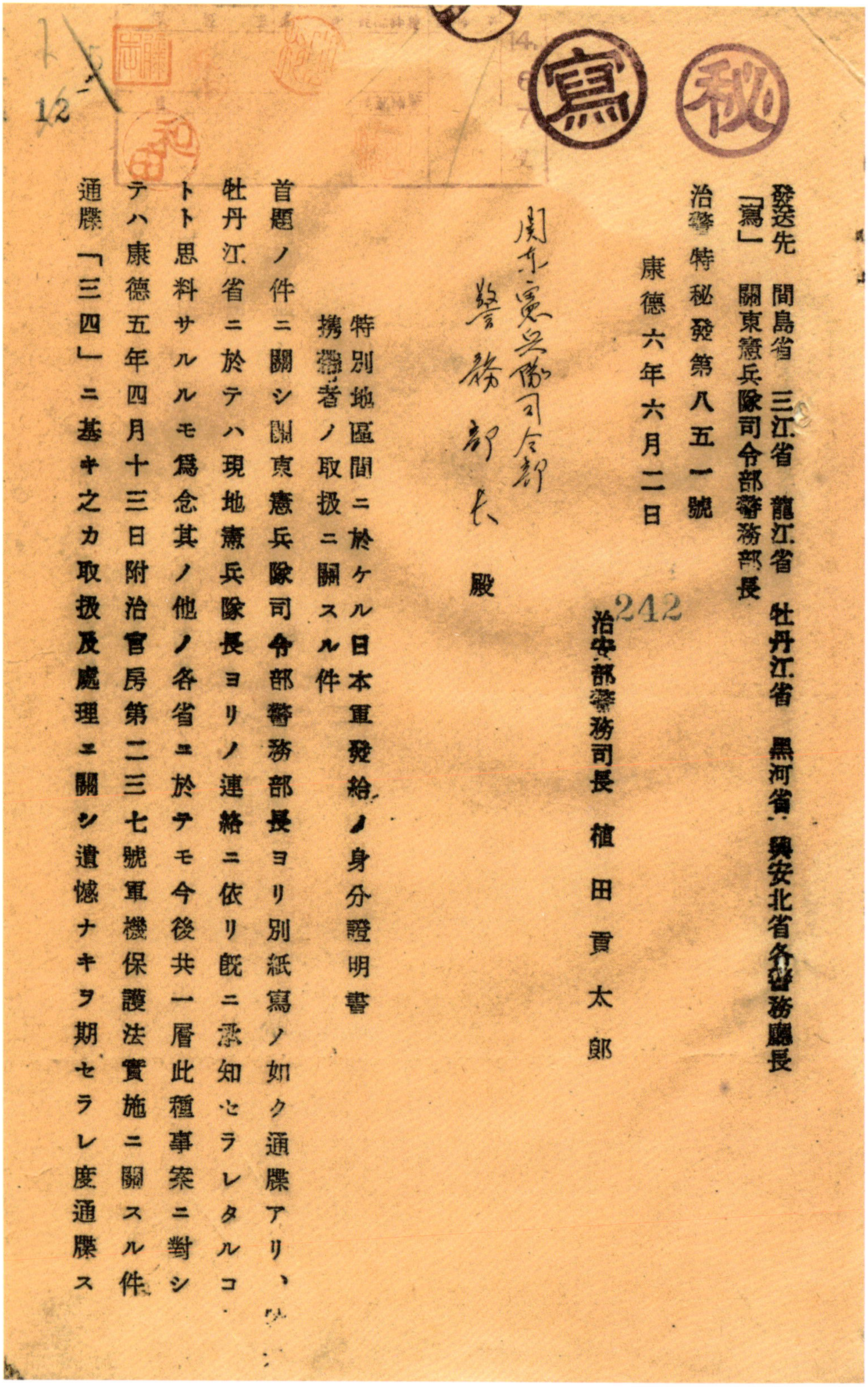

秘

寫

242

發送先　間島省　三江省　龍江省　牡丹江省　黒河省　興安北省各警務廳長

「寫」　關東憲兵隊司令部警務部長

治警特秘發第八五一號

康德六年六月二日

治安部警務司長　植田貢太郎

關東憲兵隊司令部
警務部長　殿

特別地區間ニ於ケル日本軍發給ノ身分證明書
携帶者ノ取扱ニ關スル件

首題ノ件ニ關シ關東憲兵隊司令部警務部長ヨリ別紙寫ノ如ク通牒アリ、牡丹江省ニ於テハ現地憲兵隊長ヨリノ連絡ニ依リ既ニ承知セラレタルコトト思料サルルモ爲念其ノ他ノ各省ニ於テモ今後共一層此種事案ニ對シテハ康德五年四月十三日附治管房第二三七號軍機保護法實施ニ關スル件通牒「三四」ニ基キ之カ取扱及處理ニ關シ遺憾ナキヲ期セラレ度通牒ス

附：日本关东宪兵队司令部警务部长齐藤美夫关于指导对军队所发身份证明书携带者监管事宜致伪满治安部警务司长的通牒（一九三九年五月二十七日）

「寫」

關憲高第五六三號

軍發給ノ身分證明書携帶者ニ對スル取締指導方ニ關スル件通牒

昭和十四年五月廿七日　關東憲兵隊司令部警務部長　齊藤美夫

治安部警務司長殿

首題ノ件ニ關シ牡丹江憲兵隊長ヨリ別紙添付報告ニ接シタルカ日本軍ニ於テ發給スル身分證明書携帶者ニ對スル取扱ニ關シテハ康德五年四月十三日治官房第二三七號ニ基キ日本軍憲ニ連絡ノ上處理スヘキモノナルニ拘ラス無連絡ノ儘處置相成タル由本件ニ關シテハ牡丹江憲兵隊長ヨリ仝地警務廳長ニ對シ將來是正方隸下ニ徹底セシムル樣連絡シアルモ更ニ貴關係隸下ニ對シ善處方指導相成度通牒ス

發送先　治安部警務司長

寫　牡、密、延、海、北、佳、各隊

「別紙省略」

13

延吉宪兵队长矶高麿关于军事工程苦力的监管对策致日本关东宪兵队司令官城仓义卫的报告（通牒）

（一九三九年六月十五日）

76

秘

延憲高第二八八號

軍関係工事從業苦力ノ取締

對策ニ関スル件報告「通牒」

昭和十四年六月十五日　延吉憲兵隊長　磯高麿

関東憲兵隊司令官城倉義衛殿

首題ノ件左記報告「通牒」ス

左記

管内ニ於ケル軍関係工事ハ主トシテ飛行場兵舎及

琿春國境工事ナルカ其ノ從業苦力ハ現在八、六八〇名ニシテ大部分ハ大東公司ノ斡旋一部ハ現地勞工協會ノ斡旋ニヨリ募集セルモノニシテ身元確實ヲ保シ難ク防諜乃至謀略警防上相當注意ヲ要スルモノアリ當隊ニ於テハ經理部派出所ト連絡別紙取締計画ヲ樹立シ工事請負責任者ヲ憲兵隊ニ招致シ使用苦力等ノ取締ニ關シ所要ノ指示ヲ與ヘ防諜謀略警防對策ニ協力セシメ萬全ヲ期シ實施中ナリ

（了）

發送先
司令官　延經派　高隊下丙

附：延吉宪兵队关于军事工程苦力的监管计划（一九三九年六月一日）

77

軍関係工事從業苦力取締計画

昭和十四年六月一日
延吉憲兵隊

方針

管内ニ於ケル軍関係工事從業苦力ノ取締ヲ厳ニシ防諜並ニ防略警防ニ任シ以テ軍ノ企図スル作戦準備完了ニ萬全ヲ期セントス

對象苦力

地方	使用者	工事種別	苦力員数
延吉地方（延吉憲兵分隊）	大林組	飛行場	五〇〇名
	辰村組	飛行場	七四〇名
	島藤組	陸軍病院	二〇〇名
	昭和工務所	飛行場及陸軍病院	五〇名
圖們地方（圖們憲兵分隊）	大林組	圖佳線	一四〇〇名
	大倉組	圖佳線	一五〇〇名
	松本組	興寧線	五〇〇名
	鹿島組	興寧線	三〇〇名
	藤田組	飛行場	一二〇名
琿春地方（琿春憲兵分隊）	松本組	國境軍工事	八〇〇名
	昭和工務所	國境軍工事	二三〇名
	福昌公司	國境軍工事	五〇〇名
	榮組	東滿鉄道	三八〇名
	飛島組	東滿鉄道	一三四〇名
	森本組	國道工事	四〇〇名

對策

對策	對策實施要領	摘要
使用苦力ノ申告	1 軍関係工事請負者ヨリ使用苦力名簿ヲ三部所在地憲兵隊所ニ提出セシム 2 苦力ノ異動（逃走行方不明解傭死亡工事場移動）ヲ生シタル場合ハ速ニ申告セシム 逃走（行先不明）者ヲ発見シタル場合亦同シ	一、延吉圖們地方ノ苦力ハ全員労働票又ハ之ニ代ルベキ大東公司発給ノ身分証明書ヲ携帯ス
苦力ノ逃走防止	1 苦力ノ宿泊所ハ成ルヘク工事場ニ接近集結セシム 2 毎朝夕呼名点検ヲ実施セシム 3 逃亡（行方不明）者アリタル場合ハ速ニ申告セシムルト共ニ業者ニ於テ責任ヲ以テ発見ニ努メシムルモノトス 集団旅行証明書ニ依ル苦力ヲ逃走セシメタル場合ハ軍機保護法ニ基キ厳重ナル処置ヲナス 4 苦力外出ノ場合ハ労働票及腕章ヲ携帯附着セシムルモノトス 現地採用苦力ニシテ居住証明書又ハ単独旅行証明書ヲ携帯スルモノハ此限リニアラス 5 苦力集団外出スル場合ハ之カ監督責任者ヲ附セシムルモノトス 6 苦力ノ外出ハ監督者ニ於テ特別ノ用件アルモノノ外制限セシム 7 各組ノ苦力ニ対スル給与ヲ改善セシメ[illegible]拐取等ナカラシム	二、琿春地方ノ苦力ハ全部集団旅行証明書ニヨリ入琿セルモノナリ
腕章ノ取締	1 監督者ヲシテ督励苦力腕章ノ転売又ハ貸与ナカラシム 2 腕章ハ一人一枚限リトシ紛失毀損等ノ場合ハ理由明瞭ナラシメタル後再発給スルモノトス 3 解傭ノ場合ハ腕章ヲ回収ス	
苦力ノ容疑発見	1 苦力内ニ連絡者ヲ獲得シ防諜謀略其他工作上容疑者発見ニ努ム 2 時々苦力宿舎及旅行時ニ於テ検索（検問）ヲ実施ス 3 苦力監督者ニ火薬其他爆発物等ノ受授ヲ確實ナラシム 4 工事現場責任者苦力中容疑者又ハ不逞者ヲ発見シタル場合ハ遅滞ナク憲兵ニ申告セシム	

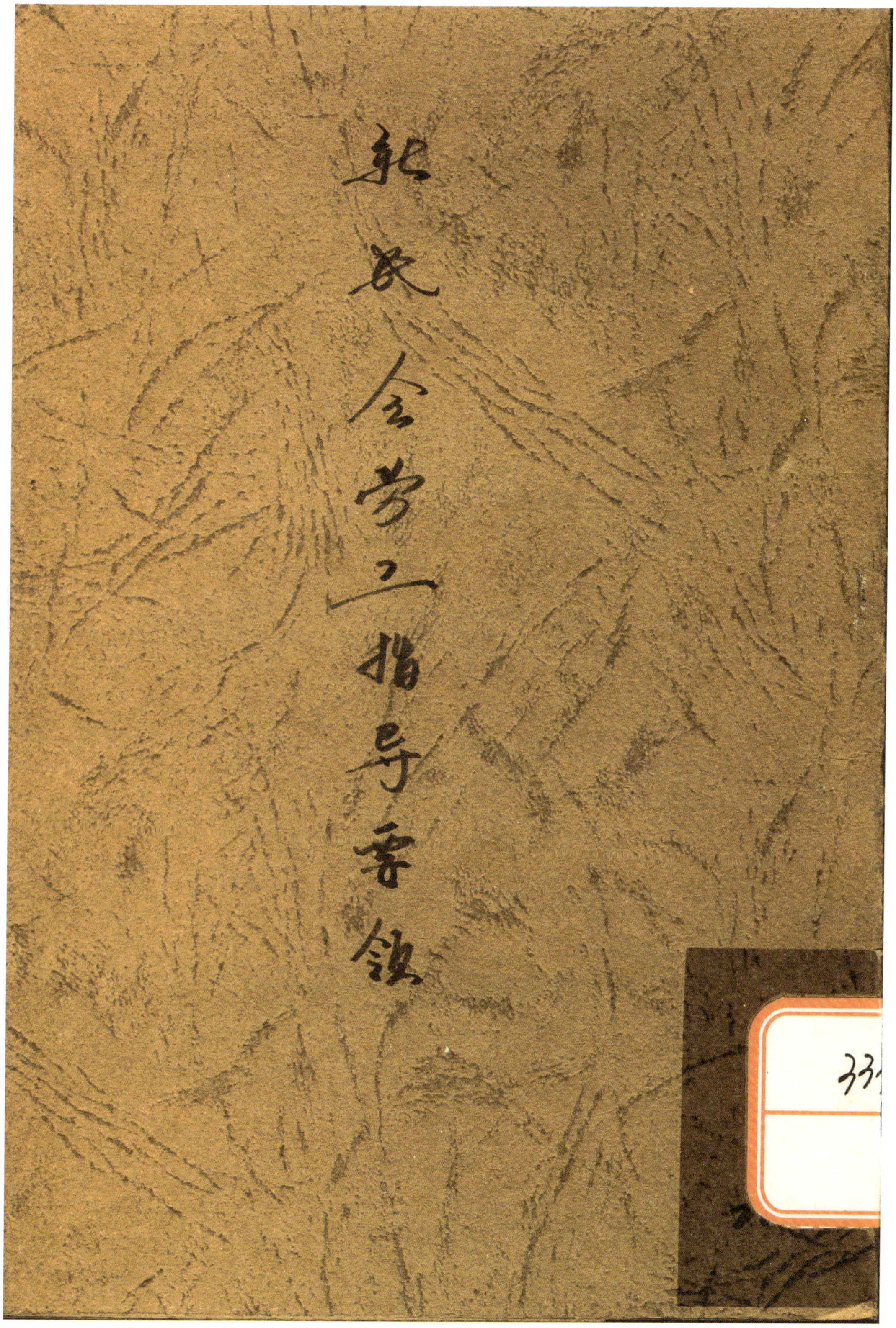

伪中华民国新民会中央指导部制发的《新民会劳工指导要领》（一九三九年六月）

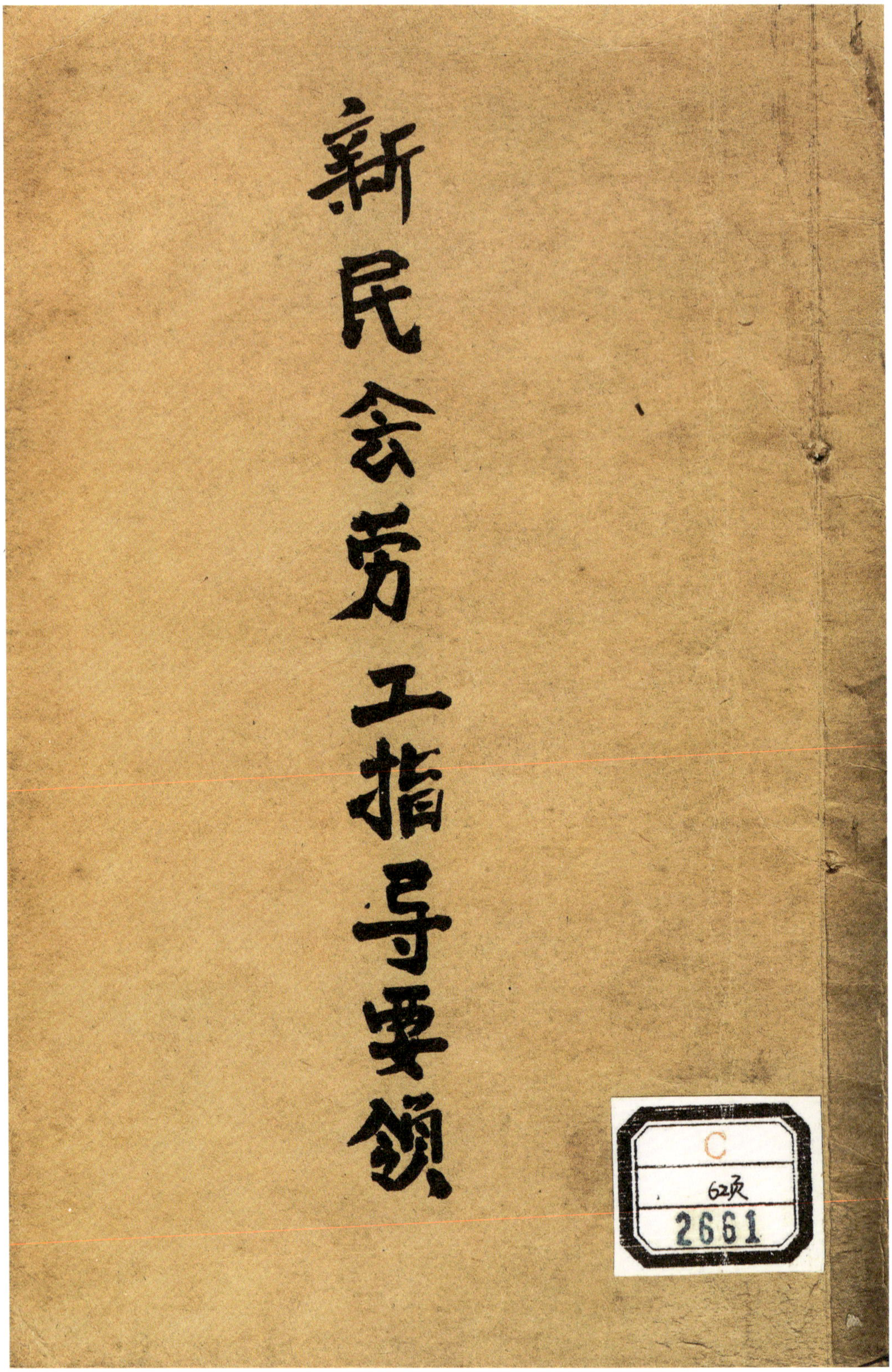

新民会劳工指导要领

工作資料第十三號

（日文）

新民會勞工指導要領

中華民國新民會中央指導部

緒言

東亞新秩序建設工作ヲシテ決定的タラシムルモノハ實ニ地産開發ニ依ル經濟的部門ヲ優位ナラシムルニ在リ、而シテ地産開發ニ伴フ諸事業ハ一ニ勞働力ノ如何ニ依リ其ノ盛衰ヲ決ス。今日一部ニ於テ勞働者ノ配給ヲ重要視シ之ガ對策ヲ國策トシテ眞劍ニ考究セラレツツアルハ何ヨリモ雄辯ニ此ノ間ノ事情ヲ物語ツテ余リアリ。然シ乍ラ只單ニ勞働問題ヲノミ取扱ニ於テハ既往ノ勞働組合運動ニ見ル如キ諸種ノ問題ヲ社會ニ提供シ徒ニ人心ヲ刺激スルノミナリ。

茲ニ於テカ我ガ新民會ニ在リテハ一面經濟開發ノ線ニ沿ウテ之ガ必要ナル勞働力ノ供給ニ協力シ、他面社會ノ下層部ニアリナガラ聖ナル興亞ノ大業ニ參加スル産業戰士ノ爲ニ勞工組織ニ着手シ彼等ノ指導ニ努メツ、アリ、即チ一定職業ノ斡旋、福祉施設等ニ依リ新政權下ノ恩惠ニ浴セシメ、又從來彼等ノ生活苦ニ乘ジテ侵入シ來レル共産思想ヲ排除シ新民主義ニ依ル精神的更生ヲ期シツ、アリ。

然シ過渡期ニ在ル本會トシテハ昨年六月首都及ビ天津ヲ中心ニ連絡各縣ニ於テ如上ノ目的ニ依ル協會ノ成立ヲ見タルノミニシテ、工作ハ未ダ充分ナラザルハ吾人ノ認ムル處ナレド、新民會本來ノ組織網ノ上ニ相當ノ業績ヲ收メツツアリ、今ヤ華北ニ於ケル勞工問題ハ日支滿蒙四國ノ最重要問題トシテ登場セリ故ニ此ノ目的ヲ達成セシムルガ爲ニハ現下ノ勞工界ヲ認識セル各地ノ會務職員ガ本工作ニ協力スルニ在リ、斯カル見地ニ依リ今般『新民會勞工指導要領』ヲ工作資料トシテ編纂ス、內容ニハ中央指導部ノ華北勞働者指導要領及ビ首都、天津ニ於ケル實際ニ基ク工作要領ヲ集錄シタリ、勿論之ヲ理論的ニ研討スルニ於テハ不充分ナル點尠シトセズ、然シ乍ラ初期ニ於ケル本工作ノ要領ハ充分ニ窺ヒ得ベシ。

尙本資料ハ之ガ工作ノ發展擴大ニ伴ヒ更ニ內容ヲ整備シ編纂スル豫定ナリ

民國廿八年六月

中華民國新民會中央指導部

目次

第一編　華北勞働者指導要領

一、華北勞働問題ノ重要性ト其ノ特殊性……一
二、勞働者指導目標……四
三、組織ト活動……五

第二編　北支勞工界ノ現況ト首都指導部勞工協會ノ工作概要

一、北支勞工界ノ一般情勢……九
二、勞工者募集ノ爭奪戰ト前貸金……一一
三、勞工者募集狀況並ニ應募狀況……一一
四、勞工者從業狀況……一四
五、勞工者思想狀況……一五

六、勞資離反ノ原因ト之ガ排除……一五
七、勞工協會事業要項……一七
八、勞工者需要供給ノ狀況……一九
九、新民會勞工協會諸規定（首都）……二二

第三編 天津都市指導部 新民勞働協會工作概況

一、勞働協議會設立ノ要旨及ビ使命……三五
二、工作ノ大要ト事業內容……三七
三、河北省各縣指導部トノ連絡……四三
四、新民勞働協會諸規定（天津）……四五
附、天津市內ノ洋車及ビ洋車夫……六一

第一編　華北勞働者指導要領

新民會中央指導部

一、華北勞働問題ノ重要性ト其ノ特殊性

一、重要性

近世ノ産業組織下ニ於ケル勞働問題ノ重要性ハ、世界的ニシテ社會問題ノ中樞ヲ爲ス緊要事タリ。

吾華北ニ於ケル勞働問題ハ特ニ左ノ諸點ニ於テ其ノ重要性ヲ增ス。

1、農村經濟ノ重壓

河北省ニ於ケル人口密度ハ一方支里七十人弱、山東省ノ其レハ六十人弱ニシテ、兩省大體ノ農家一戸當リ（五人）平均耕地面積四畝弱ナリ。斯ク如キ農村人口ノ過剩ハ他ニ其ノ例極メテ少ク、且生產水準ノ低級ナルニ於テ特ニ其ノ經濟ノ苦境ヲ知ル。

一

滿洲事變前ニ於ケル河北山東兩省ヨリノ農業移民、或ハ自由勞働者トシテノ每年出境者ハ百五十萬ヲ算シ、蒙疆ヘ十數萬ノ移動有リタリ、而ルニ滿洲建國後三十五萬ノ制限ヲ受ケ其ノ重壓ヲ增シタリ、然シ今期ハ百萬ヲ要求サレ其ノ狀勢ニ變化ヲ見ツツアリ

2、治安對策ノ重要條件

支那事變後治安ノ紊亂ハ或ハ共產匪、敗殘兵匪、或ハ土民匪等ニ係ルト雖モ之ガ思想的根據ハ極メテ微弱ニシテ論ズルニ足ラズ、之ガ基本條件ハ如上ノ農村浮遊勞力ノ經濟上ノ弱點ニ起因ス。

即チ現下ノ餘剩勞力ヲシテ、秩序アル組織ニ依リテ之ヲ消化シ、適切ナル方法ニヨリ、彼等ノ經濟的利福ヲ維持シ增進セシメルハ、治安對策上重要ナル一要件タリ。

3、產業開發ノ基底條件

將來華北ニ於テ興ル可キ活潑ナル產業ノ開發ノ爲ニ、地元ニ於テ供給サル可キ勞力ノ內容ハ其ノ成果ニ重要ナル役割ヲ持ツ、之ガ爲ニ勞働者ノ身心ノ健全、技術ノ優良、秩序アル運用ヲ期スル上ニ計畫的全體組織ヲ必要トス。

4、思想的影響

支那ハ外共産思想或ハ自由主義ノ浸潤ニ無防備ナルノミナラズ、内ニ三民主義ノ浸透、封建思想ノ傳統アリ。之等ハ勞働大衆ニ最モ傳播力強ク、且其ノ結果ハ最モ危險性多シ。故ニ彼等ヲシテカカル思想ヨリ救濟シ、積極的ニ新興中國建設ノ健全ナル思想ヲ注入スルヲ要ス。

二、特殊性

1、滿洲國及ビ蒙疆トノ特殊關係

華北ニ於ケル勞働者ハ、歷史的ニ滿洲及ビ蒙疆地方ト深キ因緣ヲ有シ、數的制限ニ增減アレバ、今後モ之ガ需給ニ付テハ充分調節圓滑ヲ期スル要アリ。

2、精練、熟練勞働者ノ不足

歷史的ニ客觀狀勢ノ而ラシムル所ナリト雖モ又勞働問題對策ノ妥當ヲ缺キシ所少シトセズ、特ニ將來產業開發完成ノ爲ニ考慮ノ要アリ。

3、勞働者ノ浮浪化

中國ニ於ケル勞働者ガ魔藥、賭博ノ弊ニ陥リ浮浪化スルハ一般共通的弊ナルモ、其ノ及ボス所大キク教化ノ上ニ考慮ヲ要ス。尙之ガ爲ニ勞働者ノ移動性激シク浮浪者トノ判別困難ナルハ特ニ勞働者ノ教化ト其ノ組織ヲ必要トセリ。

4、封建的組織ノ形成

青帮紅帮ノ如キ結社關係、或ハ親分子分關係下ノ苦力頭ニ依存スル搾取的繋リヲ持チ、經濟的思想的ニ歪曲サル者多シ。

二、勞働者指導目標

新民會ハ華北ニ於ケル如上ノ如キ條件下ニアル勞働者ヲシテ、共產主義ニヨル階級對立ヲ避ケ、資本主義ニヨル勞働者品化ヲ排除シ、新民會活動ノ理念タル、民衆團體自治組織ヲ以テ新民運動ニ歸一シ、其ノ特殊ナル全體秩序ヲ維持スル爲、特定ノ立體組織ヲナス。

此ノ目標ニ從ヒ指導ノ要領トスル所ハ

1、經濟關係其ノ他ヲ考慮シ單位團體分會ヲ組織シ、都市ニ於テ聯合體、活動協會ヲ形成スル行キ方ノモトニ勞工協會ヲ設立スル。
全體ヲ統制シ、連絡ヲ調和スル爲、中央ニ中央會ヲ置キ、省道指導部ハ必要ナル事務ヲ代行ス。
2、分會ハ新民思想指導ヲ徹底セシメ、思想的良否ヲ識別シ、優良分子ヲ益々教化訓練ス。
3、都市毎ニ更ニ全國ニ勞働者ノ登錄制ヲ採リ、勞働豫備軍ト浮浪者トヲ識別シ就職斡旋、相互融通ヲ計リ以テ勞働者及ビ治安ノ安定及ビ移動ヲ秩序化ス。
4、都市ヲ中心トスル協會ニ指導部ヲ置キ、補助金、寄附金、分會ノ掛金、事業ノ負擔金等ヲ財源トシテ、勞働者ニ對スル疾病、遺族ノ救濟、失業保險、簡易宿舍ノ經營、生活必需品ノ廉價配給等生活安定ノ爲ノ事業ヲ行フ。

三、組織ト活躍

一、分　會

1、結成ノ根據

分會組織ニ當リテハ政治的ニ經濟的ニ、或ハ歷史的ニ種々考慮シ最モ團結性ノ容易ニシテ鞏固ナルモノ及ビ活動能力ノ活潑性ヲ條件ニ決定ス。例ヘバ鑛山、工場等ノ職場ニ依ルコトアル可ク、或ハ人力車夫ノ如ク職場ニヨルコトアル可ク、或ハ一定地域ヲ劃シテ定ムル場合アル可ク形式劃一的ニ決定ス可キニ非ズ。

2、分會ノ會員

分會員ノ構成ハ素ヨリ同志的糾合ナルモ階級的其ノ他偏頗ナル結成ヲ避ケ、例ヘバ工場ノ場合ハ其ノ經營者、職員、勞働者ヲ以テ均シク分會員トナスガ如ク、全體ノ基調ノ上ニ構成サルルヲ適當トス。

3、分會組織

勞働分會モ新民會一般分會ノ組織活動ニヨルモノニシテ豫メ具體的ニ規格スルヲ得ザルモ勞工協會ノ設置ナキ縣指導部モ之ニ代ルベキ强力ナル勞工分會ヲ必要トシ勞工協會組織內容ト同一ナル活動組織トスルモノトス

4、經　費

一般分會ト同ジク會員ノ會費及ビ其ノ他補助金、寄附金等ニ依ル。

二、勞工協會

勞工分會ノ多數アル都市ニ於テハ勞工協會ヲ設置サルベキモノナリ、勞工協會ハ新民會分會協議會ノ勞工關係事業ノ執行機關タル有機的觀念ニ於テ指導部ト充分ツナガリヲモツモノトス。

1、組　織

勞工協會ハ勞工分會共同ノ事務ヲ執リ共通ノ事業ヲ行フモノナル以テ、之ガ爲必要ナル組織ヲ有セザル可カラズ、例ヘバ

庶務部——涉外、企劃、其ノ他庶務事項

組織指導部——勞働登錄、出國証明事務、組織、訓練、動員、宣傳附帶事業ノ經營

厚生部——共濟、配給、福祉事業、職業紹介

招工部——勞工ノ募集及ビ輸送ノ斡旋

七

2、活　動

勞工團體トシテノ活動ハ華北ノ特種性トシテ勞工協會ニ俟ツ所最モ多シ、何トナレバ分會ノ運動ハ極限的デアリ、指導部ノ關心ハ細部ニ雜把デアリ、都市ハ勞力集散ノ中心デアリ需要內容ヲ深ク極メ得レバナリ。更ニ農村ハ勞働資源ノ供給地ナレバナリ。前述ノ如ク勞工協會ハ分會ノ綜合事務並ニ共同事業ヲ行フヲ以テ、活動ノ內容トスルモ、此ノ外特ニ重要ナルハ自由勞働者ノ處理ニシテ卽チ日雇、臨時工、其ノ他勞働豫備軍ノ收容、訓練、供給ノ斡旋、福祉施設ノ經營等ハ招工部門ノ經營ナリ。

3、經　費

經費ハ分會ヨリノ負擔金、其ノ他補助金、寄附金及ビ事業ヨリ生ズル收入ヲ以テ當テ新民會指導部經費ト別途トナルヲ原則トス。

第二篇　北支勞工界ノ現況ト首都指導部勞工協會ノ工作概要

一、北支勞工界ノ一般情勢

首都指導部ニ於ケル勞工協會ノ工作要領及ビ概況ニ就テ説明スルニ先立チ、北支勞工界ノ現況ガ如何ナル情態ノ下ニアルカ、此ノ點先ヅ認識スル必要ガアルノデ以下大略デハアルガ記載シ勞工工作ノ基本的參考ニ資ス。

北支勞工界ハ一年ヲ通ジ最モ活潑ナル動キヲ視ルハ毎年參月頃ヨリ七、八月頃迄ノ期間ニシテ河北、山東ノ兩省ヲ主トシ各省ヨリ滿洲國ニ出稼卽チ就勞苦力ノ大群ハ海路ハ天津、青島、龍口、芝罘ヨリ就航シ陸路ハ山海關ヲ經由スルモノ實ニ毎年數十萬ノ多數ニ上リツツアリ、彼等ハ團體ニ依ル集團苦力ト所謂バラ苦力トニ大別セラレ集團苦力ハ主トシテ建設工事ヲ請負ヒタル土建業者ガ集メタルモノニシテ、バラ苦力ハ苦力各個人ガ單獨又ハ妻子ヲ同伴シテ入滿ヲ希望セルモノニシテ大東公司ノ身分證明書（査證）ヲ受ケ入滿ス。

本苦力中ニハ一年乃至二、三年ニシテ再ビ北支ニ歸國スルモノト永久ニ移住スル移民ト貳種アリ此處ニハ專ラ前者ノ所謂滿洲勞工協會國外募集機關ニ依ルモノ乃至ハ土建業者ニ於テ募集入滿セシメツツアル勞働者募集ノ概況ヲ略述ス。

滿蒙支ノ產業開發ニ當リ先ヅ第一ニ重要ナル役割ヲ果スモノハ勞工者ニシテ之ガ需給關係ヲ度外視シテハ滿支產業文化ノ開發ハ到底望マレザルモノニシテ日本國策上重要ナル部門トシテ重大視サレ滿洲國ニ於テハ日露大戰後及ビ滿洲事變後ニ於ケル日本資本ノ流入ト彼國企劃產業開發ガ漸次高度ニ向ヒタル必然ノ結果トシテ所要勞働力ハ極度ニ增大スルニ至リタリ。近年ノ入滿苦力數ハ前述ノ如クナルモ今次日支事變勃發後北支現地ノ事情ヨリ出稼苦力ノ數ハ著シク減少スルノ狀態ニアリ、之ハ北支現地ニ於ケル復興及ビ開發ガ勞働者ヲ急需スルニ至リタル現象トミルベキヨリモ治安上ノ不安ガ原因ヲナスモノデアル、更ニ今後各種ノ土建企業其ノ他重工業ノ活況ニ伴ヒ自然入滿勞働者ノ減少ヲ來スハ予想ニ難カラズ

然レ共滿洲產業開發五ケ年計畫ノ本年度ノ北支ヨリノ所要勞力ハ別項ノ如ク九十一萬ノ大量ニシテ之ガ募集ニ際シテハ滿洲國當局及ビ北支現地關係機關ハ互助連環ノ立場ヨリ全能力ヲ傾注シ援助シ居レリ。

二、勞工者募集ノ爭奪戰ト前貸金

滿支各地ニ於ケル企業者側ニ在リハ事業遂行上可急的速ニ之ガ募集ノ必要ニ迫ラレ且ツ限ラレタル勞工者募集ニ際シテハ必然的ニ募集能率ノ向上ヲ計ル上ニ於テ、好條件ヲ以テ募集ニ任ズルガ爲企業者ノ募集當事者間ニ勞工者ノ爭奪ヲ觀ルニ至レリ。

勞工者募集ノ從來ノ方法手段トシテハ出稼勞工者ニ對シ二圓乃至五圓ノ前貸金ヲ給シ居リタルガ之ハ出稼勞工者ノ殘留家族ニ對シ後顧ノ憂ナカラシムルモノニシテ勞働者募集ノ好個ノ條件タリ、然ルニ勞工者募集者ハ其ノ募集ニ際シ他ノ募集者ニ比シ募集成果ヲ得ベク競爭トナリ前貸金ノ釣上ゲヲ以テ應募セシムルガ爲各苦力者間ニ前貸金ノ騰貴ヲ示シ又反面勞工者側ニ於テハ前貸金ノ多額ヲ給スル募集人ニ應募スル傾向トナリ、從ツテ企業者ニ於テハ斯ノ如キ多額ノ勞働者募集費用ノ捻出ヲ余儀ナクシ且ツ企業者ニ多額ノ運轉資金ヲ要スルノ結果ヲ招來セリ。之卽チ苦力募集難ノ聲ニオビエテ不必用以上ノ募集費ヲ投ズル惡影響ヲ與ヘタル所以ナリ。

三、勞工者募集狀況並ニ應募狀況

日本ノ大陸進出ハ滿洲事變並ニ日支事變ヲ契期ニ劃期的伸展ヲ爲シ更ニ之ニ伴ヒ數年來大陸ノ產業

開發ノ先驅トシテ在滿支ノ各企業界ハ活潑ナル動キヲ示シツツアリ、從ッテ之ニ順應シ產業開發ノ振興上必須缺クベカラザル勞力ノ需要ハ逐年激增ノ一途ヲ辿リ從來北支ヨリ滿洲國ニ出稼キスル勞工者ハ四十萬乃至五十萬ニ止リ居リタルモ本年度ハ九十一萬人ヲ入國セシムベキ必要ニ迫リ之ニ依リ各企業者ハ勞働者募集ニ際シ必然的ニ前記ノ如キ募集爭奪ノ情勢ニアリ。

滿洲國企業者ノ勞工者募集ニ關シテハ滿洲勞工協會國外部機關タル大東公司及ビ姉妹會社大陸華工公司之ニ任ジ居ルヲ以テ之ガ詳細ハ省略シ茲ニ於テハ專ラ本協會ニ於テ取扱ヒタル募集狀況ヲ略述セバ左ノ如クニシテ本年度勞働者募集依賴ヲ受ケタルモノ左ノ如シ。

順	申込依賴人	就勞地	工事名	所要人員
一	大同炭礦	蒙疆省大同炭礦	採炭	一、三〇〇人
二	大林組	古北口	鐵道工事	二〇〇人
三	清水組	宣化	土木工事	三、〇〇〇人
四	天津大陸華工公司	滿洲國	東邊道開發會社	三、五〇〇人

五	仝	仝	採金會社	一二、〇〇〇人
六	仝	仝	吉林ダム工事	五、〇〇〇人
七	仝	仝	綏化—海倫新線工事	三〇〇人
八	國際運輸會社	滿洲國營口	雜役	三〇〇人
九	渡部忠男	蒙疆 包頭	土地地均シ	一五〇〇人
計				二七、一〇〇人

本協會ハ之ガ募集ニ萬全ヲ期スベク苦力募集證明書ヲ發給シ各縣所在ノ新民會指導部ト聯絡ヲ保チ且ツ協力支援ヲ受ケ又ハ駐屯日本軍ノ援助ヲ受クル等全力ヲ擧ゲテ之ガ募集ニ努メツツアリ然レ共各縣都市ニ於テハ今次事變ニ依リ離鄉セル勞工者住民ヲ歸鄉セシムベク工作中ナルモノアリ又ハ各縣城外ニハ未ダ思想匪ノ横行甚シク出稼人ノ殘留家族ニ對シ拉致暴行ヲ爲ス等ノ流言ニ依リ勞働者ノ出稼ヲ阻害シ勞工者募集ニ就テハ尚多難事タリ。

更ニ今次事變ニ依ル副産物タル降伏歸順兵ノ滿洲國輸送ニ關スル工作ハ關係軍部トノ緊密ナル聯絡ト支持ヲ受ケ徐々ニ曙光ヲ見出シ居ルヲ以テ之ガ成果ノ擧ラン事ハ期シテ俟ツベキモノアリ。

四、勞工者從業狀況

華北ニ於ケル勞工者ハ專ラ土木建築ニ從事スル純勞働者ト農業又ハ其ノ他ノ業務ヲ掌リテ其ノ本業ノ閑散期ニ際シ副業的ニ土木工事方面ノ勞働ニ從事スル所謂臨時工人ト今次事變ニ依リ失業セルモノ水災ノ爲農作ヲ一時斷念シ純勞働者トシテ轉業セルモノ等其ノ素質、能力等千差萬別ナリ、從ツテ其ノ從業方面モ各々各個ノ希望又ハ情況ニ基キ轉々移動シ一定ノ土地ニ留マル期間短シ尙目下華北ニ於ケル勞工者ハ華北鐵道沿線ノ各種建設工事軍關係工事ニ相當數從事シアルモ工人不足ノ爲各々好條件ニテ從業シアリ。

且ツ往時賃金ノ不拂等ノ爲働キテモ尙食無キガ如キ傾向ハ漸次減少シ勞資間ノ協調モ時々遺憾トセラルノ事象ヲ惹起シアルモ大體平穩ニテ、他方滿洲國出稼者ハ最高壹元四角最底八角平均ニテ從業シアルモ冬期結冰期間ハ引繼キ土建工事ニ從業スルモノ、職工ニ轉業スルモノ農業ニ從事セントスルモノ、又ハ華北ニ歸還スルモノアリ。

華北ニ於ケル勞工者ノ能力、素質ヨリ觀察セバ先ヅ第一位ヲ山東人トナシ天津方面ハ第二位、第三位ハ北京近郊トセラレアリ。

五、勞工者思想狀況

一般勞工者中ニハ境遇、生活樣式、素質、氣性等劣等ナルモノ尠カラズ概ネ其ノ思想的影響ヲ蒙ル事早ク且ツ集團ノ機會毎ニ共産思想或ハ自由主義ノ浸潤ヲ受ケ又附和雷同ノ惡習アリテ盲動セントスルモノアリ、之等ノ不良分子ハ未ダ其ノ後ヲ絶タズト認メラルルモ當局ノ彈壓ト索出ニ會ヒ其ノ根本的連絡ハ崩潰シタルモノト思料セラル尚今後新民主義ノ徹底、福祉增進ト相俟チ思想穩健ノ一途ヲ辿ルモノト觀察セラルルモ勞工者ヲ直接收容スル企業家ニ於テ中日親和ノ大乘的精神ノ有無如何ハ勞工者思想上ニ及ボス影響ハ眞ニ多大ナルモノアリ。

事變前中國ヨリ滿洲國出稼工人ニシテ滿洲企業家ヨリ賃金不拂其ノ他ノ種々ノ不當ノ取扱ヲ受ケ出稼ノ目的ヲ達セズ歸鄉セルモノ又ハ工人募集人ノ甘言ニ乘ゼラレ不遇ニ陷リシモノ等尠カラズ、爲ニ最近勞工者ノ思想素質共惡質低下セル傾向アリ、之ガ對策トシテハ勞工者ノ確實良好ナル企業家ヘノ斡旋紹介ヲ要シ一面徒ニ利潤ニ捉レ勞工者ニ對シ過酷不當ナル取扱ヲ爲スガ如キ企業家ノ絕滅排擊ノ要アリ。

六、勞資離反ノ原因ト之ガ排除

勞資協調ハ産業開發上一大緊要事ニシテ企業家ハ勞工者ノ境遇立場ヲ理解シ溫情ヲ以テ臨ミ勞工者

ハ又企業家ノ温順ニ依賴シ互ニ和衷協同ノ精神ヲ發揮シ以テ勞資協調ノ美風ニ邁進ス可キモノニシテ現在日本各地ニ於テハ各種ノ勞工關係法律ト國家總動員ノ觀念ノ下ニ完全ニ勞資協調ガ着々其ノ實績ヲ擧ゲアルモ、滿支間ニ於ケル勞資協調ハ未ダ充分ナラザルモノアリ、企業家ノ反省ト勞工者ノ勤勞觀念ノ改革、矯正ハ滿支勞工者自体ノ素質向上並ニ勞工者福利ニ及ボス影響甚大ニシテ可及的ニ矯正ヲ要スル事論ヲ俟タズ其ノ主ナル原因ヲ抽出スレバ

第一　資本家側ノ缺點

（イ）勞働賃金ノ不拂

（ロ）時間外ノ強制勞働

（ハ）食糧品等ノ高値賣付ケ

（ニ）實力ヲ以テ故意ニ制壓

第二　勞工者側ノ缺點

（イ）借金ヲ返濟セズシテ逃走ス（少數ノ者ハ之ガ手段ヲ專門的ニ敢行ス）

（ロ）事業ニ對スル責任感薄ク勞力ヲ節約ス

（ハ）勤勞ヲ忌ミ監督外ニテハ正確ナル從業ヲナサザルコト

（ニ）戶籍法　警察機關ノ不完備ヲ見越シ放浪性ニ陷ル者尠カラズ

（ホ）麻藥ヲ嗜好シアルモノ一割ヲ超過ス

（ヘ）賃金割安ヲ口實ニ眞面目ニ從業セザル事

以上ノ如ク兩者ニ於テ惡習慣ヲ持續スル時ハ益々勞資ノ離反ハ顯著トナリ、所謂法律ニ基ク權利義務ノ主張トナリ將來勞工界ニ一大汚點ヲ釀ス結果ヲ誘致ス可キ事アルハ必然的ニシテ之ガ排除矯正ハ勞資協調上緊要事項ナリ。

七、勞工協會事業要項

昨年六月開設以來協會正會員ノ獲得ニ全力ヲ擧ゲ一方一般企業者ニ對シ協會ノ使命、特徵、組織ヲ宣傳シ以テ勞資協調圓滑ナル工人供給ニ邁進シ北京市內ノ工人供給ト地方派遣工人ノ募集ニ全力ヲ盡シツヽアリ。

以下協會事業ニ就キ逐條的ニ列記ス。

（一）勞工者供給ニ關スル事項

北京市內外勞工者ヲ入會登記セシメ協會、工人頭、工人ノ連絡指揮ヲ明確ニシ一般中日企業家、事業家ノ需要ニ依リ勞工者ヲ供給シ以テ建設事業ノ圓滑ヲ計ル。

（二）勞働調節及ビ需要ニ關スル事項

各一般企業家側ニ就キ過剩工人ヲ有スルモノヨリ工人不足側ニ紹介調節ヲ計ル。

（三）職業紹介並ニ失業救濟ニ關スル事項

特殊工人（職工又ハ技術職工）希望者ニ對スル職業紹介及ビ失業救濟トシテ半筋肉勞働ノ紹介指導ニ當ル。

（四）勞資協調ニ關スル件

勞資間紛爭ノ調停並ニ賃金ノ協定工人ノ素質向上ヲ計ル。

（五）勞工ノ待遇改善ニ關スル事項

勞工者從業中又ハ輸送途中ニ於ケル各種給與、工具、衞生、設備ノ改善及ビ從業時間ノ制定深夜作業ノ給與及ビ賃金ノ增加ヲ計リ且ツ休息時間ノ合理化ヲ計ル。

（六）勞工ノ福利施設ニ關スル事項

北京市內ニ於テ工人收容所ヲ開設シ無料宿泊ヲ爲サシムルト共ニ診療所ヲ設ケ患者ノ診料ヲ爲シ又從業中死亡、傷害、疾病ニ際シテハ應分ノ見舞金ヲ給シ又傷害ハ全治迄入院加療セシメツ、アリ。

(七)勞働市場調査ニ關スル件

北京市內主要勞工者集合又ハ勞働市場ヲ終始調査研究シ之ガ需要供給狀態ヲ視察シツヽアリ。

(八)勞工狀態調査ニ關スル事項

勞工者日常生活狀況調査ヲ實施シ生活費ト物價騰落ノ關係家族ノ從業狀況等ヲ調査シ賃金ノ參考資料トナス。

(九)勞工新民精神涵養ニ關スル事項

勞工者ニ對スル映畫宣傳、文書ニ依ル新民精神ノ徹底ヲ計リツヽアリ。

八、勞工者需要供給ノ狀況

本協會ハ民國二十七年六月新民會首都指導部內ニ附設シ勞工者ノ供給ニ努メタルガ、其ノ供給ハ大別市內供給ト派遣供給ニ分チ北京地元供給ハ一四八〇六人ニシテ派遣供給ハ石家莊、古北口、彰德、大同、包頭方面ニシテ七七〇人ナリ

(一)民國二十七年度勞工者供給統計表　延人員　(七月　十二月)

職別＼月別	七月	八月	九月	十月	十一月	十二月	計
苦力	三	三五三	二、一八六	六、四三八	一五、二七七	一八、三四二	四二、五九九

木工		三七六	四八三	七〇九	一三九	五六八	二、六二六
瓦工	七四	一、一三九	六二二	一〇一	一六五	三二五	二、四二六
石工			五八	四二	一八	五九	一七七
鐵工				六八	九三	五八〇	七四一
馬車	一四	四五	一、〇五三	六五	一四一	六六	一、三八四
計	九一	一、九一三	四、七五三	七、四二三	一五、八三三	一九、九四〇	四九、九五三

（二）民國二十八年度勞工者供給統計表 （一月 三月）

職別＼月別	一月	二月	三月	計	備考
苦力	一、三六八	六、四五五	四二、〇二二	一二、〇二五	延人員トス
木工	四〇六	一、八八〇	六八一	二、九六七	
瓦工	三〇	一六八	六〇	二五八	
石工		二	五一	五三	

鐵工	馬車	鳶工	計
六八		五〇	一、九二二
四七	七	八四	八、六四三
一七			五、〇一一
一三二	七	一三四	一、五五七六

新民會勞工協會諸規程（首都）

勞工協會定款

第一章　總　則

第一條　當協會ハ新民會勞工協會本部ト稱ス

第二條　本會ハ勞工者ノ待遇及ビ生活ノ改善ヲ計リ產業界ノ勞働需要ニ對シ勞働者ノ保證供給及ビ失業救濟ヲナシ以テ全勞工界ニ新民主義ヲ信奉セシメ中日滿提携ノ本義ヲ達成スルヲ以テ事業トス

第三條　本會ハ各地ニ支部又ハ分會ヲ設クルコトヲ得

第四條　支部又ハ分會規定ハ別ニ之ヲ定ム

第二章　會　員

第五條　本會會員ハ各種勞働工人ニシテ本會入會ヲ志願セル者ヲ以テ組織シ會員規程ハ別ニ之ヲ定ム

第三章　總會及ビ會議

第六條　本會ノ定時總會ハ毎年六月之ヲ招集ス

第七條　理事會ハ每月一回常務理事ノ召集ニヨリ開催ス但シ半數以上ノ出席者無キトキハ開會スルコトヲ得ズ

第四章　役　員

第八條　本會ハ會長一名ヲ置キ中央指導部長之ヲ任命シ任期ヲ二ケ年トス但シ中央指導部長ハ任期ノ變更ヲナス事ヲ得

第九條　本會ハ中日人ヨリ副會長各一名宛ヲ置キ會長之ヲ任命シ任期ハ二年トス但シ他ノ役員ト兼任スルコトヲ得

第十條　本會ニ名譽顧問若干名ヲ置キ新民會首都指導部ニ於テ招聘ス

第十一條　會長ハ本會一切ノ事項ヲ統理ス副會長ハ會長ヲ補佐シ會長有事ノ際ハ之ヲ代理ス

第十二條　顧問ハ本會ノ諮問事項ニ應ズ

第十三條　本會ニ理事五名乃至七名ヲ置キ理事會ヲ組織シ理事中ヨリ理事長一名常務理事一名ヲ互選ス

理事ハ新民會首都指導部長之ヲ任命シ其ノ任期ハ二年トス但シ首都指導部長ハ其ノ任期ノ變更ヲナス事ヲ得

第十四條　理事ハ左ノ各項ニ揭ゲタル事項ヲ行使スルモノトス
一、重要會務ノ審議ニ參加スル權限ヲ有ス
二、事業ノ實施ニ關スル事項
三、豫算ニ關スル事項
第十五條　本會ニ監察員若干名ヲ置キ新民會首都指導部長之ヲ任命シ其ノ任期ハ二年トス但シ首都指導部長ハ其ノ任期ノ變更ヲナスコトヲ得
第十六條　監察員ハ左ノ權限ヲ有ス
一、會務及ビ會員ニ關スル狀態ノ調查
二、會計ニ關スル事項ノ審查

第五章　計　算

第十七條　當協會ノ會計年度ハ曆年制ニ依リ施行ス
第十八條　本會ノ經費ハ會員ノ會費ヲ以テ充ツ

第六章　附　則

第十九條　本規定ハ新民會首都指導部ノ審議ヲ經テ制定ス

第二十條　本規定ニ不充分ナル事項アリト認メタルトキハ新民會首都指導部ノ改廢ヲ受クルモノトス

第二十一條　本規定ハ認可公佈ノ日ヨリ施行ス

新民會勞工協會會員規程

第一條　本會入會ノ會員ハ勞働工人ニ限ル勞働工人トハ左ノ各項ニ該當スモノヲ云フ

一、木工　二、鐵工　三、水泥工　四、石工　五、漆工　六、其ノ他普通勞工者

第二條　本會會員ヲ左ノ五種ニ分ツ

一、名譽會員　凡ソ中日軍政各機關關係者ニシテ本會事業進行ニ協力サルル人々ヲ名譽會員トナス

二、協贊會員　凡ソ中日各事業家（各種建築土木事業關係者）ニシテ本會ニ加入サレタル人々ヲ協贊會員トス

三、贊助會員　凡ソ本會ノ主旨ニ贊同シ勞工界ノ福利ヲ計ラントスル工人監督者ニシテ本會ニ加入シタル人ヲ贊助會員ト爲ス

四、維持會員　凡ソ本會ノ主旨ニ贊同セル各種勞工工頭ニシテ本會ニ加入シタル者ヲ維持會員ト爲ス

五、正會員　凡ソ本會ノ主旨ニ贊同セル實際勞働者ニシテ會員一人ノ紹介ニ依リ本會ニ加入シタル

者ヲ正會員ト爲ス

第三條　協贊贊助維持會員及ビ正會員ノ入會ハ必ズ會長ニ申請シ其ノ裁決ヲ受クルモノトス

第四條　本會ノ正會員タラントスルモノハ左ノ條件ニ適合セザル可カラズ

一、年齡十八歲以上六十歲以下ノ者

二、不良嗜好物無キ者

三、體力ガ勞働ニ堪ヘ得ル者

四、思想善良ナル者

第五條　本會會員ハ左ノ規則ニ依リ會費ヲ納入スベシ

一、協贊會員　每年納入會費　十五元

二、贊助會員　每年納入會費　十　元

三、維持會員

四、正會員

第六條　本會維持會員正會員ハ日當工錢ノ十分ノ一ヲ本會ニ納入以テ公益金トナシ其ノ六分ヲ本會經費ニ充當シ殘餘ノ四分ハ勞工救恤福利施設費ニ充用ス

第七條　本會會員ハスベテ會員規則ヲ嚴守シ若シ本會ノ名譽ヲ紊亂スルガ如キ行爲又ハ本會規則ニ違反セル者ハ直ニ會籍ヨリ除名ス

第八條　會員ハ會員證ノ發給ヲ受ケ以テ會員タルノ證明トス

會務規程

第一章　服務規律

第一條　會員ハ新民主義ノ宣揚及ビ剿共滅黨ニ勉メ其ノ職務ヲ盡スベシ

第二條　會員ハ忠實、勤勉ヲ旨トシ、素行ヲ愼ミ品位ヲ損フノ所爲アルベカラズ

第三條　會員ハ凡テ機密ヲ漏洩スベカラズ

第二章　職　員

第四條　當協會ニ左ノ職員ヲ置ク

一、職員

一、雇員

一、傭員

第三章　組　織

第五條　當協會ニ左ノ各課ヲ置ク
一、庶務課
二、企劃課
三、指導課
四、厚生課
五、會計課
六、交通課
第六條　支部又ハ分會ヲ必要ノ地ニ置ク
第七條　本部及ビ支部竝ニ分會ニハ別ニ定ムル課ヲ置ク
第八條　本部及ビ支部竝ニ分會ニ長ヲ置ク

第四章　組　織　（本部事務分掌內規）

第一條　庶務課ハ左ノ事項ヲ掌ル
一、會員總會其ノ他會議ニ關スル事項
一、秘書ニ關スル事項

一、當直ニ關スル事項
一、會印及ビ役印保管ニ關スル事項
一、文書ノ收受發送及ビ保管ニ關スル事項
一、從事員ノ任免ニ關スル事項
一、從事員ノ服務及ビ規律賞罰ニ關スル事項
一、他係ニ屬セザル事項

第二條　企劃課ハ左ノ事項ヲ掌ル
一、組織及ビ權限ニ關スル事項
一、規定類ニ關スル事項
一、業務成績考査ニ關スル事項
一、交通、廠商ニ關スル事項
一、情報ニ關スル事項
一、事故ノ對策處理ニ關スル事項
一、事業ノ計劃及ビ遂行ニ關スル事項

一、附帶事業ノ經營ニ關スル事項

第三條　指導課ハ左ノ事項ヲ掌ル

一、勞工者登記ニ關スル事項

一、勞工者供給及ビ募集ニ關スル事項

一、勞資協調ニ關スル事項

一、勞働調節及ビ需要ニ關スル事項

一、其ノ他勞工ニ關スル必要ナル事項

一、訓練勞務動員ニ關スル事項

一、勞工狀態調査ニ關スル事項

一、勞工統計ニ關スル事項

第四條　厚生課ハ左ノ事項ヲ掌ル

一、共濟慰籍ニ關スル事項

一、失業救濟ニ關スル事項

一、勞工人ノ給與及ビ待遇ニ關スル事項

一、宿舍及ビ收容保護ニ關スル事項
一、必需品ノ配給ニ關スル事項
一、生活保障ニ關スル事項
第五條　會計課ハ左ノ事項ヲ掌ル
一、會計ニ關スル事項
一、物品購入貯藏配給ニ關スル事項

工人宿舍管理規程

第一條　北京ニ於テハ常務理事其ノ他ニアリテハ所屬長ヲ以テ工人宿舍管理責任者トシ本規定ニ基キ各工人宿舍ノ居住員ノ取締ニ任ズルモノトス
第二條　工人宿舍居住員ニ關スル事務ハ宿舍管理者ノ命ヲ受ケ宿舍事務擔任者之ヲ取扱フモノトス
第三條　宿舍ニハ其ノ必要ニ應ジボーイ其ノ他炊事擔當者ヲ置クコトヲ得
第四條　宿舍ニ居住スル工人ノ私生活ニ關シテハ自治ヲ本義トス
第五條　宿舍居住定員ハ工人宿舍管理者之ヲ定メ會長ノ承認ヲ得ルモノトス
居住定員ヲ變更スルトキ亦同ジ

第六條　入退舍工人ハ工人宿舍管理者之ヲ處理ス
第七條　宿舍ニハ宿舍規定ヲ設ケシメ居住員ノ生活ニ關シ其ノ大綱ヲ定ムルモノトス
宿舍ノ規程改廢ハ工人宿舍管理責任者ノ承認ヲ經テ會長ニ屆出ルモノトス
宿舍規中ニ制定スベキ事項左ノ如シ
一、舍規ノ制定及ビ改廢ニ關スル事項
二、宿舍ノ規律ニ關スル事項
三、宿舍費ニ關スル事項
四、居住員ニ對スル制裁ニ關スル事項
五、其ノ他必要ト認ムル事項
第八條　居住員ハ互選ヲ以テ其ノ宿舍ニ於ケル居住員ヨリ宿舍係若干名ヲ選出シ宿舍ノ自治ニ關スル諸般ノ斡旋ニ任ゼシムルモノトス宿舍係ノ任期ハ一ケ年トス但シ重任ヲ妨ケズ宿舍係ハ互選ニ依リ宿舍長ヲ定ムルモノトス
宿舍長事故アルトキハ宿舍係中ヨリ代理者ヲ定ムルモノトス
第九條　宿舍係中特ニ防火係若干名ヲ置ク防火係ハ宿舍ニ於ケル火氣ノ取締リニ任ジ兼テ防火及ビ避

難設備ノ點檢竝ニ消防ニ關スル措置ヲ爲スモノトス
第十條　宿舍ノ設備維持改善ニ要スル經費ハ協會ノ負擔トス
第十一條　宿舍ニ必要ナル傭人ニ對シテ諸給與及ビ管理事務諸經費ハ協會ニ於テ負擔スルモノトス
第十二條　工人宿舍管理責任者ハ居住員ニシテ宿舍生活ヲ紊ル行爲アリト認メタルトキハ宿舍係ノ意見ヲ徵シ退舍ヲ命ズルコトアルベシ
第十三條　前條ニ依リ退舍ヲ命ジタル者ニハ相當期間入舍ヲ停止スルコトアルベシ

正會員共濟規程

第一條　協會ハ會員共濟ニ充ツル爲共濟基金ヲ設ク
第二條　共濟基金ハ會員ノ公益金及ビ協會ノ補助金其ノ他ノ收入ヨリ成リ之ヲ特別會計トス
第三條　本規定ニ於テ會員ト稱スルハ共濟ニ加入セル工人ヲ謂フ
會員ハ入會ト同時ニ共濟ニ加入スルモノトス
第四條　本規定ニ於テ醫院トハ協會ノ承認シタル醫院ヲ謂ヒ醫師トハ上記醫院ニ勤務スルヲ謂フ
協會ハ事情ニ依リ家族ノ診療ヲ認ムルコトアルベシ本規定ニ於テ家族ト稱スルハ本人ト戶籍ヲ同クシ其ノ扶養ヲ受クル配偶者直系血族內緣ノ妻兄弟姉妹ヲ謂フ

第五條　會員ハ左ノ場合ニハ其ノ資格ヲ喪失ス
一、會費ヲ中絕納入セザル者
第六條　會員死亡ノ場合ニ於ケル弔慰金受領者ハ左記順位ニ依ル但シ生前受領者ヲ指定シタルトキハ之ニ依ル
配偶者直系尊屬直系卑屬戶主死亡當時其ノ家ニアル兄弟姊妹他家ニアル直系血族
第七條　會員ノ醵金ハ納入公益金ノ率ニ依ル又會員タル資格ヲ喪失若クハ中斷シ復歸シタルトキハ其ノ月分金額ヲ醵出スルモノトス工錢ノ支給ヲ受ケザル月ノ醵金ハ次回受領ノトキ之ヲ爲スベシ

第三編 天津都市指導部 新民勞働協會工作概況

一、勞働協會設立ノ要旨及ビ使命

今事變ヲ契機トシテ北支ノ一般情勢ハ諸事劃期的建設ノ途上ニアルガ、勞働問題ニ對シテノミ何等ノ積極的對策ヲ見ズ舊態放置ノ狀態下ニアリ其ノ重要性ニモ拘ラズ眞ニ遺憾ト謂フベシ。

如何ニ勞働問題ガ社會ノ下層部ニ根ザス緣ノ下ノ力持チ的問題トシテ、他ノ諸問題ヨリハ常ニ輕視サレ勝ナリシトモ、今後ノ北支勞働界ヲ現狀其ノ儘ノ封建制度下ニ存續セシメルコトハ、其ノ廣範ナル重要性ニ對シ放置サレヌ重大問題ナリ。 關係スルトコロ國際關係アリ、軍事關係アリ、政治、經濟、思想關係アリ、究明シ來レバ現下建設初期ニ於テ確固タル勞働政策ヲ確立シ、以テ勞工界ヲ强力ナル統制下ニ整備セザレバ軈テ手遲レノ悔ニ遭遇スルコトヲ豫期セザルベカラズ。一面政治的見地ヨリ新中國建設ノ創業進展ガ是等下積ノ社會層ヨリ基礎ヅケラレ、新政ノ恩澤ガ民生ニ滲透スル處ニ新政權ニ對スル民衆ノ政治的期待ト其ノ政權護持ノ意識ガ强化サレルノデアル。

第一ニ地元問題トシテ匪禍、水禍ニ惱ミヌイタ窮乏農民ノ都市流出者モ救ハネバナラヌ。働クニ道ナク徒食スル天津數萬ノ失業難民モ解決セネバナラヌ。産業界ノ躍進ト諸建設事業ノ新規、勞働力ノ大量的需要モ起ルデアラウシ、更ニ之ニ伴フ勞資問題ノ複雜化モ豫期セネバナラヌ。是等當然起リ來ル必然的問題ヲ如何ニ建設的ナ筋道ニ乘セルカガ北支勞働界ノ大キナ宿題デアル。

或ハ對外的問題トシ友邦日滿兩國トノ相互的産業開發協力ニ關連スル勞働調整、一例ニ河北、山東ニ於ケル勞働資源ノ利用、技術勞働者ノ交換等密接ナル不可分的問題トシテ考究善處スベキ問題モ多々アル。

更ニ思想的問題トシテ積年國共兩黨ノ禍害ニ惱マサレシ勤勞大衆ノ思想的指導ハ、新民精神ノ指導敎化ニ依ツテ新シキ勤勞精神ノ喚起ニ努メ、自ラノ福祉ト更生國家ノ興隆ニ協力セシメネバナラヌデアラウ。

以下複雜多岐ニ亘ル使命ノ絮說ハ避クルガ、要ハ本協會事業部門ノ方針ヲ具現シ此ノ舊套依然タル勞働事情下ノ無統制市場ヲ整備シ累積ノ宿題ヲ具體方策化セントスル處ニ本協會ノ重要使命ガアルノデ、徒ラニ參考的調查機關ニ陷入ルコトナク勞働對策ニ於ケル北支勞働界ノ羅針盤トシテノ實踐的役割ノ上ニ活動スベク本協會ヲ設立スルモノナリ。

（註）
專門的意見トシテ或ハ如斯綜合的機關ニ對シテ、其ノ業績ノ成果ヲ云々サルルヤモ知レス、併乍各事業ガ不可分的關係ト人事、經費等ノ考慮モアリ、專門的分離經營ハ將來ノ問題トシ、以下章程ニ依ル組織ヲ以テ暫行的綜合機關ヲ設置シ其ノ目的ヲ遂ス。

次ニ協會ノ使命デアルガ、之ハ簡言スルニ新民主義ニ基ク勞働運動ノ遂行ニアリ、即チ精神的ニハ勞工分會ノ組織及ビ指導ニ依リ思想的ニ謬マレル勞工大衆ヲ新民主義ノ信奉者タラシメ、新中國建設ノ礎石タラシムルト共ニ、物質的ニハ職業斡旋、福祉施設ノ完備等ニ依リ生活ノ窮乏ヲ打開シ新政權治下ニ安居樂業セシムルニアリ。

二、工作ノ大要ト事業ノ内容

民國二十八年度ニ於ケル本協會ノ工作大要ハ前紀ノ如キ使命ニ基キ展開セラルベキデアルガ、先ヅ現地天津ノ華北ニ於ケル商工業界ノ中心的地位ニ鑑ミ、工作範圍ハ天津特別市ヲ中心トスルモ天津市内ニ限定スルヲ得ズ。之ハ少クトモ河北省ヲ直接工作區域トセザルベカラズ、特ニ天津ハ滿支勞工界ノ連結點ニシテ入滿苦力募集ノ中心地タルニ於テオヤナリ。

然シテ之等勞工者ニ對スル工作ノ重點ハ思想工作ニ注ガレルベキモノナルモ、ソレガ爲ニハ統制アル組織ヲ要スルハ言ヲ俟タズ、本協會ニ於テハ左ノ如キ組織工作ト事業トヲ通ジ不斷ニ思想工作ヲ實施スルモノナリ。

勞働協會分會ノ指導

1、勞働協會會員ハ新民勞働協會ノ指導ヲ受ケ其ノ所屬シアル工廠會社中ニアリテ分會ヲ組織シ、新民勞働協會ノ運用ニ當ル、各工廠、會社ノ分廠、支店ニシテ同一地域ニ在ラザルモノハ新民勞働協會ヨリ各別ニ分會ノ組織ヲ指導ス、同一地域ニ在ルモノハ事情酌量ノ上分會ヲ組織ス一定ノ職場ヲ有セザル協會會員ハ地域別或ハ職業別分會ヲ組織ス。

2、工廠、會社單位ノ分會ニ在リテハ其ノ經營者然ラザル分會ニ在リテハ、會員中優秀ナル者ヲ選ビテ分會長ト爲シ分會一切ノ事務ヲ統轄ス。

3、一分會會員三十名ヲ超ユル時ハ幹事五名ヲ選任シ分會長ヲ輔ケテ分會ノ運用ニ當ル、一分會會員三十名ニ滿タザル時ハ幹事三名ヲ選任シ分會長ヲ輔ケ分會ノ運用ニ當ル。

4、分會ノ職務左ノ如シ

(1)新民主義ノ實踐ト宣傳

(2)優秀分子ノ獲得
(3)反動分子ノ活動偵察ト制壓
(4)專門技術ノ研究習得
(5)分會員ノ共濟
(6)新民勞働協會ノ指定セル工作ノ執行
5、分會長及ビ幹事ヲ以テ幹事會ヲ組織ス
幹事會ハ少クトモ一箇月ニ一囘開會シ必要ニ應ジ臨時會ヲ開催ス。
幹事會開會ニ際シテハ分會長ヲ以テ議長トシ、分會長缺席ノ際ハ幹事中ヨリ議長ヲ互選ス。
6、新民勞働協會ハ隨時各分會ノ分會長竝幹事ヲ招集シ其ノ工作進行ヲ指導ス。
7、幹事ノ任期ハ一箇年トス。
但シ新民勞働協會ニ於テ必要ト認メタル場合或ハ所屬分會員半數以上ノ請求アリタル時ハ隨時改選スルヲ得
8、各分會會員ハ幹事會ノ決議ニ絶對服從シ秘密嚴守ノ責ヲ負フ
若シ秘密ヲ漏洩シ其ノ他違背ノ行爲アリタル時ハ新民勞働協會組織章程ニ照シテ處分ス。

三九

△事業工作

一、職業紹介

A、場所………天津河北大經路一一〇號新民勞働協會內ニ職業紹介事務所ヲ開設ス、尙民國二十八年度ニ於テ天津市特別一區ニ更ニ一箇所新規開設ス。

B、經營方法………紹介係ヲ設ケ一般求職事務處理、職業相談、日傭勞働者手帳ノ交附等ヲ掌リ、特設係ヲ設置シ少年少女ノ求人求職斡旋及ビ職業相談、知識階級ノ職業紹介、職業相談ヲ掌ル。

二、簡易宿泊所設置

A、必要性………戰禍、水禍及ビ人口過剩ヨリ生ズル農村經濟ノ重壓ニヨリ鄉土ヲ捨テ都市ニ流入スルモノ近時益々增加ノ傾向ニアリ、彼等ハ一定ノ宿所ヲ有セズ流浪ノ中ニ身ヲ投ズル者尠カラズ治安工作上憂慮スベキ問題ナリ。因ッテ之等宿所ヲ有セザル勞働者ニ對シ簡易ナル宿所ヲ與へ、生活ヲ容易ナラシムルハ新政權治下ノ治安ヲ確立シ新民主義ヲ認識セシムル上ニ效果顯著ニシテ、且ッ勞働豫備軍ヲ掌中ニ確保スルコトトナリ、勞力需給關係ノ圓滑化ニ資スルトコロ甚大ナリ。

B、經營方法………天津市内ニ適當ナル箇所ヲ選ビ、一箇所五棟五百人收容ノ簡易宿泊所ヲ建築シ、勤勞ノ意志アル男子五百名ヲ限度トシ宿泊料ヲ前納セシメ收容ス。

三、勞働市場開設

A、必要性………日傭勞働者ノ需給關係ヲ圓滑ナラシメ、勞力偏在ニヨル賃金ノ不合理ヲ矯正シ其ノ生活ヲ安定セシムルト共ニ、職業斡旋過程ニ不斷ニ新民主義ヲ注入シ思想ノ惡化ヲ防止ス。

B、經營方法………簡易宿泊所ニ接近シ且ツ自由勞働者ノ集合容易ナル地域ヲ天津市内二箇所ニ選定シ、受付用ノ簡易ナル事務所ヲ設ケ日傭勞働者ノ就職配給ヲ斡旋ス。

四、勞働者登錄ト勞働票發行

A、必要性………勞働者ヲ登錄スルコトハ勞働者ノ産業別、職業別實數、分布狀態、移動狀態等容易ニ知ルヲ得テ勞働政策樹立ニ必要不可缺ノ資料トナリ、同時ニ發行スル勞働票ハ勞働者ト浮浪者ヲ識別セシメ暗默ノ中ニ其ノ甚シキ移動ヲ抑制スル效果ヲ有ス

B、實施方法………勞働登錄ト勞働票發行ノ效力ハ全國ニ普遍シテコソ强力ニ示現シ得ベキモノナルモ、經費關係ヲ考慮シ民國二十八年度ニ於テハ、主トシテ自由勞働者ニツキ之ヲ實施ス、尙勞

働票ハ比較的簡單ナル寫眞式ヲ採用ス。

五、農村餘剩勞働者大量募集

A、必要性………華北農村ノ現況ハ戰火水災等ニヨリ耕地面積ノ減少、經濟不安ニヨル金融ノ梗塞及ビ人口過剩ヨリ相當多數ノ失業者ヲ生ジ、宗族ノ相互扶助制ニヨリ僅カニ生計ヲ營ミツツアルガ、現狀ノ儘放棄センカ其ノ困窮重壓ノ增加ハ火ヲ睹ルヨリ明カナリ、然ルニ一方天津其ノ他都會地ニ於テハ日華滿一體ノ產業開發事業續々ト起リ、勞力不足ノ聲ハ日ト共ニ高ク滿洲國ニ於テモ勞力需給ノ不調益々增加ノ一途ヲ辿ル、之ガ圓滑化ハ勞資双方ノ福利タルノミナラズ戰後工作上緊急ヲ要スベキ事業ナリ。

B、募集方法………北支及ビ滿洲國ノ工場、勞工募集機關ヨリノ求人希望ニ應ジ取敢ズ募集班ヲ組織シ勞力過剩各縣ヲ巡行セシメルガ、將來ハ比較的治安ノ確立セル縣ノ新民會指導部內ニ協會職員ヲ常駐シ、勞工募集初メ一般ノ連絡事務ニ當ラシム。

六、勞働諸事情ノ調査ト月報發行

A、必要性………勞働政策ノ樹立、勞働事業ノ計畫ニ際シ必要ナル調査資料ヲ基礎トセザルベカラズ、然ルニ華北ニ於ケル之等ノ調査ハ殆ド事變前ノモノニ屬シ直ニ引キテ利用スルコトヲ得ズ、故ニ諸工作ニ緊急必要ナル調査事項ヲ左ノ如ク選定着手セリ。尙調査ノ完了シタルモノハ、關係方面ニ於ケル利用價値大ナルモノアルニ鑑ミ協會機關誌トシテ月報ヲ發刊シ之ニ發表ス。

B、調査項目

◎天津市內公私職業紹介所ニ關聯スル調査

◎天津市ニ於ケル失業者實數及ビ失業狀況ニ關スル調査

◎勞力大量需要工廠ニ於ケル民國二十八年度勞働者募集計畫ニ關スル調査

◎既成勞働團體ノ經濟運動、政治運動ニ關スル調査

◎工廠、鑛山等ニ於ケル勞働者數ノ調査

◎工廠、鑛山等ニ於ケル解雇勞働者ノ調査

◎主要工場、鑛山調査

◎事業主團體ノ調査新規事業開始ニ附屬セル調査

C、月報發行四六版印刷（或ハ謄寫印刷）二十頁程度。每月一回發行、發行部數五百册

三、河北省各縣指導部トノ連絡

新民勞働協會ノ工作大要ハ前述ノ如クデアルガ、河北商工業ノ中心タル天津ノ工作ニ當リ、各縣ト

緊密ナル連絡ノ必要ヲ痛感スルノデアル。就中農村餘剩力ノ募集或ハ勞働諸事情ノ調査ニ關シテハ市ト縣トハ全ク不可分ノ關係ニアル、之ガ必要ニ應ジ新民勞働協會ニ於テ勞働者募集班或ハ調査員ヲ派遣スルモ、地元ノ事情ニ明ルキ縣指導部員ノ全面的ナル助力無クテハ萬全ノ成績ハ期待出來ナイノデアル。

尙將來各縣トノ連絡緊密度ノ增大ニ伴ヒ治安ノ確立セル縣ヨリ順次協會職員ヲ常駐セシメルベク計畫中デアル。

新民勞働協會諸規程（天津）

新民勞働協會組織章程

第一　總　則

第一條　本會ハ新民勞働協會ト定名ス

第二條　本會會址ハ新民會天津都市指導部內ニ設ク

第三條　本會ハ勞工大衆ノ組織指導、職業紹介ノ徹底、勞働政策ノ確立ヲ計ルヲ以テ事業トス

第四條　本會ニ左ノ部門ヲ設ケ事業達成ヲ期ス

1　組織指導部

2　調查對策部

3　職業紹介部

第五條　本會長ハ新民會天津市指導部長之ヲ兼任ス

第六條　本會ニ副會長並顧問若干名ヲ置ク

第七條　本會ハ新民會天津市指導部ノ指導統制下ニ置ク

第八條　本協會ニ屬スル勞工團體ノ組織ハ委員會ノ決議ヲ得テ之ヲ行フ

第九條　本會ハ必要ニ應ジ分會ヲ設置スルコトヲ得、分會規定ハ別ニ之ヲ定ム

第二　會員

第十條　本會會員ハ天津市ニ於ケル勞工大衆及ビ中、日、滿軍官民ニシテ本會ノ主旨ニ贊同協力スルモノヲ以テ會員ト爲ス

第十一條　本會會員ハ新民主義ノ信奉者タルコトヲ絕對信條トス

第十二條　本會會員ハ所定ノ會費ヲ納入スルモノトス

第十三條　本會會員ヲ左ノ如ク分ツ

一、正會員

二、贊助會員

三、名譽會員

第十四條　正會員ハ各業實際勞慟者ニシテ會員一人ノ紹介ニ依リ加入シタル者ヲ以テ正會員ト爲ス

第十五條　贊助會員ハ中、日、滿事業主並勞工指導監督者ニシテ本會ノ事業ニ贊同協力シ所定ノ會費

納入セル人ヲ以テ贊助會員ト爲ス

第十六條　名譽會員ハ中、日、滿、軍、官、民ニシテ會事業ニ贊同協力スル人人ヲ以テ名譽會員ト爲ス

第十七條　本會會員ハ本會ノ事業ヲ有效ニ利用スル資格ヲ有ス

第十八條　本會會員ニシテ本會存立ノ意義ニ反シタル行動アリタル場合ハ之ヲ除名ス

第三　事業

第十九條　本會ノ各部門ハ所期ノ事業達成ノ爲左ノ事業ヲ行フ

1　組織指導部

イ　勞工團體ノ組織指導

ロ　勞工待遇改善ノ徹底

ハ　勞工福利施設ノ實現

ニ　相互扶助機關ノ設置指導

ホ　勞資協調ノ徹底

ヘ　新民勞働精神ノ敎化

2　調査對策部

イ　一般勞働事情ノ調查
ロ　勞働政策ノ研究、確立
ハ　失業者救濟事業對策
ニ　勞資紛爭ノ調停
ホ　勞働市場ノ調整
ヘ　調查資料ノ發表

3　職業紹介部

イ　別稿新民職業紹介部事業ノ一切

第二十條　各部門ニ部員若干名ヲ置キ會務ヲ處理セシム

第二十一條　部員ノ任免ハ會長之ヲ行フ

第二十二條　本會ハ勞資、紛爭當事者ノ一方的要求ニ依リ之ガ調停ヲ行フ但シ委員會ノ決議ヲ得ルモノトス

第二十三條　本會ノ一般事業ハ毎月會報ヲ以テ會員及ビ關係方面ニ發表ス

第二十四條　職業紹介部ハ事業ノ都合ニ依リ別ニ之ヲ設クルコトヲ得

第二十五條　職業紹介部規程ハ特ニ別ニ之ヲ定ム

第四　機　關

第二十六條　本會ニ左ノ機關ヲ置ク

1　委　員　會

2　職業紹介委員會

第二十七條　委員會ハ市指導部員、本會事業部責任者竝名譽會員、贊助會員、正會員中ヨリ會長之ヲ推薦又ハ囑託シ本會一切ノ重要事項ヲ決定ス

第二十八條　委員長ハ本會會長之ヲ兼任ス

第二十九條　委員長ハ必要ニ應ジ常任委員ヲ選任スルコトヲ得

第　三　十　條　委員ノ任期ハ二箇年トス但會長ハ短縮又ハ延長スルコトヲ得

第三十一條　職業紹介委員會ハ市指導部員、本會部門責任者及ビ第二十八條ノ委員會委員中ヨリ勞働需給ニ直接關係ヲ有スル委員ヲ選任シ專門委員會ト爲シ專ラ需給者相互ノ連絡及ビ紹介部一切ノ重要事項ヲ決定ス

第三十二條　委員ノ任期ハ二箇年トシ會長ハ短縮又ハ延長スルコトヲ得

四九

第三十三條　委員長ハ本會會長之ヲ兼任ス

第五　會　議

第三十四條　委員會及ビ職業紹介委員會ハ必要ニ應ジ會長之ヲ召集ス
第三十五條　會務報告及ビ事業對策其ノ他會活動上重要ナル事項決定ノタメ全會員ヲ召集シ年度大會ヲ開催ス期日ハ會長適時ニ之ヲ定ム

第六　會　計

第三十六條　本會ノ經費ハ會員會費、補助金、寄附金ヲ以テ之ニ充ツ
第三十七條　會員會費左ノ如シ

1　正會員　不要
2　贊助會員　年十圓
3　名譽會員　任意寄附

第三十八條　會員入會ノ場合ハ入會費トシテ實費ヲ納入スルモノトス
第三十九條　經費ノ剩餘金ハ正會員ノ福利施設ニ充當ス但委員會ノ決議ヲ受クルモノトス
第四十條　會計ハ毎年度收支決算表ヲ作製シ委員會ノ審査ヲ受クルモノトス

第七 附 則

第四十一條 本章程ノ疑義及ビ修正ハ市指導部及ビ委員會ノ審議ヲ經テ決定ス
第四十二條 本章程ハ公布ノ日ヨリ之ヲ施行ス

新民職業紹介部細則

第一條 本部ハ新民勞働協會ノ事業部門ニシテ職業紹介事業ヲ爲ス
第二條 本部ニ部主任及ビ部員若干名ヲ置ク
第三條 部主任及ビ部員ノ任免ハ新民勞働協會長之ヲ爲ス
第四條 部主任ハ會長ノ命ヲ承ケ部務ヲ處理シ部員ヲ指揮監督ス
第五條 部主任事故アルトキハ次席者其ノ職務ヲ代理ス
第六條 本部ニ左ノ各係ヲ設ク
一、庶　務　係
二、紹　介　係
三、特　設　係
第七條 部主任ハ會長ノ認可ヲ受ケ必要ニ應ジ支部ヲ設置スルコトヲ得

第八條　本部ノ活動方針ニ關スル事項及ビ組織ニ關スル事項ハ勞働協會職業紹介委員會ニ於テ之ヲ決定シ會長ノ命ニ依リ之ヲ行フ

第九條　庶務係ハ左ノ事項ヲ掌ル

1　現金ノ出納ニ關スル事項
2　人事ニ關スル一切ノ事項
3　文書ノ收受、發送、保管ニ關スル事項
4　委員會ニ關スル一切ノ事項
5　失業者調査登錄ニ關スル事項
6　一般求人求職ノ調査ニ關スル事項
7　一般求職者募集宣傳ニ關スル事項
8　他ノ紹介所トノ連絡ニ關スル事項
9　他ノ主管ニ屬セザル事項

第十條　紹介係ハ左ノ事項ヲ掌ル

1　一般求人申込、受付、開拓ニ關スル事項

2 一般求職者ノ受付、呼出、紹介ニ關スル事項
3 一般求人求職者ノ登錄ニ關スル事項
4 日傭勞働者手貼交付ニ關スル事項
5 日傭勞働者紹介ニ關スル事項
6 中日滿技術勞働者ノ紹介ニ關スル事項
7 職業相談ニ關スル事項

第十一條　特設係ハ左ノ事項ヲ掌ル

1 少年少女ノ職業相談ニ關スル事項
2 少年少女ノ就職紹介ニ關スル事項
3 少年少女ノ求人、申込、受付、開拓ニ關スル事項
4 小學校公共團體トノ連絡ニ關スル事項
5 知識階級職業相談ニ關スル事項
6 知識階級職業紹介ニ關スル事項
7 知識階級求人、申込、受付、開拓ニ關スル事項

第十二條　各係部員ハ部主任ノ命ヲ承ケ當該事務ヲ處理ス

第十三條　各係ニ日誌ヲ備ヘ當日ノ處理事項ヲ記載シ部主任ハ毎月之ヲ新民會天津市指導部ニ報告ス

第十四條　本規程ハ市指導部及ビ新民勞働協會職業紹介委員會ノ審議ヲ經テ之ヲ改正スルコトヲ得

新民職業紹介委員會規程

第一條　本委員會ハ新民勞働協會職業紹介部ノ職業紹介事業ニ關スル事項ノ協議及ビ需給者相互ノ緊密ナル連絡ヲ計リ以テ需給ヲ調節シ失業救濟ノ目的ヲ達セントスルモノナリ

第二條　委員會ハ委員長、副委員長各一名、委員若干名ヲ以テ組織ス

第三條　委員長ハ新民勞働協會長トシ副委員長及ビ委員ハ協會章程第卅一條ニ依リ之ヲ推薦又ハ囑託ス

第四條　委員長ハ會務ヲ統理ス

委員長事故アルトキハ副委員長之ヲ代理ス

第五條　副委員長及ビ委員ノ任期ハ二年トシ特別ノ事由アルトキハ在任中解任スルコトアルベシ

第六條　委員會ニ幹事及ビ書記若干名ヲ置キ市指導部部員及ビ紹介部部員中ヨリ會長之ヲ命ズ

第七條　幹事ハ委員長ノ命ヲ承ケ會務ヲ整理シ書記ハ會務ニ從事ス

新民職業紹介規定

第一條　職業ノ紹介ヲ爲ス爲職業紹介部ヲ置ク
第二條　本紹介ハ一切無料トス
第三條　職業ノ紹介ヲ受ケムトスル者ハ本人出頭ノ上申込マルベシ
但求人者ハ書面又ハ電話ニテ申込マルルコトヲ得
第四條　求職者本紹介部ノ紹介ニ依ラズシテ就職シタルトキ又ハ求職申込條件ニ變更ヲ生ジタルトキハ其ノ旨直ニ届出デラルベシ
第五條　求人者本紹介部ノ紹介ニ依ラズシテ使用人ヲ雇入レ又ハ雇用申込條件ニ變更ヲ生ジタルトキハ其ノ旨直ニ届出デラルベシ
第六條　不良求人求職者ト認ムベキ事實アル場合ハ紹介ヲ拒絶ス
第七條　本紹介部ハ求職者ノ身元保證ヲ爲サズ
第八條　特殊ノ事情アル人ニ對シテハ本規定第二條ニ依ラズシテ之ガ紹介ヲ爲スコトアルベシ
第九條　其ノ他本規定以外ノ疑義ハ會長之ヲ處理ス

五五

勞働協會分會員心得

一、會員資格

1、名譽會員

A、人望アル者ニシテ本會事業ノ推進ヲ援助スル者

B、本市ノ官吏タル者

2、協贊會員

A、本市ノ行改管轄區域內ニ於ケル勞働者ノ廠主、僱主、指導者監督者

B、勞協ト直接或ハ間接ニ關係アル者

3、正會員

本市ノ行政管轄區域內ノ中國藉勞働者タル者

二、會員ノ入會手續

1、名譽會員

協會ノ詮衡ヲ經テ招聘ス

2、協贊會員

本協會職員二名ノ紹介ヲ經、規定ノ入會申請書ヲ提出シ協會會長ノ認可ヲ得タル後會員證書ヲ受ケタル者

3、正會員

協贊會員二名ノ紹介ヲ經テ規定ノ入會申請會ヲ提出シ協會長ノ認可ヲ得タル後勞工登記表ヲ受ケタル者

三、會員ノ權利義務

甲、權　利

1、名譽會員

A、意見書ヲ提出スル事ヲ得

B、各業勞働分會代表聯合會ニ參加スル事ヲ得

C、各分會ノ高級職員及ビ分會ノ心得規約等ニ付イテ檢討權ヲ有ス

2、協贊會員

3、正會員

A、意見書ヲ提出スル事ヲ得

B、各業勞働分會代表聯合會ニ參加スル事ヲ得
C、分會ノ幹事會ニ參加スル事ヲ得
D、各分會幹事ノ選擧及ビ罷免權ヲ有ス
E、分會ノ規則條例ニ付キ創制複決權ヲ有ス
F、分會職員ニ對スル彈劾權ヲ有ス
G、廠主僱主及ビ職員ヲ彈劾ノ申請權ヲ有ス
H、本會一切ノ施設ニ對スル享受權ヲ有ス

乙、義　務

1、名譽會員
A、會費ヲ寄附スル義務ヲ有ス
B、本會一切ノ計畫方針ヲ援助スル義務ヲ有ス

2、協贊會員
A、會費ヲ寄附スル義務ヲ有ス
B、本會ノ計畫方針ヲ援助スル義務ヲ有ス

C、本會ノ事務ヲ推行シ會員ヲ紹介スル義務ヲ有ス
D、本會ノ規約ニ從ヒ懲戒及ビ執行ニ服從スル義務アリ

3、正會員

A、會費ヲ納メル義務ヲ有ス

（五圓以内ノ者$\frac{1}{100}$　一〇圓以内ノ者$\frac{1.5}{100}$　二〇圓以内ノ者$\frac{2.5}{100}$）

B、本會ノ計畫方針ヲ援助スル義務ヲ有ス
C、會務ヲ推行シ會員ヲ紹介スル義務ヲ有ス
D、本會ノ規約ニ從ヒ懲戒、執行ニ服從スル義務アリ

四、會員規則

1、本協會ノ規約ヲ紊亂スル事ヲ禁ズ
2、命令ニ違抗スル事ヲ禁ズ
3、超越的職權ヲ執行スル事ヲ禁ズ
4、國家社會ノ秩序ヲ破壞シ或ハ煽動的言論及ビ行動ヲ禁ズ
5、私人團體及ビ黨派ヲ組織スル事ヲ禁ズ

6、仇視誣害的行爲ヲ禁ズ
7、集團暴動ノ擧動ヲ禁ズ
8、不名譽ノ行動及ビ不良ノ嗜好ヲ有スル事ヲ禁ズ
9、他人ノ身體及ビ精神ヲ束縛スル事ヲ禁ズ
10、勞働者ノ給料及ビ會費等ハ明細ニシ不正ノ行爲ヲ禁ズ
11、國家命令ノ禁止品ヲ携帶スル事ヲ禁ズ
12、罷工或ハ怠工ノ行動ヲ爲サザル事

五、會員ノ懲戒

1、叱責
2、記過
3、罰款
4、除名
5、嚴罰

以上ノ懲戒ヲ受クル必要アリト認メタル時ハ各該管轄分會幹事會ヲ經テ協會ニ報告シ、認可ヲ得タル後之ヲ執行ス

附　天津市內ノ洋車及ビ洋車夫

天津市ノ洋車（膠皮車）ハ自動車、電車ノ近代交通機關ノ發達ニモ拘ラズ、依然トシテ市內交通機關ノ王座ニ位シ居ルガ其ノ營業概況左ノ如シ

一、車廠　天津全市ノ車廠ハ五百餘家ニ達スルモ膠皮車業公會（南市大舞臺東榮業大街六十八號）ニ加入セルモノハ二百八家ニ過キズ

二、車輛　天津全市ニ散在スル車輛總數ハ約二萬二千輛ト稱セラレ華街、特一區、特二區、特三區、義租界、日租界、佛租界、英租界ノ所謂八道全區域ノ營業免許證ヲ有スルモノ、數區域ノ免許證ヲ有スルモノ、一區域（主トシテ華街）ノ免許證ヲ有スルモノ各七千餘輛ニシテ、公會ニ登記セラレシモノハ其ノ中僅ニ六千七百六十六輛ノミナリ

三、洋車夫　天津市ニ生活スル洋車夫ハ三萬五千人ト稱セラレ、車輛數ニ比シ常ニ一萬數千名ハ他ノ道ニ職ヲ求ムルカ或ハ失業者タラザルベカラズ

四、鑑札　洋車營業ニハ必ズ營業地域ノ鑑札ヲ必要トス、鑑札ハ八區八種ヲ受クルモ良ク或ハ各自ノ營業情況ニヨリ數區ヲ撰ブモヨシ、尙各區ノ鑑札納費左ノ如シ

20

財政局執照	毎月	二角
特一區執照	〃	五角
特二區執照	〃	六角
特三區執照	〃	七角五分
義租界執照	〃	七角五分
日租界執照	〃	一元
英租界執照	〃	一元
法租界執照	〃	一元

五、借車賃　市内洋車夫ハ洋車ノ所有者ヨリ車ヲ賃借リシテ營業スルモノニシテ、其ノ借車賃ハ營業可能區域ノ廣狹、卽チ鑑札ノ多少及ビ車ノ新舊ニヨリテ一定セザルモ、大體ニ於テ八區(全市)ノ鑑札ヲ有スル車ニシテ毎日ノ借車賃三、四角、一區ノ鑑札ヲ有スル車ニシテ毎日ノ借車賃一角、其ノ他ハ鑑札ノ多少ニ比例シテ增減ス

六、洋車夫ノ收入　洋車夫ノ收入ハ營業範圍ノ廣狹ニヨリ自ラ差異ヲ生ズルガ、八區ノ鑑札ヲ有スルモノニシテ毎日平均收入八角、一區間ノ鑑札ヲ有スルモノニシテ毎日平均六角程度ナリ、又洋車夫一日ノ生活費ハ之亦扶養家族ノ多少ニヨリ差異アレド平均四角程度ト謂ハレ僅ニ口ヲ糊スルニ足ル

延吉宪兵队长阿部起吉关于防止劳工流动的对策致日本关东宪兵队司令部等的报告（通报）

（一九四二年三月二十五日）

附：关于防止劳工流动对策的意见征求情况

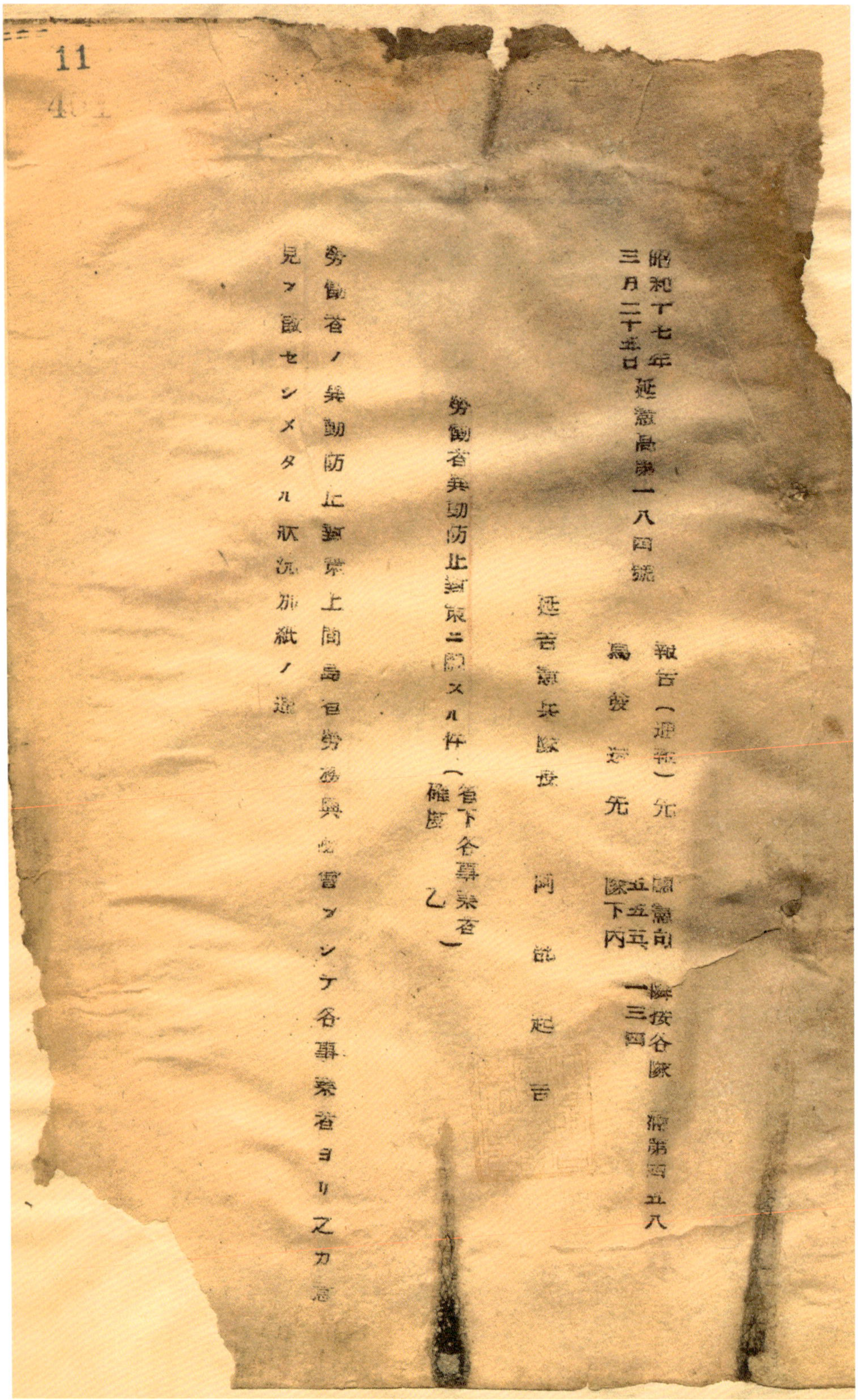

11
401

昭和十七年三月二十五日　延憲高第一八四號

報告（通報）先　關憲司　隣接各隊　滿第四五八
　　　　　　　　　　　五五五　一三四
局發送先　　　　　　　隊下丙

延吉憲兵隊長　阿部起吉

勞働者異動防止對策ニ關スル件（管下各事業者確度乙）

勞働者ノ異動防止對策上間島省勞務興國會ヲシテ各事業者ヨリ之カ意見ヲ徵セシメタル狀況別紙ノ通

別紙

一、強力ナル公定賃銀ヲ確立スルコト

賃銀ノ高低ニノミ拘泥異動スルカ如キハ國策ニ反スルノ故ヲ以テ康德七年十一月間島省撫慰協定加入者會ニ於テ一部労働者ノ協定賃銀ヲ定メ實施中ナリシモ既ニ時代遅レトナリ戰時統制下ノ現況ニ添ハス之カ實行不能狀態ニアリテ各種事業体間ニ闇賃銀行ハレアルヤノ狀態ナルヲ以テ土建事業ノ全部ニモ至ラハ一層闇賃銀ノ横行ヲ見ル虞アルヲ以テ全般公定賃銀ノ制定ヲ望ム。例ヘハ炭鑛業者中統制炭鑛ハ労働者ノ賃銀統制セラレアルモ其ノ附近ニ散在セル統制外炭鑛ハ其ノ賃銀統制セラ・アラサル爲統制炭鑛ニ比シ高率ノ賃銀支拂ハレアル關係上統制ニ從労働者ニシテ統制外炭鑛ニ流出スルモノ多數ニ上リアル現況ナリ。

二、福祉厚生施設ノ完成

労働者ノ多クハ其日ヲ滿足ニ働キ衣食住ノ安定ヲ得テ滿足スルモノ多キヲ占ムル状況ナレバ左ノ事項ヲ完備スルノ要アリ。

1. 食糧ノ円滑ナル配給
食糧品ハ労働者唯一ノ慰安品ニ付円滑ナル配給ヲ望ム
2. 死傷病者ニ対スル救済ノ善処
急救薬品ノ備付ハ勿論医療施設ヲ講シ病傷者ニ対スル手当ヲ加ヘ死者ニ対シテハ吊慰ヲ厚クスル等ニヨリ職域奉公ノ精神涵養ニ努ムルノ要アリ
3. 阿片吸飲者ノ善導ニ努ムルコト
余裕ナキ程度ニ強制貯蓄ヲ励行セシメ浪費防止ノ一助タラシムノ要アリ
4. 家族送金ノ手續繁雑ニシテ手續上時ニ送金不能ニ陥ルコトアリ
之カ簡易化ヲ望ム
5. 娯楽場ノ設置
僻陬地ニアリテハ娯楽場ノ設備ナキ為休業ノ上都市ニ出向遊興セントスル傾向アリ之ヲ抑制セントセハ自然飲酒ニ耽ケ或ハ賭博ヲ

13
4

為スヲ常トスルヲ以テ低級ナル娯楽設備ヲ要ス

6. 妻帯労働者ニハ宿舎ノ貸給與ニ努ムルコト妻帯労働者ニ衣食住ノ安定ヲ得セシムルコトハ移動防止ノ一策ナリ住宅不足ノ折柄特ニ考慮ヲ要スル事項ナリ

三、労働者ニ妻帯ヲ奨励

独身労働者ハ身軽ニシテ移動ニ便ナルヲ以テ煽動ニ乗シ易ク為ニ移動多シ妻帯ヲ奨励シ之等ノ者ニ対シテハ婚禮費ノ貸與宿舎ノ貸與方法等考究ノ要アリ

四、労働者引抜行為ヲ厳重取締

解氷期ニ至ラハ各種事業ノ開始ト共ニ小ブローカ小把頭等ニ依リ盛ニ引抜行ハル、其レ多カニアリ特ニ多額ノ前借金ヲ餌食ニ引抜ヲ劃スル不徳義漢ニ対シテハ厳重取締ヲ要ス

五、労働者登録ノ強化ト悪質移動労働者ニ対シ伐放

労働者ニシテ二重三重ノ登録ヲナシ居ルモノア

者相當アルガ如シ然クテハ登錄ノ意義ヲナサザル
訂ルト共ニ保留シテ随時随所ニ勞働者ノ所持スル勞働票ノ檢査ヲ
ナス等嚴重取締ヲナスト共ニ悪質移動勞働者發見ノ際ハ相當罰ヲ
加ヘラレタシ

六、勞働者ノ雇入ニ際シ調査ヲ嚴重ニスルコト
各事業体ハ勞働者雇入ニ際シ本人ノ身元調査ヲナシ苟モ前歴者ト認
メラルヽモノニシテ技能手腕又ハ勞働票ヲ所持セザルモノハ絶對使
用セザルコトトシ前職者ニアラズト認メラルヽモノハ雇入後迅ニ登
錄ヲナサシメ當局ヲシテ重複登錄者アルコトノ手數勞免ニ努メ悉皆
ノ重複登錄者ニ對シテハ嚴重ナル處罰ヲナス等ノ處置ニ出ヅルノ要
アリ

七、勞働者募集ニ際シ即座調査ヲ加ヘ勞働條件ノ誇大宣傳ヲナサザルコ
トト
勞働者募集ニ當リテハ即座ヲ調査シ不良ト認メラルヽモノヲ淘汰セ

14

4

サルハ勿論労働ノ権利ヲ明カニシ賃銀其ノ他ノ待遇條件ヲ誇大ニ宣
傳セサルコト
労働者ヲ各事業ニ應シ現場ニ到着後事業當所ノ宣傳條件ニ相違スルタ
メ不満ヲ抱キ逃亡又ハ他ニ移動ヲ企ツルモノ相當アリト聞クヲ以テ
ナリ
八、法規及協定事項違反者ニ對スル制裁
労務事項ヲ尊重セシムル爲違反者ニ對シテハ厳罰主義ニテ處セラレ
タシ
向後ハ労務者ノ大口雇傭者ノ統制會議ヲ設置シ事業ニ要スル需要労
働者需給ノ圓滑ヲ圖ラレタシ
九、労働者ノ愛撫ト管理ノ方法
事業主ハ勿論労務關係者ハ常ニ温情ヲ以テ把頭以下ノ愛撫ニ努メ且
ツ把頭労働者間ノ親睦状況ヲ常ニ視察シ雇傭者間ノ意志疎通ニ努メ労
働者移動ノ防止ニ努ムルト共ニ[illegible]労働者要求ト

其ノ責任ヲ充分認識シ各個任ニ合致スル様指導ニ策ヲ講シ作業上ニモ不平不満ヲ抱カシムルコトナキ様常時ノ指導觀察ヲ勵行シ勞務管理上ノ改善ニ資スル要アリ

一〇、把頭機構ノ整備活用

把頭ニハ金力、腕力、信望アル人物ヲ選ヒ相當教養訓練ヲ爲シ極力頻ニ把頭會議ヲ開催勞務興國會ヨリハ職員ヲ出席セシメ彼等ノ意見ヲ聽キ各種ノ注意ヲ與ヘ勞動者引拔防止其ノ他ノ打合セヲナシ勞働者引拔ノ防止ヲ計ラシム

一一、勞働者移動防止委員會ノ設置

各縣ヲ單位ニ官憲（縣憲兵隊、警察署）及興國會企業者ヨリ成ル官民合同ノ勞働者移動防止委員會ヲ設置シ隨ニ會合シテ勞働者ノ移動防止ノ打合セヲナスト共ニ反面逃亡勞働者ノ使用ヲ嚴禁スル等ノ策ヲ講スルコト

一二、惡質勞働者ヲ強制勞働ニ服セシムルコト

不良移動者惡質逃亡勞働者ニ對スル制裁トシテハ警察官憲ニ拘留處

15

分ヲ求メ之等労働者ヲ強制的就労セシムル等ノ処置ヲ講シ他山ノ石

トシテ職工移動防止ニ資セラレタシ

三、作業必需品ノ円滑配給

炭鉱山ニ於ケル「カーバイド」、機械工場ニ於ケル重油ノ配給不円滑

ニ依リ遇ロ休業ヲナサシムルカ如キコトアラハ稼働賃銀ニ影響スル

ヲ以テ之ニ基因スル移動ヲ防止スル為之カ配給ノ円滑化ヲ望ム

（了）

日本关东军参谋长笠原幸雄关于保护工人管理问题的通牒（节选）（一九四二年八月二十八日）

69

護工人取扱ニ關スル件通牒

和十七年八月二十八日

關東軍參謀長　笠原幸雄

八月十六日附關參滿發第三一三六號ニ依ル首題ノ件ニ關シ滿洲國政府ニ於テハ今般別紙「保護工人取扱ニ關スル件」ニ依リ處理スルコトトナリ

配慮煩度通牒ス

保護工人ノ取扱ニ關スル件

工人トハ北支ニ於ケル事變ノ特別工作ニ依ル難民ニシテ勞働者トシ
滿洲國ニ入滿セシメタルモノヲ謂ヒ一般國外勞働者トシテ諸法規ノ
適用ヲ受クルモノナルモ性質上特別ナル保護輔導ヲ爲ス必要アルニ依
リ諸法規ニ依ルノ外特ニ事業者ニ對シテハ左記事項ノ遵守ヲ督勵シテ
使傭上萬遺憾ナキヲ期セシムヘシ

左記

一、保護工人ハ元來良民ニシテ不逞ナル分子ニ非サルモ特別工作ノ爲メ
激ナ[illegible]變化ニ依リ精神的ニ動搖シアルヲ以テ之カ取扱ニ就
[illegible]以テ愛護善導スルコトニ重點ヲ置キ可及的一定ノ訓
[illegible]テ教化訓練ヲ實施シ工人ヲシテ前途ニ對スル光明ヲ認
[illegible]ニ逐次滿洲國ニ對スル認識ヲ深メ且作業ニ精勵セシメ
[illegible]ヲ圖ルモノトス
[illegible]ニ就テハ格段ノ注意ヲ拂ヒ凡テ[illegible]

71

事業者ハ輸送責任者ヲ定メ之ニ概ネ六十名ニ付二名ノ補助員ヲ附シ輸送中ニ於ケル保護工人保護取締及警務機關トノ連絡ニ當ラシムルモノトス

勞務興國會ハ前項ノ輸送ニ關シ協力斡旋スルモノトス

三、保護工人ヲ使傭スル場合ハ可及的隊又ハ班ノ組織ヲ設ケ優秀ナル人物ヲ選定シテ幹部トシ幹部ニ對スル教養ヲ徹底シ事業者ニ對スル連絡工人ノ日常生活ノ指導監督等ハ幹部ヲシテ當ラシムルコトトシ日系指導員ハ確實ニ幹部ヲ把握スルモノトス

四、保護[illegible]ハシテ取扱上一般工人ト區別スル必要アル場合ハ上衣ノ左[illegible]ノ標識ヲ着装セシメ一般勞働者トノ識別ヲ容易ナラシ[illegible]ス

[illegible]共[illegible]警備其ノ他ニ就テハ一般工人ト區別スル理由ナキモノナ[illegible]ノ動機自發的ナラス心的動搖ニ乘シ他ノ利用スル處トナリ[illegible]行爲ニ出ヅルノ虞ナシトセサルヲ以テ警備防諜上ノ監視

止ヲ圖ルモノ
等重要ナ
通クル
送金等
有スル縣
ノ附近ヲ
ハシメ
一斡旋シ就勞
ニ努力スルモノ
繼續就勞シ思想堅實身體強健且生活ノ安定
工人扱ヲ解除シ一般工人ニ繰入レルモノト
シ者ヲ含ム）ニシテ歸還ヲ希望スルモノノ
認メタル場合ハ供出ノ斡旋ヲ受ケタル現地軍
年月日、氏名、就勞期間、就勞成績、歸還希
通報ヲ爲シ現地軍ノ指示ニ基キ歸還セシムル

伪满民政部大臣谷次亨、治安部大臣于琛澂关于管理辅导工人及保护工人致各公司、会社、团体的训令（一九四二年九月九日）

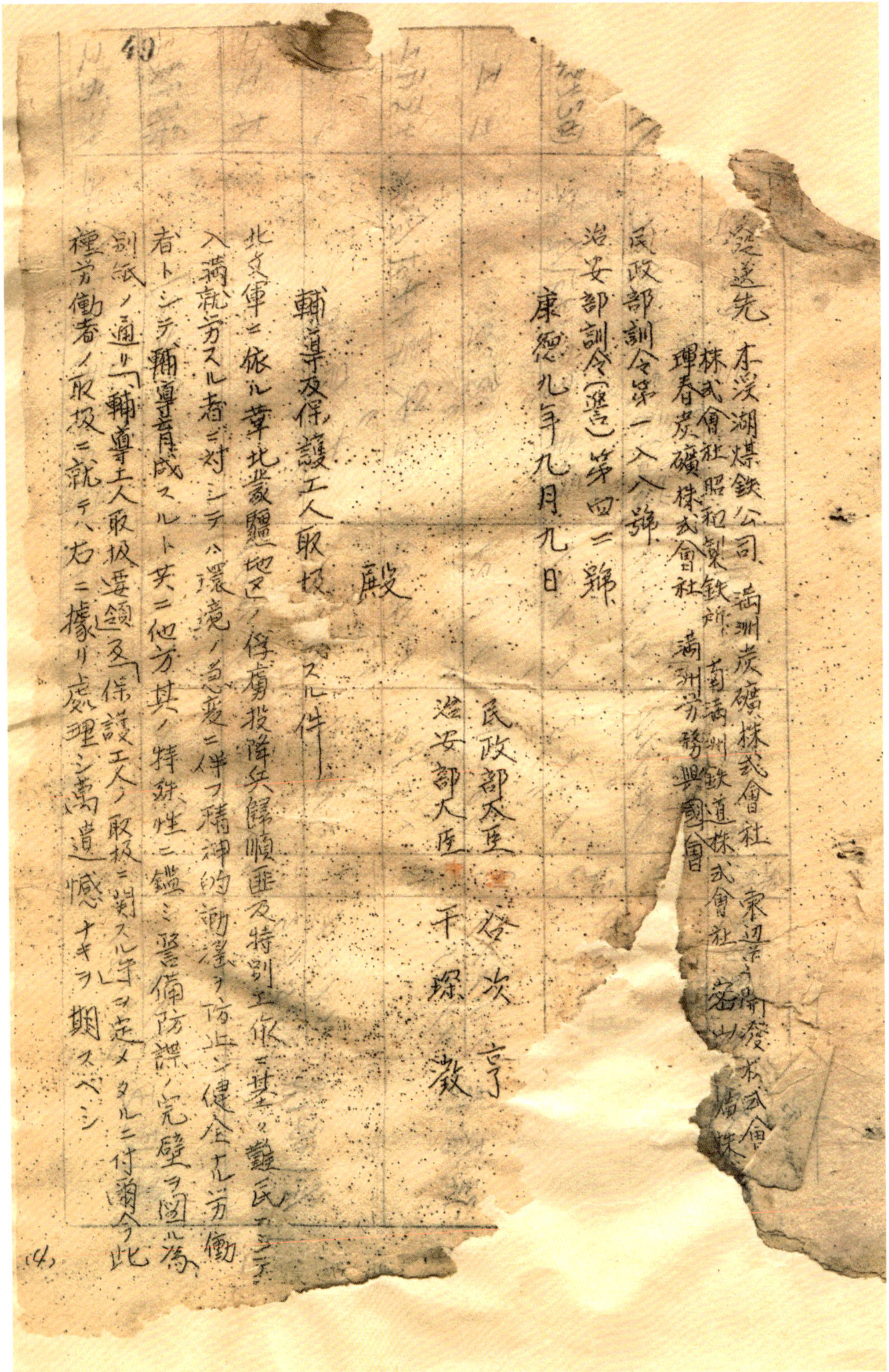

發送先　本溪湖煤鉄公司、満洲炭礦株式會社、東辺道開發株式會社
株式會社昭和製鋼所、南満洲鉄道株式會社、密山炭礦株式會社
琿春炭礦株式會社、満洲労務興國會

民政部訓令第一八八號
治安部訓令（警乙）第四二號
康德九年九月九日

殿

民政部大臣　谷次亨
治安部大臣　于琛澂

輔導及保護工人取扱ニ関スル件

北支軍ニ依ル華北蒙疆地区ノ俘虜投降兵歸順匪及特別工作ニ基ク難民ニシテ入満就労スル者ニ対シテハ環境ノ急変ニ伴フ精神的動揺ヲ防止シ健全ナル労働者トシテ輔導育成スルト共ニ他方其ノ特殊性ニ鑑ミ警備防諜ノ完璧ヲ図ル為別紙ノ通リ「輔導工人取扱要領」及「保護工人ノ取扱ニ関スル件」ヲ定メタルニ付箇々此種労働者ノ取扱ニ就テハ右ニ據リ處理シ萬遺憾ナキヲ期スベシ

(4)

伪满民政部大臣谷次亨、治安部大臣于琛澂关于发布辅导工人及保护工人管理要领致伪满各省长、伪新京特别市长的训令（一九四二年九月九日）

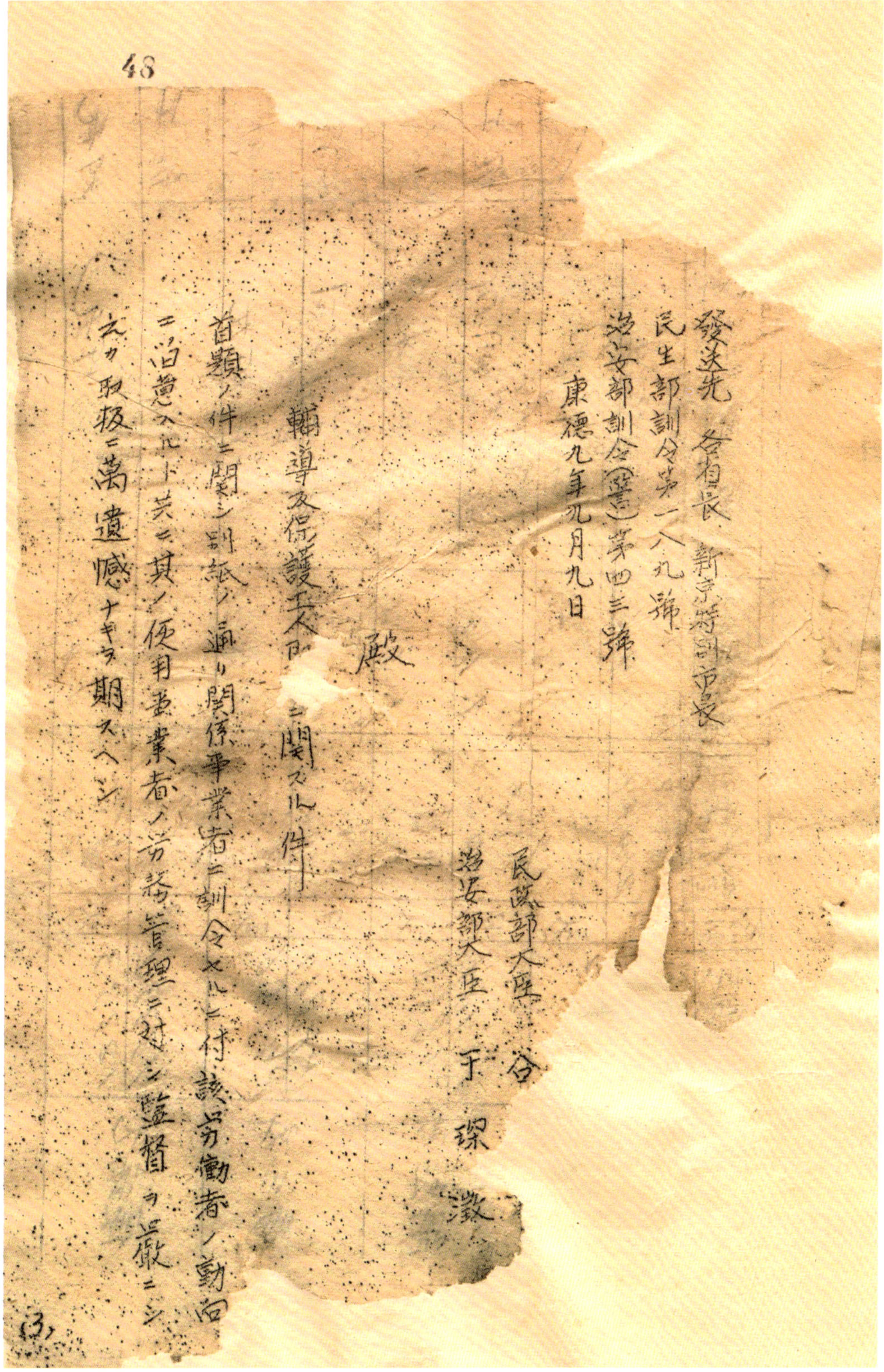

48

發送先 各省長 新京特別市長

民生部訓令第一八九號

治安部訓令(警)第四三號

康德九年九月九日

民政部大臣 谷

治安部大臣 于 琛 澂

殿

輔導及保護工人ニ関スル件

首題ノ件ニ関シ別紙ノ通リ関係事業者ニ訓令スルニ付該労働者ノ動向ニ留意スルト共ニ其ノ使用事業者ノ労務管理ニ対シ監督ヲ厳ニシ之カ取扱ニ萬遺憾ナキヲ期スヘシ

(3)

附一：辅导工人及保护工人管理要领（一九四二年九月九日）

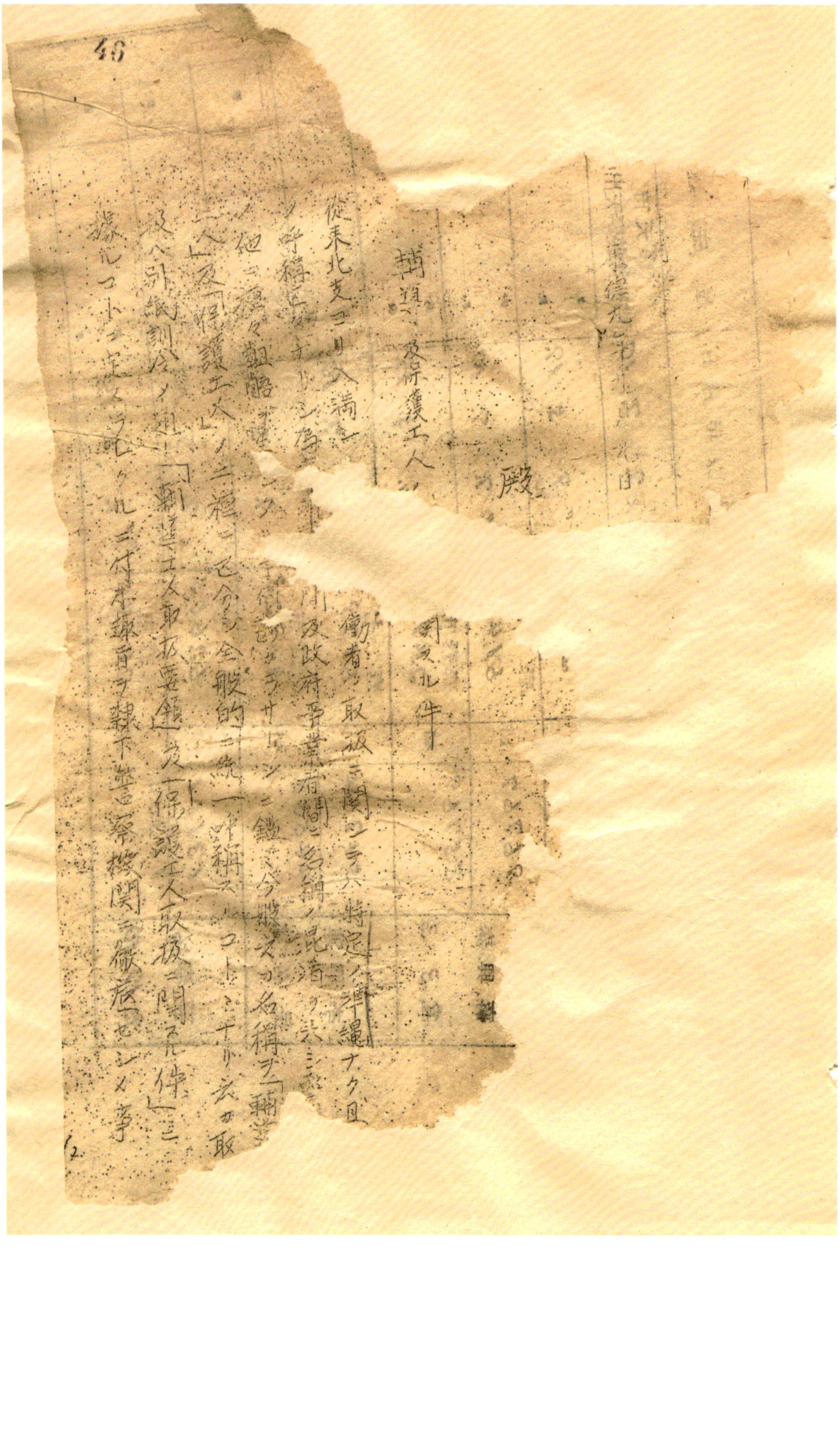

業者ノ指導並労働者ノ保

尚六ヵ区分並ニ名称左ノ通

(一)輔導工人

華北蒙疆地区ニ於ケル俘虜　治安部等ニ

…ハ帰順…ニ

設ケル訓練機関ニ於テ訓練ヲ終ヘ満洲国ニ移送セラレタル者

(輔導工人取扱要領等ニ…照)

華北蒙疆地区ニ於ケル此…別者ニシテ特別ノ事情ニ依リ入満セシメタ

労働者(輔導工人取扱…第五十号参照)ハ準用セラルルモノトス

(二)保護工人

北支ニ於ケル軍ノ特別工作ニ依ル難民ニシテ労働者トシテ特別入満セシメ

タル者(保護工人取扱ニ関スル件本文前段参照)

附二：辅导工人管理要领

51

輔導工人取扱要領

第一章 總 則

輔導工人ノ取扱ハ本要領ニ依ルノ外現行諸法規及關係規定ヲ準用ルモノトス

第二 本要領ニ於テ輔導工人トハ華北蒙疆地區ニ於ケル俘虜投降兵歸順匪ニシテ原則トシテ北支軍側ノ別ニ設クル訓練機關ニ於テ所定ノ訓練ヲ終ヘ滿洲國ニ就勞セシムヘク北支側ヨリ移管セルモノヲ謂フ

第三 輔導工人ヲ使用スル事業者ハ民生部ノ指定スル鑛工業並特殊工事ニ限ルモノトス

前項民生部ニ於テ事業者ヲ指定スル場合ハ予メ治安部ニ協議スルモノトス

導工人ヲ使用スル事業者（以下事業者ト稱ス）ハ單ニ其ノ勞力用スルニ止ラス之ヲ愛護善導シ其ノ使傭管理ヲ通シテ大東亞共榮圈確立ノ意義ヲ認識セシムルモノトス

輔導工人ハ取得後二年間義務的ニ就勞セシムルコトヲ原則トシ期滿後北支側當局ト協議ノ上返還スルモノトス

53

思想堅實身體强健ニシテ引續キ定着就勞ヲ希望スル者ハ事業者ニ
予メ就勞地ヲ管轄スル市、縣、旗ニ届ケ出テ其ノ指示ヲ受ケ普通
ス勞働者トシテノ待遇ヲ爲スモノトス

第六　輔導工人ニシテ義務就勞期間中ト雖モ滿一年ヲ經過シ成績優良ナル者ニ就テハ殘餘期間ヲ普通勞働者ニ準シテ取扱フコトヲ得ルモノトス

第七　事業者ハ義務就勞期間滿了後ニ於ケル輔導工人ノ定着ニ關シ積極的ニ獎勵方策ヲ講スルモノトス

第八　輔導工人ヲ使用スル事業者ハ訓練機關入所中ノ經費及引受地就勞地間ノ往復又ハ移動ニ要スル旅費並ニ之ニ附隨スル諸經費ヲ負擔スル

ト

導工人ニシテ治安ヲ攪亂シ又ハ其ノ虞アルモノニシテ匡正ノ見
ナク且其ノ處分ニ就キ關係法令ニ據リ難キモノアル場合ハ所轄警察
報告ヲ俟ツテ民生部治安部合議ノ上適宜ノ措置ヲ講スルモノト

八

54

第二事[illegible]移管及返還又ハ逃シタルトキハ治安部トス
三號ニ該當スル事業主ハ輔導工人ヲ受領スルモノトス。キハ勞働者募
…統制規則第三條様式第一號乙ニ依リ民生部ニ申請スルモノトス
十一 民生部前號ノ認可ヲ為シタルトキハ勞働者募集統制規則第四條ニ
依ル勞働者募集認可證ヲ交付ス
第十二 第十號ニ依ル勞働者募集認可申請書及前號ニ依ル勞働者募集認可
證ニハ「輔導工人」ト明記スルモノトス
第十三 事業者特別ノ事由ニ依リ輔導工人ヲ移動セシムル必要アル場合ハ
移動箇所移動期間移動人員ニ付予メ民生部及治安部ニ届出スルモノトス
十四 事業者ハ輔導工人ノ引受ヲ完了セルトキハ様式第一號ニ依リ輔導
…收容完了報告書ヲ就勞地ヲ管轄スル市、縣、旗ヲ經由シ民生部及治
告スルモノトス
…四 事業者ハ輔導工人ノ義務就勞期間滿了シ若ハ特別ノ事由ニ依リ之
…ントスルトキハ一月前ニ様式第二號ニ依リ輔導工人返還届ヲ就
スル市縣、旗ヲ經由シ民生部ニ届ケ出スルモノトス

55

入滿ニ際シ之カ輸送責任者ハ出發三日前ニ其ノ人
國境通過日時及就勞地到着日時ヲ通過セントスル國境取締官憲（
陸路ノ場合ニ在リテハ山海關鐵道警護隊長及山海關稅關長又ハ古北
口鐵道警護隊長、海路ノ場合ニ在リテハ營口海上警察隊長、安東水
上警察署長又ハ關東州ニアリテハ大連水上警察署長、營口、安東、
瓦房店、鐵道警護隊長、陸路ノ場合ニ在リテハ山海關、冷口、喜峰口
古北口各國境警察署長等）就勞地ヲ管轄スル省警務廳長及治安部警
務司長宛各電報スルモノトス
右ノ外輸送責任者ハ別紙樣式第四號ニ依ル入滿輔導工人名簿ヲ作成シ
國境通過ノ際之ヲ國境取締官憲（前項同樣）及稅關ニ提出シテ檢印
及稅關ノ便宜ニ資スルト共ニ就勞地到着ト同時ニ所轄警察機關ニ届
ルモノトス
輔導工人ノ返還ニ際シ之カ輸送責任者ハ就勞地出發三日前
ノ人員、就勞地、出發日時、國境通過日時並返還地到着日時ヲ所轄警
ニ通報スルト共ニ通過セントスル國境取締官憲（第二十號
部警司長及返還先關係機關宛各電報スルモノトス

…ハ別紙樣式第二號ニ依ル返還輔導工人名簿ヲ作成出發前之ヲ所轄警察機關ニ屆出ツルト共ニ國際通過ノ際之ヲ國境取締官憲（第二十號同款）及稅關ニ提出シテ檢印及通關ノ便宜ニ資スルモノトス

第四章　使用及保護管理

第二十二　輔導工人ノ宿舍ハ普通勞動者ト隔離シ概ネ特定箇所ニ一括收容シ周圍ニ外柵（又ハ鐵條網）ヲ設ケ管理取締ニ便ナラシムルモノトス

第二十三　事業者ハ輔導工人ニシテ特ニ再訓練ヲ要スルモノアル場合ハ可及的訓練ニ之ヲ收容シ匡正訓練ヲ實施スルモノトス

第二十四　事業者ハ輔導工人ノ匡正訓練ヲ實施スル場合ハ其ノ匡正方…練期間等ニ付所轄警察機關ト協議決定シ且關係機關ノ協力ヲ…適宜實施スルモノトス

…五　輔導工人ノ日常生活ノ指導監督竝ニ事業者トノ連絡ニハ輔…中ノ幹部ヲシテ之ニ當ラシムルモノトス

…務

57

者ハ輔導工人幹部ノ任用ニ付テハ特ニ意ヲ用ヒ優秀ナル日系指導
シテ絶ヘス之カ把握ニ心掛ケシムルモノトス
二十六　事業者ハ輔導工人ノ宿舎ヲ単位トシテ班ヲ編成シ要スレハ連
坐制ヲ設ケテ賞罰ヲ明カニシ以テ勤務成績ノ向上ト逃亡防止ヲ計レ
ノトス
第二十七　輔導工人ノ作業組織ハ努メテ前號班ノ編成ヲ基礎トシ且可及
的ニ一般勞働者ト別個ニシ日系作業指導員ノ監督下ニ置クモノトス
第二十八　輔導工人ニハ上衣ノ左上膊部ニ一定ノ標識ヲ着裝セシメ一般勞
働者ト一見識別ヲ容易ナラシムルモノトス
第二十九　事業者ハ輔導工人ヲ原則トシテ電氣施設火藥庫等重要ナル要
[illegible]設備及其附近ニ於ケル作業ニ使用スルコトヲ避クルノ外危險物件ハ
ハシメサルモノトス
業者ハ輔導工人ニ對シ義務就勞期間其ノ他保護管理ニ必要ナ
ヲ明示シ且ツ理解セシメ安ンシテ就勞スル如ク措置スルモノ

一、事業者ハ輔導工人ノ賃金支拂ニ際シ其ノ金額ヲ支給
生活必需費及雜費ニ相當スル金額ヲ支給シ他ハ事業者
ニ於テ之ヲ貯蓄保管シ義務年限滿了時ニ各人ニ引渡スモノトス
前項賃金ノ支拂ニ關シテハ事業者ハ毎月一回精算書ヲ作成シ之
導工人ニ明示スルモノトス

第三十二　輔導工人其ノ家族ニ對シ送金ヲ希望スル者アルトキハ事業
者ハ前號ノ規定ニ拘ラス送金ノ斡旋ヲ爲スモノトス

第三十三　事業者ハ輔導工人ニ對シ努メテ其ノ家族トノ通信ノ斡旋ヲ
ナスモノトス

事業者ハ第六號ニ該當スル輔導工人ノ希望ニ依リ可及的家
斡旋ヲナスモノトス

事業者ハ輔導工人ノ引受ト同時ニ暫行勞動者登錄規則ニヨ
ニ必要ナル一切ノ手續ヲナスモノトス

署ニ於テハ關係法規ニ準據シテ指紋原紙ヲ作成シ尚該指紋原
一ノ朱印ヲ押捺スルモノトス

事業者ハ輔導工人ヲ引受ケタルトキハ直ニ別紙第五號樣[illegible]…ノ責任
…導工人名簿ヲ調製シ保管シ置クモノトス
…ハ號ニ該當スル者ノ名簿ハ別ニ之ヲ保管シ置クモノトス

第三十七　事業者ハ輔導工人ノ紛爭議及重大ナル事故ニ關シテハ直ニヲ輔
係機關ニ通報スル外民生部並ニ治安部ニ之ヲ報告スルモノトス

第五章　逃亡防止

第三十八　事業者ハ輔導工人逃亡防止ノ萬全ヲ期スルト共ニ所轄警察機
關ノ行フ逃亡者ノ捜査、逃亡煽動者ノ摘發、不法引拔者ノ發見又ハ勞
業場所ノ一齊檢索等ニ協力スルモノトス
…業者ハ輔導工人逃亡ヲ企圖シ又ハ逃亡ノ虞アルトキ若ハ逃
…ノキハ之カ防止又ハ捜査上機宜ノ措置ヲ講スルト共ニ所轄警
…道警備隊、憲兵隊等ニ急報シ其ノ指示ヲ受クルモノトス
…者ハ輔導工人逃亡セントスルニ際シ之ヲ所轄警察機關ニ通
…キトキハ自ラ必要ナル措置ヲ講シ其ノ顛末ヲ速ニ所轄警
…又クルモ…トス

十一　警務機關ハ輔導工人ニシテ逃亡ヲ企圖シ又ハ逃亡セントス
ル者ヲ制止スル爲已ムヲ得サル場合ハ之ヲ殺傷スルコトヲ得ルモノトス
第四十二　事業者ハ輔導工人逃亡シタルトキハ直ニ別紙様式第七號ニ
依リ輔導工人逃亡者名簿ヲ作成シ所轄警察官署及鐵道警護隊、憲兵隊
等ニ屆出ツルモノトス

第六章　警備防諜

第四十三　事業者ハ輔導工人取締ノ爲自由ニ於テ特設シアル警備機關ヲシテ自ラ
警備防諜ニ當ルモノトス
四　事業者ハ其ノ特設シアル警備機關ヲシテ絶ヘス輔導工人ノ
ハ作業場ノ巡邏査察ヲセシメ搬出入物件外來者ノ看視取締及
設ノ警護等ニ任セシムルモノトス
事業者ハ所轄警察機關ノ指導下ニ絶ヘス輔導工人ノ思想動
察スルモノトス
概ネ左ノ如シ

61

察

第

容疑工人ノ常時監視

2 外出時等ニ於ケル尾行査察

3 外來者又ハ商民等トノ接觸狀況

4 所持金品等ノ點檢

5 金錢ノ費消狀況

6 反滿抗日的言動

7 謀略諜報的行爲

8 其ノ他思想的不穩言動

八、[illegible]者ハ輔導工人ノ發受スル郵便物ハ總テ事務所ヲ經由セシ

[illegible]ニ輔導取締ノ參考ニ資スルモノトス

[illegible]人ノ發受スル郵便物ニシテ暗號使用其ノ他容疑ノ點アルモノハ

[illegible]機關ニ連絡ノ上措置スルモノトス

[illegible]業[illegible]者ハ輔導工人間ニ流言蜚語發生ノ際ハ速ニ其ノ出所並流

[illegible]適ナ[illegible]スルト共ニ所轄警察機關ニ速報スルモノトス

備

八　事業者ハ輔導工人ニシテ著シキ不遜ノ態度ニ出テ又ハ示威反抗ノ言動等アリタルトキハ所轄警察機關ニ連絡ノ上其ノ指示ヲ受ケ之ヲ矯正訓練ニ付シ監禁、捕縛其ノ他警戒上必要ナル措置ヲ講スルコトヲ得ルモノトス

附則

第四十九　既往入國就勞中ノ者ニシテ本要領第三ニ定ムルトコロニ該當スル者ハ本要領實施ノ日ヨリ之カ適用ヲ受クルモノトス但シ義務就勞期間ニ就テハ既往就勞期間ヲ通算スルモノトス

第五十　華北蒙疆地區ニ於ケル思想容疑者ニシテ特別ノ事情ニヨリ入就[illegible]シメタル者ニ對シテハ本要領ヲ準用スルモノトス

[illegible]關スル規定ニ關シテハ此ノ限リニ非ス

ノ返還届（第　號）

業者　住所職業及氏名（法人ニ在リテハ主タル事務所所在地其ノ名稱及代表者氏名

就勞場所　所在地

名称

年　月　日

右ノ具

ニ付此段及御届候

住所職業及氏名法人ニ在リテ所在地其ノ他ノ名稱及代表者氏名

所職業及

務所

第二號（乙）

送還輔導工人名簿

康德　年　月　日

○○炭礦株式會社輸送責任者　印

連番號	氏名	年齡	元身分階級	特殊携帶品	携帶金額	摘要

合　　名

備考欄ニハ

1 出發驛、出發日時
2 國境通過日時
3 到着地到着日時
4 其ノ他主ナル事項

等ヲ記入ノコト

65

返還完了報告書　（輔導工人返還屆第　　號ニ對スル報告）

	定人員内譯	返還實員内譯	返還途中事故者		摘要
校	名	名	死亡	名	
士	名	名	逃亡	名	
兵卒	名	名	病疾	名	
其他	名	名	其他	名	
計	名	名	計	名	
備考					

導工　　年　　月　　日受領セルコトヲ證ス

北支軍受領部隊名

註

ニ付キ此段及報告

日

事業者（住所職業及氏名法人ニ在リテハ主タル事務所所在地其ノ名稱及代表者氏名）

殿

66

入滿輔導工人名簿

康德　年　月　日

○○炭礦株式會社輸送責任者氏名　㊞

番號	氏名	年齡	元身分階級	訓練所名又出發地名	通過國境地名	入滿就勞地名	特殊携帶品	携帶金額	摘要

備考欄ニハ
(1) 出發地出發日時
(2) 國境通過日時
(3) 到着地到着日時
(4) 其他重要ナル事項
等ヲ記入スルコト

67

特殊工人名簿

康德　年　月　日調製

○○炭鑛株式會社

寫眞貼付

本籍地又ハ出生地
住所又ハ稼動場所
氏名（別名）及年齢
元所屬部隊及身分階級
特有ノ技能學歷經歷等
留守家族ノ住所及氏名
財產程度
其ノ他參考トナルヘキ事項

取

（食指）

輔導工人逃亡者名簿　康德　年　月　日

〇〇炭礦株式會社

逃亡月日	氏名（別名）	年齢	登録年月日本籍及住所 及記號番號又稼働場所	元所属部隊 及身分階級	逃亡原因	人相及着衣	摘要

名

註）摘要欄又ハ備考欄ニ逃亡ノ狀況　經路　處置　影響其ノ他參考トナル事項ヲ記入スヘシ

附三：保护工人管理要领

75

保護工人ノ取扱ニ関スル件

保護工人ノ取扱ニ関スル

保護工人トハ北支ニ於ケル軍ノ特別工作ニ依ル俘

ニ入満セシメタル者ヲ謂ヒ一般國外労働者トシテ諸法規ノ適

ナルモ性質上特別ナル保護輔導ヲ為ス必要アルニ依リ諸法規ニ依ルノ外特ニ

左記事項ヲ遵守シテ使傭上萬遺憾ナキヲ期スヘシ

記

一、保護工人ハ元来良民ニシテ不逞ナル分子ニ非ザルモ特別工作ノ為急激ナル

環境ノ変化ニ依リ精神的ニ動揺シアルヲ以テ之カ取扱ニ就テハ特ニ　ヲ

以テ　コノ之ルコトニ重點ヲ置キ可及的一定ノ訓練期間ヲ設ケテ教化訓

練ヲ實施シ工人ヲシテ　ニ対スル　ヲ認メシムルト共ニ逐次滿洲國ニ

77

認識ヲ深ク且作業ニ慣熟セル件

保護工人ハ其ノ貨上輸送ニ就テハ路線ノ

者ハ輸送責任者ヲ定メ之ニ概ネ六十名ニ付 ……ル二

ケル保護工人ノ保護取締及警務機關トノ連絡

勞務興國會ハ前項ノ輸送ニ關シ協力斡旋スルモノトス

保護工人ノ入滿ニ際シ之カ輸送責任者ハ出發三日前ニ其ノ人員、國境通過

日時及就勞地到着日時ヲ通過セントスル國境取締官憲、就勞地ヲ管轄スル省

警務廳長及治安部警務司長宛電報スルモノトス

保護工人ノ返還ニ際シ之カ輸送責任者ハ就勞地出發三日前ニ其ノ人員、出發

日時、國境通過日時並ニ返還地到着日時ヲ所轄警察機關ニ通報スルト共ニ

國境取締官憲、治安部警務司長及返還先關係機關宛電報スルモノトス

……トシ滿洲國

(2)

78

保護工人ヲ使傭スル場合ハ可成的隊又ハ班ノ組織ヲ設ケ優秀ナル人物ヲ選
抜シテ幹部トシ幹部ニ對スル教養ヲ徹底シ[illegible]者ニ[illegible]工人ノ日常
生活ノ指導監督等ハ幹部ヲシテ之ニ当ラシムル[illegible]
ニ幹部ヲ把握スルモノトス

六、保護工人ニシテ取扱上一般工人ト區別スル必要アル場合ハ上衣ノ左上胸部
ニ一定ノ標識ヲ裝着セシメ一般労働者トノ識別ヲ容易ナラシムルモノトス

七、保護工人ノ警備其ノ他ニ就テハ一般工人ト區別スル理由ナキモノナルモ入満ノ
動機自發的ナラズ且心理的動搖ニ乘ジテ他ノ利用スル處トナリ又自棄的行
為ニ出ツルノ虞ナシトセザルヲ以テ警備防諜上ノ監視ハ特ニ之ヲ勵行シ其
故ノ未然防止ヲ図ルモノトス

八、保護工人ハ可成的電機施設火薬庫等重要ナル要警護施設及其附近ニ於ケル

(3)

79

業ニ使用スルコトヲ避クル外危険物件

保護工人ノ家族ノ招致、通信、送金等ニ就

セル家族ノ安否ニ付有スル懸念ヲ一掃スル

一、保護工人ニシテ相当期間継続就労シ思想堅実身体強健且生活ノ安定セルモノニ対シテハ保護工人扱ヲ解除シ一般工人ニ繰入レルモノトス

一、保護工人（曾テ保護工人タリシ者ヲ含ム）ニシテ帰還ヲ希望スル者ノ中其ノ理由正当ナリト認メタル場合ハ供出ノ斡旋ヲ受ケタル現地軍ニ対シ供出ヲ受ケタル年月日、氏名、就労期間、就労成績、帰還希望ノ理由等可成具体的通報ヲ為シ現地軍ノ指示ニ基キ帰還セシムルモノトス

(4)

日本关东军经理部长关于定量配给军用劳工粮秣事宜致管辖内各部队的通牒（一九四二年十二月十九日）

50

（甲）

衣第三九一三號

㊙

軍用勞務者用糧秣ノ配給定量ニ關スル件管內一般ヘ通牒

昭和十七年十二月十九日

關東軍經理部長

十二月十九日附關經衣第三、九一三號ニ係ル首題ノ件左記ノ通昭和十八年一月一日ヨリ實施スヘキニ付承知アリ度

追而十月八日關經衣第三、二四〇號ハ之ヲ廢止ス

記

區分 品目	一人（一馬）一日配給定量 單獨者及本人	一人（一馬）一日配給定量 家族（妻小兒等合算）	摘要
小麥粉	一五〇瓦	一〇〇瓦	一、露人ニ對シテハ雜穀八割以內ヲ同量ノ小麥粉ニ替ヘ配給スルコトヲ得但シ成得ル限リ包米粉等ノ代用品ヲ充當スルモノトス
精雜穀（粉共）	夏七二〇〃 冬六〇〇〃	四五〇〃	二、鮮人ニ對シテハ雜穀ハ精粟ヲ主トスルモノトス
豆油	二五〃	一七〃	
食鹽	二〇〃	一四〃	
計			

人……モ……

糧	高粱（豆粕）	二、五〇〇瓦
馬	鹽	三〇 ″

三、馬糧穀類ノ配給比率ハ
高粱一豆粕一、五トス

一、夏季トハ自六月至九月、冬季トハ自十月至五月間トス
二、野戰貨物廠ニ有スル各軍、兵團（補給）經理部長ハ補給經理部配當數量ノ範圍内ニ於テ本配給量ヲ基準トシ勞働ノ種類及狀態勞務者ノ性別、年齡等ヲ考慮シ適宜增減スルコトヲ得
三、各部隊長ハ補給受數量ノ範圍内ニ於テ前項ニ準シ適宜增減配給スルコトヲ得
註　例ヘハ勞務者（馬）ヲ重勞務、輕勞務ト區分シテ增減シ休養（馬）ニハ減少スルカ如シ

日本关东军经理部长关于军用劳工粮秣等补给规定致管辖内各部队的通牒（一九四二年十二月二十四日）

42

九一四號　（甲）

軍用勞務者用糧秣等ノ補給要領ニ
關スル件管內一般ヘ通牒

昭和十七年十二月二十四日　關東軍經理部長

昭和十六年十二月關參一發第九〇五六號ニ基ク首題ノ件
昭和十八年一月一日以降所要ノ分ヨリ左記ニ依リ補給ヲ
實施ス
追テ本要領實施ニ伴ヒ昭和十七年五月十二日關經衣第
、三八〇號ハ之ヲ廢止ス

十二月左

記

[illegible]スヘキ範圍
補給廠工事實施部隊等ニ於テ直接又ハ軍ノ請負業者ヲ通シ軍ノ勞務ニ服シ生活ノ根據ヲ軍ニ置アル勞務者及之カ携行スル家族竝之ニ附隨スル馬匹（軍ノ施設又ハ軍ノ請負業者ノ施設ニ收容セサル地場日傭勞務者ヲ除ク）

配給擔任部隊及配給定量

前號僱役部隊又ハ請負者契約（契約實施）部隊配給定量ハ別ニ定ムル所ニ依ル

三、各部隊ノ業務

各部隊ニ於ケル本業務ノ實施ハ其ノ部隊ノ酒保ニ於[illegible]本則トス

43

[illegible]旅ラ所要ノ規程（手續）ヲ設ケ之ヲ關
軍兵團（補給）經理部長ニ通報（報告）スル
ノトス
各部隊所要ノ勞務者用酒保品（糧秣）代ハ現金決濟ニ依ルヲ本則トスルモ資金ノ關係上已ムヲ得サル場合ニ限リ部隊長ノ證明スル酒保委員ノ酒保金借用證ヲ以テ一ケ月ヲ限度トシ之カ決濟ヲ猶豫スルコトヲ得
隊長ハ販賣セル本糧秣品ノ軍用勞務者以外ニ流セシメサルコトニ關シ其ノ責ニ任スルモノトス
[illegible]等ニ依リ生シタル利益金ハ一般

[illegible]益金ト區分一共有金整理簿ニ別口座ヲ設ケ一理シ左記使途ニ限リ使用シ得ルモノトス

[illegible]務者用酒保品ノ保險料竝ニ缺損補塡

ロ 勞務者用酒保品ノ貯藏、格納、手入、販賣等ノ爲特ニ要スル人件費及物件費

ハ 勞務者ノ褒賞金特別加給其ノ他福利施設及救恤、慰靈祭、祝等

ニ 勞務者ノ死亡、逃亡等ニ起因シ生シタル缺損金ノ補塡

[illegible]、[illegible]號ノ外特ニ關東軍司令官ノ認可ヲ經タル使途

ホ、補給受勞務者用酒保品ノ梱包材料等ヲ左ノ

部[illegible]撤[illegible]任野戰貨物廠ニ返納スルモノトス

ノ各

麻袋 木綿袋 ドラム罐 石油罐（一八立入） 樽 叺	補給數量ノ全部
藁繩	補給數量ノ二分ノ一以上

四、軍、兵團等ノ業務

1.貨物廠ヲ有スル各軍兵團經理部長（以下單ニ軍兵團經理部長ト稱ス）ハ補給管區內各部隊所要ノ分ヲ取各部纏メ前號配給定量ヲ基準トシテ三ケ月分毎ニ（一－三、四－六、七－九、十－十二月）其ノ所要量ヲ前[illegible]迄ニ[illegible]第一[illegible]ニ依リ補給經理部ニ補給請

……ノモノトス
但シ人員増加等ノ為已ムヲ得ス臨機ニ必要ヲ生シタ
二、
ル時ハ其ノ都度補給請求スルコトヲ得

2
補給經理部長ハ前號補給請求書ヲ査定ノ上前號各軍
兵團經理部長ニ糧秣品ノ組替竝ニ補給ニ關シ通牒ス
ルト共ニ自已補給擔任ノ分共關東軍經理部長ニ通報
スルモノトス
各軍兵團（補給）經理部長ハ隷下（指揮下）野戰貨
物廠ヲシテ前項ニ基キ糧秣品ヲ酒保品ニ組替ノ上逐
次之ヲ補給スルモノトス
用勞務者用酒保品（糧秣）代金ハ總テ組替實績ニ

依リ補給擔任貨物廠ノ糧秣費回收額トシテ其引渡

資金ニ受入レルモノトス

〃各軍兵團（補給）經理部長ハ様式第二ニ依リ酒保品

代金（糧秣費）回收ノ實績ヲ翌月十五日迄ニ關東軍

經理部長ニ通報スルモノトス

五、事務整理

補給ニ係ル糧秣ノ販賣、經營其ノ他事務整理ハ關東軍

酒保規程ニ準シ實施スルモノトス

六、補給手續ノ規定

本要領實施ニ伴ヒ各軍兵團（補給）經理部長ハ補給管

内各部隊ニ對スル補給要領其ノ他所要ノ手續ヲ定メ

……部長……トス

第二　被服

配給範圍其ノ他ハ第一ニ準ス

二、軍用勞務者用被服ハ關東軍ノ指導斡旋ニ依リ滿洲國中央物動ニ計上シ滿洲勞務興國會（中央會、特別市）ニ於テ整備配給スルモノトス

各軍兵團各部隊所要ノ勞務者用被服ハ最寄勞務興國會（省、特別市、同支部、出張所）ニ請求受領スルモ

計

自昭和　年　月 至昭和　年　月 分勞務者酒保品補給請求書

昭和　年　月　日　　軍　兵團名

東軍經理部御中

品目	單位	本期所要數	前期殘	差引請求數	摘要
小麥粉					
精雜穀					
大豆油					
食鹽					
[illegible]（豆粕）					
[illegible]鹽					

月　月給養豫定延人馬數次ノ如シ

部隊別	月		月		月		計		摘要
	單獨者	家族持	單獨者	家族持	單獨者	家族持	單獨者	家族持	
									家族持數ハ本人數及家族數ニ區分シ家族數ノ分ハ本人ノ左側ニ（　）ヲ附シ摘記ノコト
計									

滿馬數

部隊別	月	月	月	計	摘要

47

昭和　分勞務者酒保品代金（嗜好費）回收額調書

軍兵團名

品目	單位	數量	組合價格	小計	嗜好費回收（囚名　年月日　證甲番號）	摘要
計						

改正理由

一、補給經理部ノ新設ニ伴フ手續ノ改正

種

爲　高□勞務者ノ限界ヲ明瞭ニス

日本关东军总参谋长关于部分修改《关东军筑城工程特殊工人管理规定》致管辖内各部队的通牒（一九四三年三月十八日）

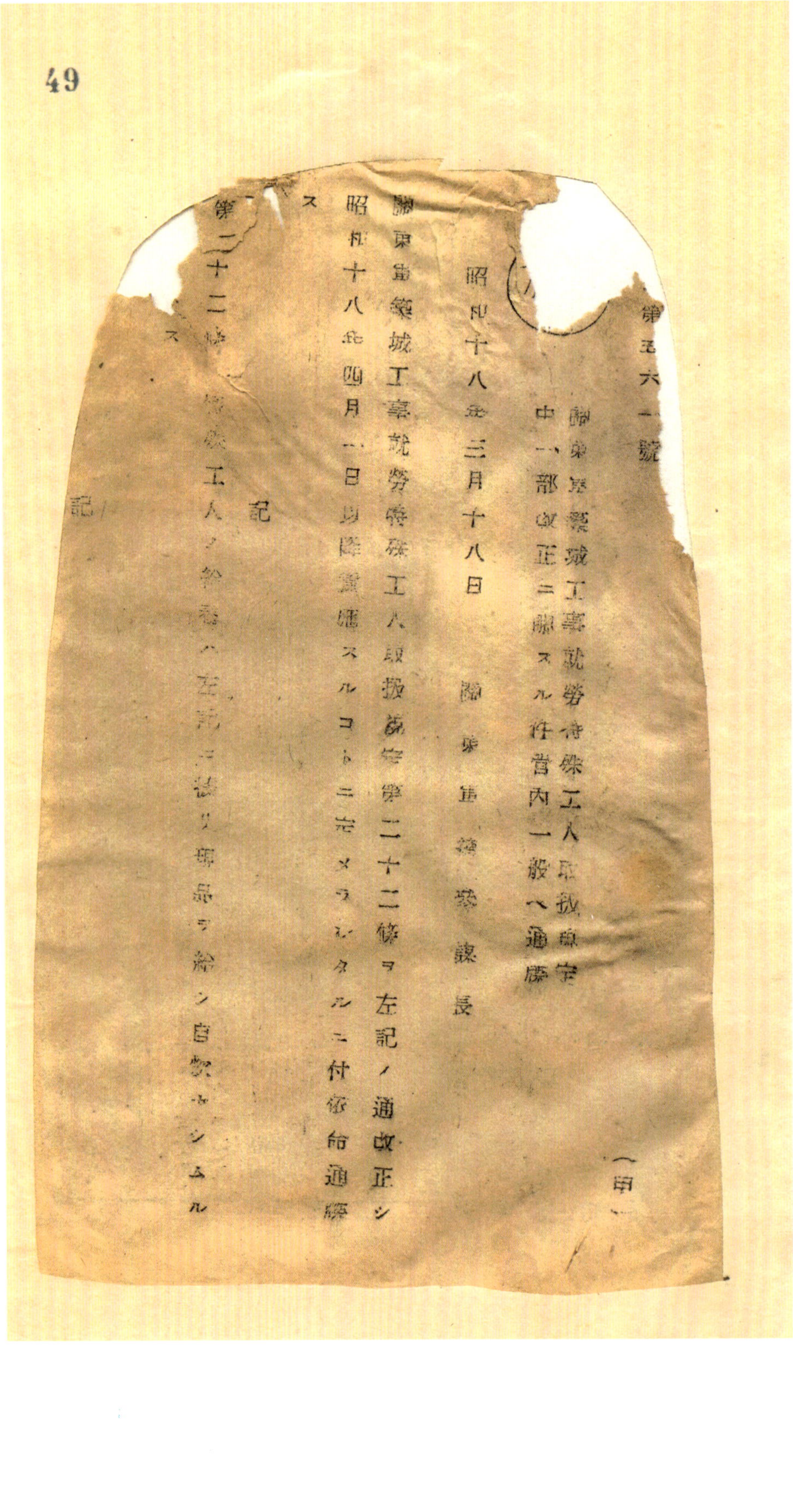
49

（甲）

第五六一號

關東軍築城工事就勞特殊工人取扱規定中一部改正ニ關スル件管内一般ヘ通牒

昭和十八年三月十八日　關東軍總參謀長

關東軍築城工事就勞特殊工人取扱規定第二十二條ヲ左記ノ通改正シ昭和十八年四月一日以降實施スルコトニ定メラレタルニ付依命通牒ス

記

第二十二條　特殊工人ノ給養ハ左記ニ據リ現品ヲ給シ自炊セシムル

記

區分	定量及定額	摘要
麥粉	關東軍經理部長ノ定ムル軍用勞務者用糧秣ノ配給定量ニ據ル	病氣其ノ他ノ事情ニヨリ上記定量（額）ニ依リ難キ場合ハ一人一日概額四十錢以內實費支辦ニ依リ代用食ヲ給スル事ヲ得
雜穀（麥粉共）		
豆油		
食鹽		
其ノ他副食物燃料費	一人一日十八錢以內實費支辦	

備考
……ニ於ケル物資取得困難ニシテ已ムヲ得サル場合ハ前月十日
關東軍經理部ニ補給請求スルモノトス

日本关东军经理部长关于修改部分军用劳工粮秣等补给规定致管辖内各部队的通牒（一九四三年三月二十日）

48

（甲）

五ノヲ

軍用勞務者用糧秣等ノ補給要領中改正ノ件管内一般ヘ通牒

昭和十八年三月二十日　關東軍經理部長

客年十二月關經衣第三、九一四號ニ係ル首題ノ要領中左記ノ通リ改正ス

記

「三」ノ「ヶ」ノ利益金使途區分中「ハ」ノ「勞務者」ノ次ニ左記ヲ挿入ス

（營及請負ヲ含ム）

日本关东军总司令官梅津美治郎关于第七〇部队长从「北支那」方面军接收俘虏事宜的命令
（一九四三年六月五日）

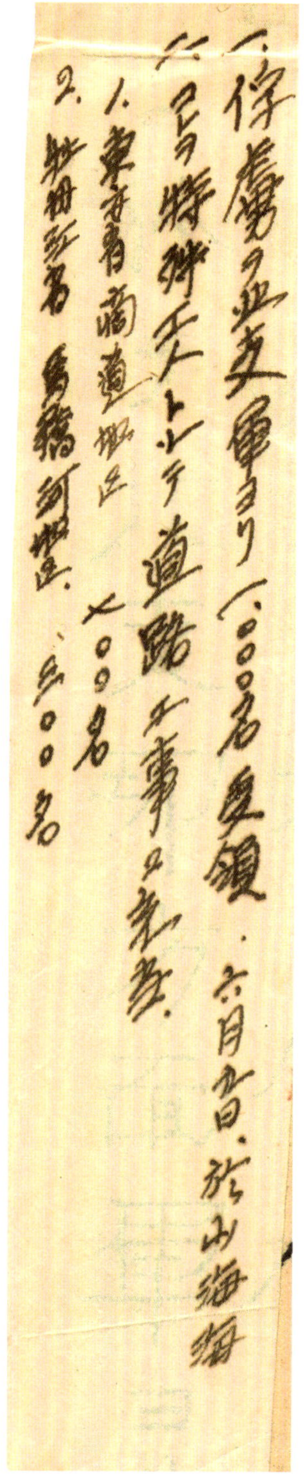
一、俘虜ヲ北支軍ヨリ1,000名受領、六月五日、於山海関
二、之ヲ特殊工人トシテ道路工事ニ就労
1. 東安省滴道地区　500名
2. 牡丹江省穆稜河地区、500名

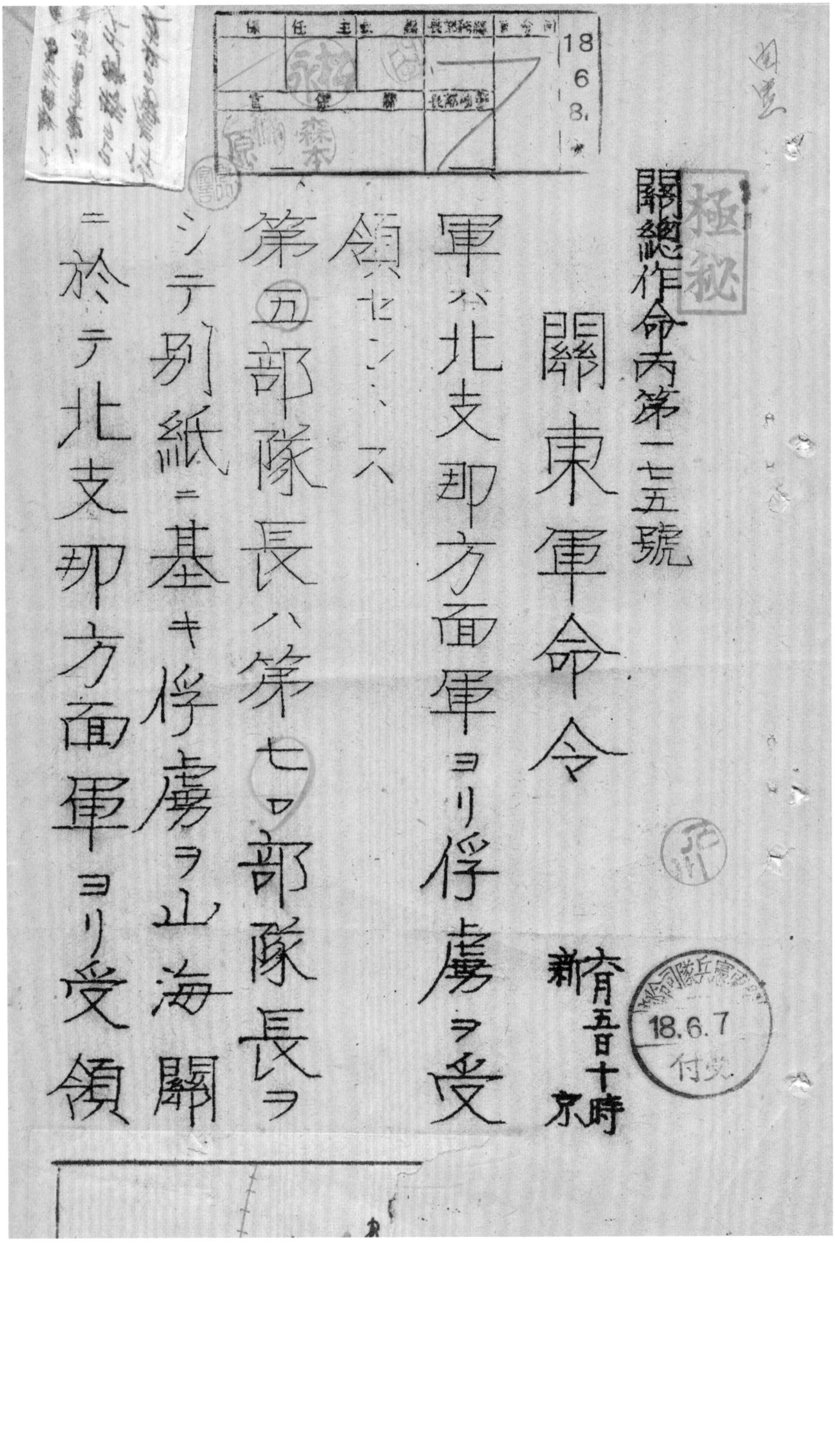

極秘

關總作命丙第一七五號

關東軍命令

新京 六月五日十時

一、軍ハ北支那方面軍ヨリ俘虜ヲ受領セントス

二、第五部隊長ハ第七〇部隊長ヲシテ別紙ニ基キ俘虜ヲ山海關ニ於テ北支那方面軍ヨリ受領

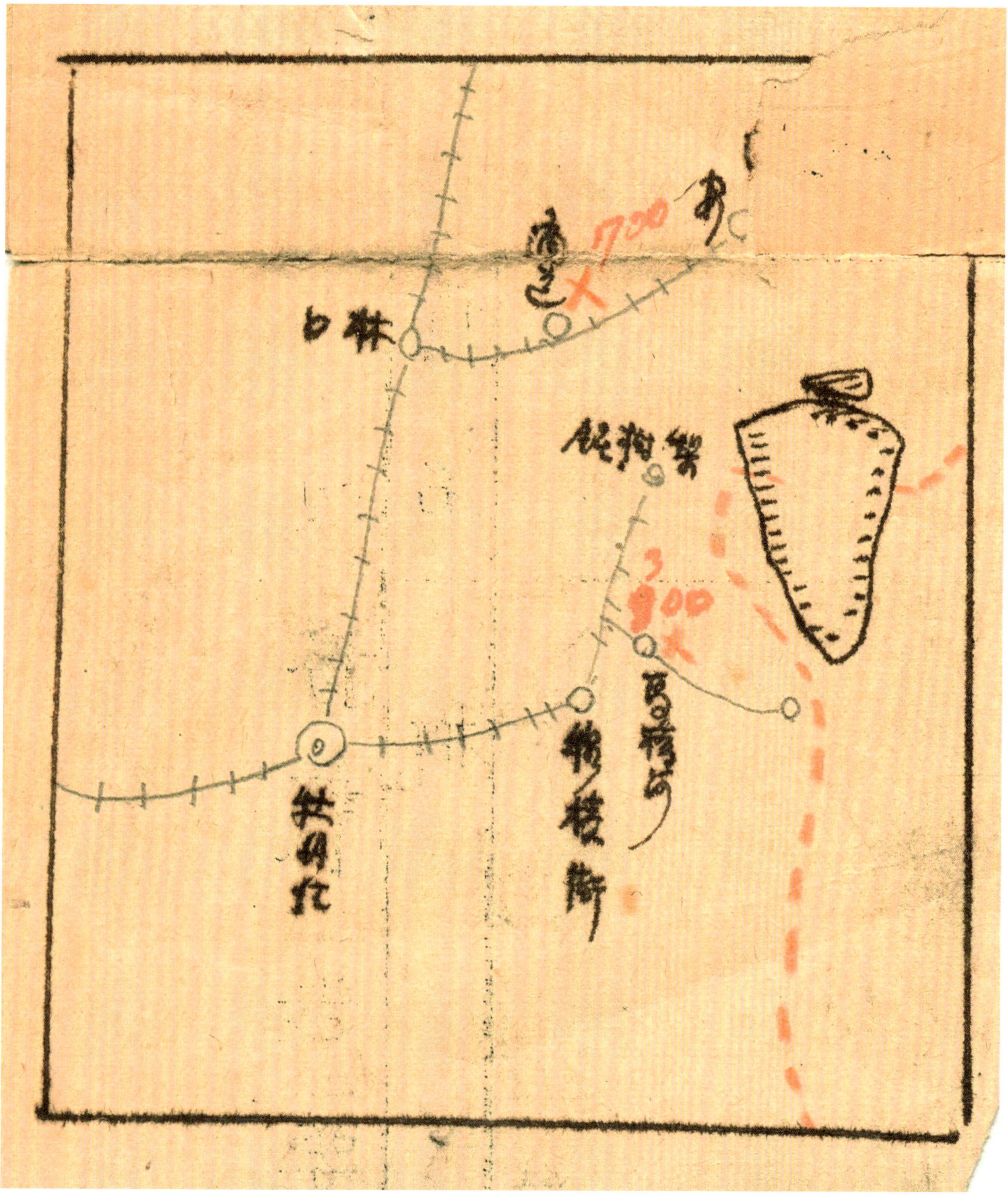
1700

セシメ道路工事ニ充當セシムヘシ

三、關東軍野戰鐵道部長ハ前項俘虜ノ鐵道輸送ヲ處理スルト共ニ輸送間ノ給養ヲ擔任スヘシ

四、細部ニ關シテハ總參謀長ヲシテ指示セシム

23

22

關東軍總司令官 梅津大將

下達法 ワニ要旨電話連絡後5、7ニ印刷交付

配布先 關防、野鐵、關憲、部内(作防、交)

附一：第七〇部队到站接收情况表

240
23

別紙

部隊名	人員	着驛	期日	摘要
七〇	三〇〇	馬橋河	六月九日	第四六四部隊受領分トス
	七〇〇	滴道		第五六〇部隊受領分トス
計	一、〇〇〇			

25

24

關總作命丙第一七五號ニ基ク總參謀長指示

一、本俘虜ハ受領ノ時ヲ以テ特種工人トシテ取扱フモノトシ其ノ授受及鐵道輸送ノ要領ハ昭和十七年十月關參一發第九三五四號ニ準スルノ他左記ニ據ルモノトス

(1)輸送間ノ警戒兵ハ俘虜約三十名ニ對シ一名ノ割合トシ別ニ所要ノ幹部及經理並ニ救護要員ヲ附スルモノトス

(乙)授受ニ當リテハ所要ノ檢疫ヲ行ヒ且防疫ニ必要ナル處置ヲ講スルモノトス、之カ為在山海關防疫機關ノ協力ヲ受クルコトヲ得

二、授受ノ期日及人員ハ状況ニ據リ變更スルコトアルモノトス

三、授受並ニ輸送ノ細部ニ關シテハ關係各官相互協定スルモノトス

日本关东宪兵队司令部警务部长关于转发《关东军劳务处理要领及其细则》致关东宪兵队各队（抄送教习队、八六部队）长的通牒（一九四三年六月八日）

极秘

26

關憲高第二六四號

關東軍勞務處理要領同細則送付ノ件通牒

昭和十八年六月八日

關東憲兵隊司令部警務部長

昭和十八年四月八日關憲高第一六七號ニ基ク首題ノ件別册ノ通リ送付ス

憲兵ハ特ニ防諜、謀略對策（要領第四十五條）ニ關シ部隊ト密ニ連絡之カ防遏ニ遺憾ナキヲ期スルト共ニ　部隊ノ行フ勞務者ノ授受、輸送其他（細則第五條、第十九條第三號、第二十一條）ニ關シ所要ノ援助ヲ與ヘラレ度。

（了）

配布先

關各隊（寫、教習、八六）（分遣所迄）

附：关东军劳务处理要领及细则（一九四三年三月二十二日）

27

極祕

關總參一發第九〇九〇號

昭和十八年三月二十二日

關東軍司令部

關東軍勞務處理要領同細則

本册ハ昭和十八年三月二十二日關總參一發第九〇九〇號ニ據ル昭和十七年三月二十日關參一發第九〇七〇號關東軍勞務處理要領同細則ノ部分改正ヲ整理セシモノナリ

本整理ニ據リ關參一發第九〇七〇號ハ之ヲ廢止ス

28

關總參一發第九〇九〇號

關東軍勞務處理要領同細則制定ノ件達

隷下一般

首題ノ件本册ノ通定メ昭和十八年四月一日ヨリ之ヲ實施ス

昭和十八年三月二十二日

關東軍司令官 梅津美治郎

29

關東軍勞務處理要領制定要旨

一　勞務者ノ募集雇傭ノ統制ヲ强化シ其ノ種類及人員數ノ多寡ニ應シ夫々駐屯地司令官及防衛司令官ノ統制ニ依リ實施スル如ク明示ス

二　各防衛地區ニ於ケル軍用勞力ニ充當シ得ル人員數ヲ年度每ニ指達シ其ノ數以內ノ募集雇傭ハ當該防衛司令官ニ於テ直接關係省長ニ其ノ供出ヲ要求シテ行フ如ク定ム

三　勞務者ノ種類及定義ヲ明カニシ監理ノ責任ヲ明カニス

四　緊急募集ニ關シ規定ス

五　直傭勞務者ノ輸送ハ軍事輸送ニ準シ關東軍野戰鐵道司令官之カ計畫處理ヲ擔任シ其ノ給養ハ同官擔任スル如ク定ム

六　募集雇傭ノ手續等細部ノ要領ハ滿洲國及關東州ノ勞務行政組織及統制法規ノ運用ニ努メテ適合セシメ以テ其ノ供出ヲ容易ナラシムル如クス

七　既往ノ單行通牒ヲ統合整理ス

一

30

關東軍勞務處理要領

第一 通則

第一條　本要領ハ軍ノ各種作業ニ從事セシムル勞務者（内地人ヲ除キ以下單ニ勞務者ト稱ス）ニ關スル業務ノ處理要領ヲ定ムルモノトス

第二條　勞務者ハ使役、管理及其ノ監督ノ適正ヲ期スル爲之ヲ直傭勞務者、直營勞務者及請負勞務者ニ區分ス

1.直傭勞務者トハ軍ニ於テ直接雇傭、使役、管理スル勞務者ヲ謂ヒ軍ハ勞務者ノ雇傭、使役、管理ニ關スル一切ノ責ニ任スルモノトス

直傭勞務者ハ之ヲ一般勞務者（附表第一以外ノ技術勞務者ヲ含ム）ト附表第一ニ示ス特業ニ從事スル技能勞務者（技能勞務者ノ見習要員ヲ含ム以下同斷）ニ分チ左記ノ者ヲ特ニ常傭勞務者ト稱ス

左　記

六ケ月以上同一部隊ニ就勞シ成績優秀、身體强健、身元確實ナル者ニシテ長期間勤續セシムル爲採用シタル者

一

2. 直營勞務者トハ軍ニ於テ直接使役スルモ雇傭及管理ハ勞力供給業者ヲシテ行ハシムル勞務者ヲ謂ヒ軍ハ使役及之ニ伴フ諸般ノ責ニ任スルト共ニ勞務者ノ雇傭及管理ノ直接ノ責任者タル勞力供給業者ヲ監督指導シ且必要ノ援助ヲ與フルモノトス

3. 請負勞務者トハ直接軍ノ用命ヲ受ケタル業者ノ雇傭スル勞務者ヲ謂ヒ之カ雇傭、使役及管理等一切ノ責任ハ業者ニ存スルモノニシテ軍ハ之ヲ監督指導シ且必要ノ援助ヲ與フルモノトス

第三條　本要領中防衛司令官トハ特ニ定ムルモノヽ外關東防衛軍司令官隷下ノ防衛司令官ヲ含ムモノトス

但シ關東防衛軍司令官隷下ノ防衛司令官ノ行フ報告、通報等ハ關東防衛軍司令官ヲ經由セシムルモノトス

第四條　本要領中駐屯地司令官ト稱スルハ駐屯地司令官タル大隊長以上ノ諸官トシ駐屯地司令官カ大隊長以上ニアラサル場合駐屯地司令官ノ行フ業務ハ防衛司令官之ヲ行フモノトス

第二　勞務者ノ募集統制

第五條　直傭勞務者ノ募集雇傭ハ其ノ種類及人員數等ヲ考慮シ駐屯地區內ハ其ノ駐屯地司令官、防衛地區內ハ其ノ防衛司令官ノ統制ニ依リ實施スルモノトス

但シ技能勞務者ノ募集雇傭ハ關東軍司令官ノ統制ニ依リ實施スルモノトス

第六條　直營及請負勞務者ノ募集ハ其ノ種類及就勞地ト募集地トノ關係ニ應シ防衛司令部ノ經理部長（關東防衛軍管區內ニ在リテハ地區防衛司令官）、關東軍築城部長又ハ關東軍經理部長ノ監督ノ下ニ業者ヲシテ行ハシメ地區每ニ各々駐屯地司令官及防衛司令官之カ統制ニ任スルモノトス

第七條　防衛司令官ハ管區內各部隊ノ翌年度所要勞務者數ヲ取纏メ樣式第一ノ年度勞務者所要數一覽表ヲ調製シ每年十一月十五日迄ニ關東軍司令官ニ報告スルモノトス

第八條　防衛司令官ハ管區內各部隊ノ各期所要勞務者數ヲ查定シ關東軍司令官ノ勞務者省內取得限度ノ示達ニ基キ省內取得、省外取得ノ區分ヲ明カニシタル各期勞務者補充計畫（樣式第二ニ準ス）ヲ作製シ勞務者補充ノ準據ニ關シ必要ナル事項ヲ管區內勞務關係官ニ指示スルト共ニ補充計畫ヲ關東軍司令官ニ報告スルモノトス

第九條　勞務ノ統制ニ任スル各官ハ夫々其ノ地ノ滿洲國（關東州ヲ含ム以下同斷）關係機關ト連絡シ勞働市場ノ情況ヲ把握シ又各部隊勞務者ノ解傭豫定等勞力ノ現況ヲ承知シ勞務統制ニ遺憾ナカラシムルモノトス

第三　直傭勞務者ノ募集雇傭

三

31

第十條　長期就勞ヲ志願シ自ラ被傭ヲ願出テタル勞務者ノ雇傭ハ部隊長ニ於テ適宜詮衡ノ上之ヲ行フモノトス

但シ他ニ就業中ノ者ニシテ雇傭主之ヲ解傭セス或ハ解傭ノ承諾ナキモノ又ハ特ニ其ノ地ヲ管轄スル防衞司令官ヨリ雇傭ヲ禁止セラレタル場合ハ雇傭スルヲ得ス

第十一條　部隊長僅少ナル勞務者ヲ其ノ駐屯地（市、縣、旗（新京特別市ヲ含ム）又ハ關東州）ヨリ募集雇傭セントスル場合ハ其ノ地ノ駐屯地司令官ニ申請（照會）シ其ノ統制ノ下ニ行フモノトス此ノ場合駐屯地司令官ハ防衞司令官ノ規定セルトコロニ基キ局地勞務統制ノ見地ヨリ要求數及受領月日ヲ決定シ當該地區ノ市、縣、旗長（新京特別市長ヲ含ミ關東州ニ在リテハ州廳長官トス以下同斷）ニ之カ募集ノ斡旋ヲ要求スルモノトス

本條ニ據リ雇傭スル勞務者數ハ第八條ニ規定スル關東軍司令官ノ示達數外トシテ取扱フコトヲ得

本條ニ據ル募集雇傭ヲ駐屯地司令官統制募集ト稱ス

第十二條　防衞司令官ハ管區內各部隊ノ前條以外ノ勞務者補充ノ所要數ヲ取纏メ其ノ要度及緩急ヲ考慮シ地方勞務統制ノ見地ニ基キ要求數及受領月日ヲ決定シ左記各號ニ據リ處置スルモノトス

左　記

1. 省內ニ於テ就勞セシムル一般勞務者ニ在リテハ當該省長ニ之カ供出ヲ要求スルモノトス

但シ其ノ數ハ現ニ就勞中ノ者ト通算シ關東軍司令官ノ示達スル省內取得限度ヲ超ユルコトヲ得ス

本號ニ據ル募集雇傭ヲ防衛司令官統制募集ト稱ス

2.省外ヨリ就勞セシムル一般勞務者（防衛管區ヲ同シクスルモ省ヲ異ニスル場合ヲ含ム）ニ在リテハ樣式第一ニ準シ一覽表ヲ作製シ之カ取得ヲ關東軍司令官ニ申請スルモノトス

但シ第八條ノ補充計畫ニ據リ報告濟ノモノハ之ヲ除ク

本號ニ據ル募集雇傭ヲ中央統制募集ト稱ス

3.技能勞務者ノ募集雇傭ニ關シテハ前各號ニ拘ラス樣式第一ニ準シ一覽表ヲ作製シ之カ取得ヲ關東軍司令官ニ申請スルモノトス

第十三條　緊急ヲ要スル重要ナル作業ノ爲勞力ヲ必要トシ第十一條及第十二條ニ規定スル手續ニ據ル暇ナキ場合ハ特ニ左ニ掲クルトコロニ據リ緊急募集ヲ行フコトヲ得

1.駐屯地司令官ハ部隊長ノ緊急募集ノ要請ヲ受ケタル場合ハ防衛司令官ノ豫メ指示セル範圍內ニ於テハ直接駐屯地ノ市、縣、旗長ニ之カ緊急供出ヲ要求シ所要ノ勞務者ヲ補充スルモノトシ其ノ範圍ヲ超ユルトキハ防衛司令官ニ之カ緊急補充ヲ申請（照會）スルモノトス

本號ニ據ル募集雇傭ヲ駐屯地司令官緊急募集ト稱ス

駐屯地司令官緊急募集ヲ行ヒタルトキハ防衛司令官ニ報告（通報）スルモノトス

防衛司令官ハ右ニ基キ關係省長ニ通報シ必要ニ應シ緊急補充ヲ行ヒ或ハ第十二條ニ據リ供出ヲ受ケタル勞務者ヲ以テ交代セシムルモノトス

2.防衛司令官ハ第十二條ノ示達數ノ十五割ニ相當スル數ヲ限度トシ當該防衛地區ノ省長ニ緊急供出ヲ要求スルコトヲ得

本號ニ據ル募集雇傭ヲ防衛司令官緊急募集ト稱ス

防衛司令官緊急募集ヲ行ヒタルトキハ直チニ關東軍司令官ニ報告スルモノトス

本條ニ於ケル申請數又ハ要求數一覽表ハ様式第一ニ準ス

第十四條　第十一條乃至第十三條ニ據リ勞務者ノ斡旋又ハ供出ヲ受クル場合ハ關係市、縣、旗長ニ別ニ定ムルトコロニ據リ募集手數料、集結費及解散費等ヲ支拂フモノトス

第十五條　部隊長、中央又ハ防衛司令官ノ統制又ハ緊急募集ニ據リ募集雇傭シタル勞務者ヲ省内ノ他部隊又ハ他ノ地區ニ轉用セントスル場合ハ當該地區ノ防衛司令官、省外ニ轉用セントスル場合ハ順序ヲ經テ關東軍司令官ノ認可ヲ受クルモノトス

但シ一時的業務援助ノ為勞務者ヲ派遣スル場合ハ此ノ限リニ非ス

前項ニ據リ轉用セル勞務者ヲ雇傭スル部隊長ハ必要ナル事項ヲ具シ供出市、縣、旗長ニ通報スルモノトス

33

第四 直營及請負勞務者ノ取得

第十六條 直營及請負勞務者ノ取得ハ業者ノ自力ヲ以テ行ハシムルヲ本則トシ部隊長ハ別ニ定ムルトコロニ據リ業者ニ所要ノ證明ヲ行ヒ次テ省（關東州ヲ含ム以下同斷）內就勞及省外就勞等ノ區分ニ從ヒ募集監督官ノ證明ヲ受ケシメ然ル後滿洲國政府（關東州ニ在リテハ關東局トス以下同斷）ノ定ムルトコロニ據リ業者自身ヲシテ募集ヲ實施セシムルモノトス

第十七條 已ムヲ得サル事由ニヨリ前條ノ手續ヲ以テスル業者ノ自力募集困難ナリト認メタル部隊長ハ其ノ事由ヲ具シ、省內就勞ノモノニ在リテハ當該地區ノ防衛司令官ニ、省外就勞ノモノニ在リテハ順序ヲ經テ關東軍司令官ニ業者ヲシテ緊急供出ヲ受ケシムル件ニ關シ申請（照會）スルモノトス

前項ニ關シ認可セラレタル部隊長ハ業者ヲシテ前條ニ準シ證明ヲ受ケシメタル後滿洲國政府ノ定ムルトコロニ據リ緊急供出勞務者ヲ受領セシムルモノトス

但シ第八條ノ補充計畫ニ據リ報告濟ノモノハ之ヲ除ク

第十八條 募集證明官ハ募集地ノ勞務統制ニ任スル諸官ニ證明ニ關スル必要ノ事項ヲ通報シ其ノ統制ニ資スルモノトス

第五　授受及輸送

第十九條　直傭勞務者ニシテ鐵道輸送ヲ要スルモノノ授受ハ勞務者名簿（第二十四條ニ規定スルモノニ準ス）ニ據リ供出市、縣、旗公署（關東州ニ在リテハ市役所又ハ民政署）所在地最寄驛ニテ行フモノトス

但シ技能勞務者ニ在リテハ供出省長ト協議ノ上省公署所在地最寄驛ニ於テ行フコトヲ得

第二十條　前條勞務者ノ滿洲國內ニ於ケル鐵道及水路輸送ハ軍事輸送ニ準シ關東軍野戰鐵道司令部之カ計畫處理ヲ擔任ス　輸送處理手續ハ關東軍輸送處理規定ニ準據スルモ運賃及其ノ標記ハ特定スルモノニ據ル

但シ一輛ニ滿タサル小數人員ノ場合ハ一般旅客輸送ニ準ス

第二十一條　軍事輸送ニ準シテ計畫處理スル輸送間ノ給養ハ通常關東軍野戰鐵道司令官ノ擔任トス

第二十二條　直營及請負勞務者ノ輸送ハ業者自ラ之ヲ行フヲ本則トス

但シ直營勞務者中第四十三條ニ據リ直傭勞務者ニ準シ取扱フモノニ在リテハ關東軍野戰鐵道司令部ニ於テ之カ輸送ヲ斡旋スルモノトス

第二十三條　輸送途中ノ保護輔導ハ直傭勞務者ニ在リテハ努メテ滿洲國關係機關ヲ利用シ直營及請負

勞務者ニ在リテハ業者ノ自力ニ依ラシムルヲ本則トスルモ滿洲國關係機關ノ援助ヲ受ケシムル如ク幹旋スルモノトス

但シ第二十條ニ規定スル軍事輸送ニ準シ輸送スル場合ニ在リテハ適任ノ軍人幹部ヲ輸送指揮官トナシ輸送實施ニ遺憾ナカラシムルモノトス

第六　直傭勞務者ノ使役、管理

第二十四條　勞務者ヲ使役管理スル部隊長ハ之カ適正ヲ期スル等常ニ勞務者ノ現況ヲ明カニシ必要ノ書類ヲ整備シ所要ノ内規ヲ設クルモノトス

第二十五條　勞務者ノ賃金ハ通常年度毎ニ關東軍經理部長ノ定ムル標準ニ基キ部隊長ニ於テ決定スルモノトス

前項賃金ノ決定ニ方リテハ防衛司令官ハ各部隊間ノ均衡ヲ保ツ爲所要ノ指導統制ヲ行フモノトス

第二十六條　部隊長ハ別ニ定ムル標準ニ基キ勞務者ノ賃金ヲ昇給セシムルコトヲ得

第二十七條　女子勞務者及男子勞務者ニシテ女子勞務者ニ劣ル幼老者ノ賃金ハ男子一般勞務者ノ七割ヲ標準トス

第二十八條　部隊ノ都合ニ因リ休務セシメタル場合ハ別ニ定ムル賃金ヲ支給スルモノトス

第二十九條　勞働報國隊ノ小隊長以上ノ幹部ニハ月給ヲ支給シ其ノ分隊長及報國隊ニアラサル勞務者ノ班長ニハ賃金ノ外ニ手當ヲ支給スルコトヲ得

但シ就勞セサル日數ニ對シテハ日割計算ニ據リ減額スルモノトス

第三十條　勞務者ノ就勞地ニ於テ勞働報國隊ノ幹部等トシテ其ノ直接ノ指導ニ任シタル滿洲國關係機關ノ職員ニハ所要ノ經費ヲ支拂フモノトス

第三十一條　部隊長ハ賃金支給ニ際シ家族送金額ヲ多カラシムル爲供出市、縣、旗公署ヲ通スル家族送金ヲ、又持歸リ金ヲ多カラシムル爲郵政儲蓄ヲ斡旋スルモノトス

第三十二條　勞務者ノ收容施設（照明採煖共）ハ軍ニ於テ設備シ無償ニテ居住セシムルヲ本則トス

第三十三條　勞需中糧秣ハ勞務者用酒保品トシテ配給シ被服其ノ他ノ勞需物資ハ防衛司令官統制ノ下ニ各省勞務興國會ヨリ一括交付ヲ受ケ各部隊之ヲ勞務者ニ配給スルモノトス

第三十四條　部隊長ハ其ノ雇傭スル勞務者ノ保健、醫療及防疫ニ關シ要スレハ軍醫、衛生下士官及兵等ヲシテ之ニ當ラシムルコトヲ得

但シ醫療用衛生材料等ハ支給セサルヲ本則トシ別ニ示ス方法ニテ各部隊ニ備付ケシムルモノトス

第三十五條　勞務者業務ニ起因シ負傷又ハ疾病ニ罹リタル時ハ療養費及其ノ休業間別ニ定ムル賃金ヲ支給スルモノトス

35

又療養開始後二ケ月ヲ經過シ治癒セサル時及其ノ自宅ニ於テ療養セシムルヲ適當ト認メタル時ハ打切慰藉料ヲ交付シ解傭（還送）スルコトヲ得

第三十六條　勞務者勞務ニ起因セスシテ負傷又ハ疾病ニ罹リタル時ハ休業間別ニ定ムル賃金ヲ支給スルト共ニ必要ニ應シ療養費ヲ支給スルコトヲ得

前項勞務者ノ還送ハ前條ニ準スルモ此ノ場合ニ在リテハ打切慰藉料ハ支給セサルモノトス

第三十七條　勞務者負傷又ハ疾病ニ罹リ其ノ治癒後ニ於テ身體ニ障害ヲ存シタル場合ハ障害慰藉料ヲ支給スルモノトス

但シ業務ニ起因セサル場合ニ在リテハ此ノ限リニ非ス

第三十八條　勞務者死亡シタル場合ハ遺族扶助料ヲ支給スルモノトス

第三十九條　部隊長ハ成績優秀ニシテ他ノ模範トスルニ足ル勞務者ノ團體及個人竝ニ特ニ善行アリタル勞務者ニ對シ表彰狀ヲ下附シ表彰金ヲ交附スルコトヲ得

第四十條　部隊長ハ一ケ月皆勤セル勞務者ニ對シ皆勤手當ヲ支給スルコトヲ得

又就勞期間ノ延長等ニ際シ勞務者宣撫ヲ特ニ必要トスル場合就勞奬勵手當ヲ支給スルコトヲ得

第四十一條　部隊長ハ特ニ之ヲ必要トスル勞務者ニ對シ賃金減額、勞需品ノ減量及苦役等ノ手段ニ依リ懲罰ヲ行フコトヲ得

一二

第四十二條 供出地等ヨリノ慰問及家郷ヘノ通信等ニハ努メテ便宜ヲ與ヘ又勞務者慰安ニ關シ必要ノ措置ヲ講スルモノトス

第七 直營及請負勞務者ノ使役、管理

第四十三條 直營勞務者ノ使役ハ直傭勞務者ニ關シ定メタルトコロニ據リ管理ハ請負勞務者ニ關シ定メタルトコロニ據ルモノトス

但シ關東軍司令官ノ認可ヲ得テ管理ニ關シ部隊長ト業者トノ契約ニ明記シタル場合ニハ直傭勞務者ニ準シ取扱フコトヲ得

第四十四條 請負勞務者ノ使役管理ハ傭主タル業者其ノ一切ノ責ニ任スルモノナルモ部隊長ハ左記ニ示スモノノ外概ネ直傭勞務者ニ關シ定メタルトコロニ準シ業者ヲ指導監督シ且所要ノ援助ヲ與フルモノトス

1. 部隊長業者ヲ指導監督スルニ方リテハ滿洲國政府ノ關係諸法規ノ實行如何ニ關シテモ之ヲ行ヒ遺憾ナキヲ期スルモノトス

2. 第十七條ニ據リ緊急供出ヲ受ケタル請負勞務者ハ其ノ性質上直傭勞務者ニ準シ取扱フヲ要スルモノナルニ付之カ監督指導ハ特ニ嚴ナラシムルモノトス

3. 部隊長業者ニ作業ヲ命シタルトキハ別ニ定ムルトコロニ據リ必要書類ヲ整備セシメ所要ノ書類ヲ徵シ勞務ノ現況ヲ明カナラシムルト共ニ監督指導ノ資タラシムルモノトス

4. 請負勞務者ノ賃金ハ滿洲國勞働賃金統制規則ニ據ラシムルモノトス

但シ直營勞務者ノ手取金額（賃金ヨリ供給業者ノ管理費等ヲ除キタルモノ）ハ直傭勞務者ノ賃金ヲ超エサラシムルモノトス

5. 勞務者用酒保品ノ配給ニ係ル勞需ハ部隊一括シテ業者ニ交付シ省勞務興國會ノ配給ニ係ル勞需ハ部隊長ノ割當證明ニ據リ業者ヲシテ直接其ノ交付ヲ受ケシメ共ニ業者ヲシテ直接勞務者ニ交付セシムルモノトス

第八　防諜謀略對策

第四十五條　部隊長ハ憲兵隊及地方官憲等ト密ニ連絡シ勞務者中ニ諜者謀略員等不良分子ノ潛入活動スルコトナカラシムル爲必要ノ處置ヲ講スルモノトス

第四十六條　勞務者ニハ使役間各部隊每ニ一連番號ヲ附シタル軍標識ヲ附セシメ之ヲ明カナラシムルモノトス

第四十七條　特殊ノ地域等ニ出入セシムル必要アル場合ハ關係機關ニ連絡シ特別ノ標識ヲ定ムル等必

36

要ノ處置ヲ講シ防諜及謀略防止ニ遺憾ナキヲ期スルモノトス

第九　經　費

第四十八條　本要領ニ依ル經費ハ特ニ示スモノノ外作業當該費目支辨トス

第十　檢　査

第四十九條　部隊長ハ勞務管理ノ徹底ヲ期スル爲直傭勞務者ノ管理及業者ノ勞務管理ニ關シ隨時檢査ヲ行フモノトス

第五十條　部隊長地方行政官公署ヨリ業者ニ對スル勞務査察實施ノ申出ヲ受ケタル時ハ軍機保持上許シ得ル範圍内ニ於テ之ニ協力スルモノトス

第十一　附　則

第五十一條　勤勞奉仕等勞力奉仕ヲ受クル場合ノ取扱ハ直傭勞務者ノ取扱ニ準スルモノトス

第五十二條　昭和十六年七月關參一發第八〇〇三號、同年八月關參一發第九〇〇六號、同年九月關參一發第九〇一二號、同年十月關參一發第九〇三四號、同年十一月關參一發第九〇四二號、昭和十七

37

年三月關參一發第九〇七〇號、同年五月關參一發第九一二九號、同年六月關參一發第九二〇二號第一、第四、同年十二月關總參一發第九〇四一號及昭和十八年一月關總參一發第九〇〇五號ハ本要領ノ適用ニ依リ自然消滅スルモノトス

第五十三條　本要領中募集雇傭ニ關スル事項ハ滿洲國外ニ於ケル勞務者ノ募集雇傭ニ適用セス

第五十四條　關東軍雇傭規定ノ取扱ヲ受クル者ノ中內地人以外ノ勞務者ノ取扱ハ特ニ規定セルモノノ外本要領ヲ適用スルモノトス

第五十五條　防衛司令官ハ本要領ニ基キ勞務ニ關シ規定シタル事項ハ關東軍司令官ニ報告スルモノトス

一五

様式第一

年度勞務者所要數一覽表

月　日　部隊名

部隊名	作業種類	就勞地	現有勞務者		新規要求勞務者			理由及希望事項	摘要
			種類	人員	種類	人員	期間		

製表上ノ注意

一、直傭、直營、請負勞務者毎ニ別表トシ年度總括及夏季所要冬季所要毎ニ區分別表スルモノトス
二、新規事業ノ爲勞務者ヲ必要トスル場合ハ特ニ其ノ事由ヲ明記スルモノトス
三、通稱號ハ師團以下(含マス)ニ在リテハ固有名ヲ記シ通稱號ヲ( )ヲ附シ併記スルモノトス
四、作業種類ハ軍需品荷役、道路工事、築城工事、雜役等ニ細分シ明瞭ナラシムルモノトス
五、現有勞務者ハ新規要求勞務者ノ希望就勞始期ニ於ケル保有豫想數ヲ記入スルモノトス
六、勞務者ノ種類ハ大工、土工、石工等ニ區分シ華工ニ在リテハ朱書スルモノトス
七、技術勞務者中特ニ熟練工ヲ必要トスル時ハ其ノ理由ヲ明示シ摘要欄ニ記入スルモノトス
八、新規要求勞務者中地場勞務者ヲ希望スル時ハ其ノ旨摘要欄ニ記入スルモノトス
九、本表ヲ補充計畫ニ準用スル場合ニ在リテハ省內取得及省外取得ノ區分ヲ明瞭ナラシメ又理由欄ニ前期作業ノ繼續ナリヤ、新規工事ナリヤヲ記シ且其ノ豫算額又ハ工事量ノ概要ヲ併記スルモノトス

備考

38

附表第一

技能勞務者分類表

關東軍司令部

分類	小分類 小分類	小分類 例示
1. 窯業及土石加工業ニ從事スル者	1. 陶磁器類製造工	
	2. 硝子、硝子製品製造工	
	3. 琺瑯引製品製造工	
	4. 精錬工	
	5. 壓延工	
2. 金屬工業機械器具製造業ニ從事スル者	1. 釘、鋲、針、針金製造工	
	2. 蹄鐵工	
	3. 機械工	
	4. 製罐工	

5.熔接工	6.鑄工	7.プレス工	8.銅工	9.金屬彫刻工	10.工具工	11.鍍金工	12.檢查工	13.電機工	14.機械器具工	15.塡隙工	16.鐵木工	17.撓鐵工

	18. 其ノ他金屬調質工、鉛工ハンダ附工、金屬腐蝕工	
3. 電氣瓦斯水道業ニ従事スル者	1. 瓦斯工	
4. 化學工業ニ従事スル者	1. 發火物ノ製造ニ従事スル者	
	2. 油房工	
	3. 鑛物油製造工	
	4. 護謨成型工	
	5. 其ノ他製造工、ワクチン製造工、燐寸製造工、硫安以外ノ化學肥料製造工、セルロイド原料工、動植物油脂製造工、木蠟製造工、線香製造工、燐寸軸木製造工、染料製造工	
5. 纖維工業ニ従事スル者	1. 製綿工	
	2. 製麻工	
	3. 製絲工	

分類	職業	
	4. 紡績工	
	5. 柞蠶製絲工	
	6. 原毛工	
	7. 機織工	
	8. 毛織工	
	9. 製綱工、製網工	
	10. 其ノ他製絲工	
6. 衣服裝身品製造ニ從事スル者	1. 裁縫工、裁斷工	
	2. 帽子製造工	
	3. 靴製造工	
7. 皮革骨羽毛品等製造ニ從事スル者	1. 製革工	
	2. 皮革骨品製造工	
8. 木竹草蔓類製造ニ從事	1. 合板製造工	

40

スル者	2. 木地職、轆轤職	
	3. 木型工	
	4. 船大工	
9. 飲食料品嗜好品製造ニ従事スル者	1. 製粉工	
	2. 麵麹製造工	
	3. 製糖工	
	4. 煙草製造工	
	5. 製氷工	
	6. 其ノ他ジャム製造工、罐詰工、麵製造工、味ノ素製造工	
10. 紙印刷工業ニ従事スル者	1. 活字鑄造工	
	2. 植字工	
	3. 製版工	

三一

	4.印刷工	
11.精巧工業ニ從事スル者	1.計器工	
	2.其ノ他光學機工、物理機械製造工、寫眞機製造工、樂器製造工、時計製造工	
12.其ノ他ノ工業ニ從事スル者	1.機械運轉工、機關工	
	2.其ノ他玩具製造工	

41

關東軍勞務處理要領細則

第一　通　則

第一條　本細則（以下單ニ細則ト稱ス）ハ關總參一發第九〇九〇號「關東軍勞務處理要領」（以下單ニ要領ト稱ス）ニ基キ勞務業務處理上必要ナル細部ノ手續及經理上ノ基準等ニ關シ規定スルモノトス

第二條　要領第四十六條ニ規定スル軍標識ハ附圖第一乃至第三ノモノヲ用ユルモノトシ兼ネテ常傭、一般直傭及請負（直營）勞務者ノ區分竝ニ其ノ身分ヲ明カナラシムモノトス

第二　直傭勞務者ノ募集雇傭

第三條　要領第十二條乃至第十三條ニ據リ供出セラレタル直傭勞務者ノ就勞期間ハ通常四ケ月以上六ケ月以內トシ供出要求ニ際シ之ヲ關係行政官公署長ニ明示スルモノトス

第四條　要領第十一條乃至十三條ニ據リ斡旋又ハ供出セラレタル勞務者ノ受領ニ際シテハ眞ニ勞働ニ適セサル不適格者ヲ排除スルモノトス

又技能勞務者ニ在リテハ所要ノ技能檢査ヲ實施スルモノトシ必要ナル準備ハ供出行政官公署長ヲシ

テ擔任セシムルモノトス

第五條　要領第十一條乃至第十三條ニ據リ勞務者ノ斡旋又ハ供出ヲ受クル部隊長ハ受領豫定日ノ少クモ五日前迄ニ連絡者ヲ供出省、市、縣、旗ニ派遣シ關係行政官公署及憲兵隊、要スレハ所在防衛司令部ニ所要ノ連絡ヲ爲サシムルト共ニ輸送ニ必要ナル處置ヲ行ハシムルモノトス

第六條　部隊長ハ要領第十一條乃至第十三條ニ據リ斡旋又ハ供出ヲ受ケタル勞務者ノ受領ヨリ就勞地到着後一ヶ月以内ニ於ケル不適格者ノ排除竝ニ逃亡等ニ據リ生シタル缺數ノ補充ヲ必要トスル場合ハ直接供出地ノ市、縣、旗長ニ之カ供出ヲ要求スルコトヲ得

但シ勞務者就勞地到着後一ヶ月以後ニ生シタル缺數ノ補充ハ新規雇傭トシテ取扱フモノトス

第七條　要領第十四條ニ據ル募集手數料、集結費、解散費等ノ支拂ハ附表第一ニ據ルモノトス

但シ要領第十一條ニ據リ斡旋ヲ受ケタル場合及就勞地近傍ヨリ供出ヲ受ケタル場合ノ支拂經費ハ附表第一ノ範圍内ニ於テ協議スルコトヲ得

第八條　飛行場ノ除雪、除草作業竝ニ應急的軍需品荷役等臨時不定期ニ必要トスル短期就勞勞務者ノ取扱ハ附錄第一短期就勞勞務者取扱要領ニ據ルモノトス

第三　直營及請負勞務者ノ取得

42

第九條　要領第十六條ニ據ル證明ハ左記ニ據リ行フモノトス

一、部隊長ノ行フ證明

業者ニ作業又ハ勞務者募集ヲ命シタル部隊長ハ業者ヲシテ様式第一ノ軍用勞務者募集證明願ヲ以テ證明ヲ願出テシメ其ノ内容ヲ査定シ部隊長證明欄ニ證明スルモノトス

二、募集監督官ノ行フ證明

1.省内就勞

募集地ト就勞地トカ市、縣、旗ヲ異ニスルモ省ヲ同シクスル場合ハ次ノ諸官、所要ノ査定ヲ行ヒ證明スルモノトス

(イ)關東防衛軍管區内ノ防衛地區ニ在リテハ其ノ司令官

(ロ)關東防衛軍管區以外ノ地區ニ在リテハ當該省ヲ管轄スル防衛司令部ノ經理部長

(ハ)前二號(イ)(ロ)ニ定ムル證明官ハ關東軍經理部長ノ擔任ニ係ル工事ニ就勞セシムル勞務者ノ募集證明ヲ其ノ關係出張所長ニ委任スルコトヲ得此ノ場合ニ在リテハ其ノ旨關東軍司令官及關係省長ニ報告(通報)スルモノトス

2.省外就勞

募集地ト就勞地トカ省ヲ異ニスル場合ハ次ノ諸官、所要ノ査定ヲ行ヒ證明スルモノトス

但シ部隊長ハ業者ヲシテ本證明願出前本屬長官ヲ經由セシメ又募集地ノ行政官公署ニ願出前、當該省ヲ管轄スル防衞司令官ニ「願寫」ヲ以テ別途報告セシムルモノトス

(イ)築城工事ニ係ルモノハ關東軍築城部長

(ロ)其ノ他ノモノハ關東軍經理部長

第十條　部隊長ハ要領第十七條ニ據リ請負(直營)勞務者ノ緊急供出ヲ必要ト認ムル場合ハ樣式第六請負(直營)勞務者補充計畫ニ準スル書類ヲ以テ前條ノ監督官ヲ經由シ申請スルモノトス

第十一條　部隊長ハ前條ニ關シ認可アリタル場合ハ業者ヲシテ第九條ニ準シ所定ノ證明ヲ受ケシメ滿洲國政府ノ定ムルトコロニ據リ緊急供出ヲ願出テシムルモノトス

省內就勞ノ請負(直營)勞務者ノ緊急供出ヲ認可シタル防衞司令官ハ速カニ關係省長ニ必要ノ事項ヲ連絡シ迅速ナル供出ニ遺憾ナカラシムルモノトス

第十二條　要領第十八條ノ通報ハ附表第三ニ基キ請負(直營)勞務者募集證明發給通報ヲ以テ行フモノトス

第四　直傭勞務者ノ授受及輸送

第十三條　要領第二十條ニ據リ輸送スル場合ノ運賃ハ三等普通旅客運賃ノ四割引トス

43

但シ貨車使用ノ場合ハ五割引トス。經費支出科目ハ特ニ示スモノノ外作業相當科目トシ又輸送請求書ノ經費支拂區分欄ニ「勞運」ト記シ且之ニ作業實施經費科目ヲ併記スルモノトス

第十四條　要領第二十條但書ニ據リ直傭勞務者ヲ輸送スル場合ハ實費ヲ支拂フモノトス

第十五條　要領第二十一條ニ據ル勞務者輸送間ノ給養ハ左ノ各號ニ據リ行フモノトス

左　記

1.給養定量ハ一人當日量小麥粉（代用粉共）七〇〇瓦以內、食鹽二〇瓦以內、豆油一〇瓦以內、副食物一食五錢以內トス

2.所要糧秣ハ給養擔任官ノ請求ニ據リ補給擔任貨物廠、又ハ奉天陸軍糧秣支廠之カ補給ヲ擔任スルモノトス

3.給養擔任官ハ本給養實施ニ必要ナル人員ヲ臨時雇傭スルコトヲ得

第十六條　要領第二十條ニ據リ軍事輸送ニ準シ輸送スル場合ノ輸送指揮官ノ氏名ハ必ス事前ニ最寄軍事鐵道機關ニ通報スルモノトス

又要領第二十二條但書ニ基キ軍ニ於テ輸送ヲ斡旋スル場合ニ在リテハ之カ牽領者ハ必ス適任ノ軍人又ハ軍屬タラシメ且之カ通報ハ前項ニ準ス

第十七條　要領第十一條乃至第十三條ニ據リ斡旋又ハ供出セラレタル勞務者ニ對シテハ附表第一ニ基

二七

キ特定賃金ヲ支給スルモノトス

又要領第十九條但書ニ據リ省公署所在地最寄驛ニ於テ授受シタル場合ハ附表第一ニ基キ市、縣、旗公署所在地最寄驛ヨリ授受地迄ノ輸送ニ要シタル實費ヲ支拂フモノトス

第十八條　要領第二十條ニ據リ輸送ヲ行フ場合ノ輸送指揮官ハ鐵道輸送ニ在リテハ一日以上必要期間ノ、水路輸送ニ在リテハ輸送ニ要スル全期間ノ所要食糧（一人當日量ハ第十五條ニ據ル）ヲ乘車乘船前支給シ携行セシムルモノトス

本食糧ハ通常乘車、乘船地ノ市、縣、旗長ノ斡旋ニ據ルモノトシ輸送指揮官ハ成ル可ク速カニ其ノ所要量ヲ斡旋者ニ連絡シ且其ノ受領時所要經費ヲ一括支拂フモノトス

第十九條　要領第二十ニ據ル輸送ノ途中死者ヲ生シタル場合又ハ傷痍疾病ノ爲下車療養ヲ要スル場合ハ左記ニ據リ處置スルモノトス

左記

1. 輸送指揮官ハ其ノ旨最寄軍事鐵道機關ニ屆告シ其ノ指示ニ據リ之ヲ下車セシムルト共ニ供出市、縣、旗長ニ之カ引取ノ件ニ關シ速報スルモノトス

2. 輸送指揮官ハ下車セシメタル傷病患者又ハ屍體（遺品共）ノ處置ヲ其ノ地駐屯地司令官ニ委託スルモノトシ下車驛ハ要領第四條ニ規定スル駐屯地司令官ノ所在地トス

右ニ關シ軍事鐵道機關ハ所要ノ援助ヲナスモノトス

3. 前號ノ委託ヲ受ケタル駐屯地司令官ハ最寄憲兵隊ト協力シ其ノ地ノ滿洲國關係機關ヲ指導シテ之カ處置ニ任シ供出市、縣、旗ヨリ引取人等ノ派遣アリタル場合ハ之カ引渡ニ任スルモノトス

死亡者ノ葬祭ヲ行フ際ノ處置ハ第四十八條ニ準ス

4. 死亡者ノ葬祭料、遺族扶助料、下車療養患者ノ療養費、特定賃金及引取人ニ對スル旅費手當等ノ支給ハ附表第一ニ據ルモノトス

第二十條　要領第二十三條ニ據ル勞務者ノ輸送途中ノ保護輔導ノ爲特ニ之ヲ要求シ滿洲國關係機關ノ職員ヲ就勞地又ハ途中迄附添ハシメタル場合ハ附表第一ニ基キ所要ノ經費ヲ支拂フモノトス

第二十一條　部隊長ハ勞務者還送ニ際シ供出市、縣、旗長ニ歸還勞務者ノ人員、募集地、到着驛、日時及持歸金ノ概略等ヲ通知シ解散準備ニ遺憾ナカラシムルト共ニ關係憲兵隊長ニ所要ノ事項ヲ通報シ警務對策及保護輔導實施ノ資料タラシムルモノトス

第二十二條　部隊長ハ勞務者ノ還送ニ方リ其ノ就勞實績ヲ證明スル就勞實績通報（樣式第九）ヲ供出市、縣、旗長ニ通報スルモノトス

第五　直營及請負勞務者ノ授受及輸送

44

第二十三條　直營及請負勞務者ノ輸送ハ要領第二十二條ニ據リ業者ノ自力ヲ以テ行ハシムルモノナルモ關係部隊長ハ樣式第二ノ證明願ニ所要ノ證明ヲ行ヒ又輸送間左記ニ據リ必要ノ指導斡旋ヲ行フモノトス

1. 車輛ノ配當、輸送途中ノ勞務者ノ保護輔導等ニ關シ必要ノ斡旋ヲ行フモノトス

2. 輸送指導ノ爲左ノ範圍ニテ所要ノ人員ヲ派遣スルコトヲ得

每一五〇名ニ付　一名以內

3. 輸送途中ノ事故者ノ處置ハ第十九條ニ準シ實施セシムルコトヲ得

第二十四條　部隊長ハ業者ヲシテ要領第十七條ニ據ル緊急供出勞務者ヲ歸還セシメタル場合ハ第二十二條ニ準シ供出市、縣、旗長ニ就勞實績ヲ報告セシムルモノトス

第二十五條　要領第二十二條ノ但書ニ據リ直營勞務者ヲ輸送スル場合ハ第十三條乃至第二十四條ニ據ルノ外第十三條ノ輸送請求書ノ經費支拂區分欄ニ「直營」ト明記スルモノトス

第六　直傭勞務者ノ使役、管理

第二十六條要領第十一條乃至第十三條ニ據リ斡旋又ハ供出ヲ受クル勞務者ハ通常勞働報國隊ヲ編成シ適宜分隊、小隊、中隊、大隊ニ分チ且所要ノ幹部ヲ附シアルモノトス

45

部隊長ハ勞務者ノ使役及管理ノ的確ヲ期スル爲其ノ編成ニ關シ供出前當該市、縣、旗長ニ所要ノ連絡ヲ行フコトヲ得

又幹部中不適任ナル者アル場合ニハ隨時之カ交代ヲ當該市、縣、旗長ニ要求スルコトヲ得

第二十七條　勞働報國隊ヲ使役スルニ方リテハ其ノ建制ヲ保持スルニ努メ又幹部中分隊長ハ一般勞務者ニ伍シ就勞セシムルモ小隊長以上ハ通常作業現場ニ於テ一般勞務者ノ作業ノ指揮、監督ニ任セシメ直接就勞セシメサルモノトス

第二十八條　報國隊ヲ結成シアラサル勞務者ノ使役ニ際シテハ常傭勞務者中ノ德望アル有力者ヲ選定シ班長トスルコトヲ得

第二十九條　要領第二十四條ニ據リ整備スヘキ書類ハ附表第二ニ據ルモノトス

第三十條　賃金ハ左表ノ標準實働時間ニ對シ日額ヲ支給スルモノトシ其ノ標準時間ヲ超ヘ又ハ滿タサル就勞ニ對シテハ左記ニ據リ步增又ハ步引ヲ行フモノトス

1. 始業時刻前三時間又ハ終業時刻後五時間以內ノ早出、殘業ニ對シテハ每一時間ニ付賃金日額ノ十分ノ一ノ步增

2. 終業時刻後五時間目ヨリ始業時刻前三時間目ニ到ル間ノ殘業早出ニ對シテハ每一時間每ニ賃金日額ノ十分ノ二ノ步增

3. 官ノ都合ニ據リ一日ノ實働時間カ規定ノ實働時間ノ半分ニ滿タル時ハ賃金日額ノ二分ノ一ノ歩引
但シ半分以上全部ニ滿タサル時ハ歩引ヲ行ハス
4. 勞務者ノ自由意志ニ據リ就勞セサル場合ハ毎一時間ニ付賃金日額ノ十分ノ一ノ歩引

月割	1	2	3	4	5	6	7	8	9	10	11	12
實働時間	7.5	7.5	7.5	9.0	9.0	10.5	10.5	10.5	9.0	9.0	7.5	7.5
備考	1. 部隊長ハ本表標準時間ニ基キ作業ノ種類季節其ノ他ヲ勘案シ始業及終業時刻ト共ニ適宜決定スルモノトス 2. 本表時間中ニハ休憩時間概ネ一時間半ヲ含マサルモノトス											

第三十一條　要領第二十六條ニ據ル毎一回ノ昇給ノ標準ハ賃金日額ノ五十分ノ一以内トシ通常六ケ月ヲ期限トシテ之ヲ行フモノトス

本條ニ據ル昇給ノ為賃金日額カ其ノ地ノ最高賃金額ヲ超ユルヲ妨ケス

第三十二條　要領第二十八條ノ特定賃金ノ支給ハ附表第一ニ據ルモノトス

第三十三條　要領第二十九條ノ月給及手當支給ハ附表第一ニ據ルモノトス

第三十四條　要領第三十條ノ經費ノ支拂ハ附表第一ニ據ルモノトス

第三十五條　要領第三十一條ニ據リ家族送金ノ斡旋ヲ行フニ方リ賃金精算ノ上行フトキハ時期ヲ失ス

ル場合ハ概算ニ依リ便宜ヲ圖ルコトヲ得

第三十六條　部隊長勞務者收容施設ヲ建設セントスルトキハ所要ノ事項ヲ具シ所屬兵團經理部長ノ承認ヲ受クルモノトス

一地ニ固着スル勞務者用居住設備ノ基準ハ附圖第四ニ據ルモノトス

第三十七條　要領第三十二條ニ據ル照明及採煖ハ軍ノ施設ニ收容シタル場合ニ限リ必要ノ最少限度ノ現物ヲ支給スルモノトス

第三十八條　炊事施設及炊事用具中共同使用ノモノハ軍ニ於テ準備シ個人食器類ハ勞務者ノ負擔トス

第三十九條　副食物及炊事用燃料ハ勞務者ヲシテ負擔セシムルモ之カ調達ニ關シテハ必要ニ應シ部隊ニ於テ斡旋スルモノトス

第四十條　要領第三十三條ニ據ル糧秣ノ配給ハ附錄第二「勞務者用糧秣補給要領」ニ據ルモノトス

第四十一條　要領第三十三條ニ據ル糧秣以外ノ被服其ノ他ノ勞需物資ノ配給ハ別ニ定ムルトコロニ據ルモノトス

第四十二條　勞需ノ受拂ハ附表第二ノ勞需品配給出納簿ニ據ルモノトシ又配給價格ノ賃金ヨリノ控除ハ附表第二ノ勞務者賃金計算書ニ據ルモノトス

第四十三條　已ムヲ得ス採用セル輕徵ノ阿片中毒患者ニ對シテハ地方行政機關ヲ通シ阿片ノ配給ヲ斡

旋スルコトヲ得
本患者ハ勞務者名簿ニ登錄スルモノトス
第四十四條　要領第三十四條ニ據ル勞務者醫療用衞生材料ノ取扱ハ附錄第三ノ「勞務者醫療用衞生材料取扱要領」ニ據ルモノトス
第四十五條　要領第三十五條及第三十六條ニ據ル療養費及休業間ノ特定賃金ノ支給ハ附表第一ニ據ルモノトス
第四十六條　要領第三十五條ニ據ル打切慰藉料及同第三十七條ニ據ル障害慰藉料支給ノ基準ハ附錄第四「身體障害等級及慰藉料表」ニ據ルモノトス
第四十七條　要領第三十八條ニ據ル遺族扶助料ノ支給ハ附表第一ニ據ルモノトス
第四十八條　死亡シタル勞務者ノ葬祭ヲ行フ場合ハ部隊ヨリ附表第一ノ葬祭料ヲ支給スル外左ノ各號ニ依リ處置スルモノトス
(イ)屍體ノ處置ニ就テハ遺族又ハ世話人ノ意向ヲ尊重スルモ屍體ヲ現送スル場合其ノ費用ハ部隊之ヲ負擔セサルモノトス
(ロ)屍體ヲ火葬ニ附シタル時ハ其ノ遺骨ヲ、又土葬ニシタル時ハ其ノ遺髮ヲ遺品(勞務者就勞間ノ賃金ヲ含ム)ト共ニ鄭重確實ニ遺族ニ屆クルモノトス

47

(ハ)屍體埋葬ノ箇所ニハ勞務者ノ氏名、年齡、供出地及死亡年月日ヲ記載シタル墓標ヲ建ツルモノトス

第四十九條　要領第三十九條ニ據ル表彰金ノ交付竝ニ同第四十條ニ據ル皆勤手當、就勞獎勵手當ノ支給ハ附表第一ニ據ルモノトス

第七　直營及請負勞務者ノ使役管理

第五十條　要領第四十四條第3號ニ據リ整備スヘキ書類ハ附表第二ニ據リ、業者ヲシテ提出セシムル書類ハ附表第三ニ據ルモノトス

第五十一條　要領第四十四條第5號ニ據ル勞需ノ配給ハ第四十條及第四十一條ニ準シ行フモノトス

第八　經費

第五十二條　要領及細則ニ規定スル諸經費ノ支拂ニ關スル細部ハ附表第一「勞務關係經費支出基準表」ニ據ルモノトス

第五十三條　逃亡セル勞務者ノ就勞間ノ賃金ニシテ支給後部隊ニ於テ保管シアルモノハ之ヲ勞務者用酒保利益金ニ繰入ルモノトス

第五十四條　部隊長ハ勞務者用酒保利益金ノ現在高及使用概況ヲ四半年毎ニ順序ヲ經テ關東軍司令官ニ報告スルモノトス

第九　報告

第五十五條　要領及細則ニ基キ必要トスル報告通報ノ細部ハ附表第三ニ據ルモノトス

49

附表、附圖樣式附錄目錄

附表第一　勞務關係經費支拂區分表……三七
屬表第一　集結費地區別一覽表……四四
附表第二　勞務ニ關シ特ニ整備スヘキ書類一覽表……五二
附表第三　勞務關係提出書類一覽表……五四
附圖第一　常傭勞務者軍標識……五七
附圖第二　一般直傭勞務者軍標識……五八
附圖第三　請負（直營）勞務者軍標識……五九
附圖第四　勞務者居住施設標準圖……六〇
樣式第一　軍用勞務者募集證明願……六二
樣式第二　軍用勞務者鐵道輸送證明願……六二
樣式第三ノ一　勞務者名簿……六三
樣式第三ノ二　軍標識照合簿……六四
樣式第四　勞務者點呼實績簿……六五

一

樣式第五　賃金計算書……六八
樣式第五屬表　勞務者賃金受領書……六九
樣式第六　請負（直營）勞務者補充計畫……七〇
樣式第七　勞務者募集證明發給通報報告……七一
樣式第八　勞務者現況報告……七三
樣式第九　勞務者就勞實績通報……七四
附錄第一　短期就勞勞務者取扱要領……七五
附錄第二　勞務者用糧秣補給要領……七七
附錄第三　勞務者醫療用衛生材料取扱要領……七九
附錄第四　身體障害等級及慰藉料表……八四

50

附表第一

勞務關係經費支出區分表

基準條項	細分	說明	單位支拂額	支拂時期及方法	摘要
細則第七條	募集手數料	滿洲國ニ於テハ之ヲ募集工作費ト稱ス	供出要求人員ニ對シ一人當五圓	勞務者受領時、供出行政官公署長ニ一括支拂フ	一、細則第六條ノ就勞地到着後一ヶ月以内ニ於ケル缺數ノ補充ノ場合ハ集結費解散費ノミヲ支拂フ 二、解散費ハ特ニ屬表第一ノ區分ニ依ル市地域及第一級地供出勞務者ニ在リテハ半額トス 三、業務上非業務上ヲ問ハス傷痍疾病ノ爲歸還セシムル場合（輸送中ノ下車療養患者ヲ含ム）及單獨又ハ少數ノ人員ヲ歸還セシムル場合モ本項所定ノ解散費ヲ支拂フ
	集結費 解散費	供出市、縣、旗公署所在地最寄驛又ハ適宜ノ場所迄ノ集結又ハ解散ニ要スル經費	供出要求人員ニ對シ屬表第一ノ區分ニ據ル經費 但シ供出地ト就勞地トカ同一縣、旗内ニ在ル場合ハ五圓	勞務者授受時、供出行政官公署長ニ一括支拂フ	
	技能檢查場手當	技能勞務者ノ技能檢查準備ヲ供出行政官公署長ヲシテ擔任セシメタル場合ノ支拂經費	受檢人員ニ對シ一人當七十五錢	檢查終了後供出行政官公署長ニ一括支拂フ	
	適格檢查待機間ノ特定賃金	勞務者ノ適格檢查豫定日ニ到ルモ部隊ノ都合ニ據リ檢查シ得ザル場合及部隊ノ都合ニ據ラザルモ部隊ニ於テ供出行政官公署ノ事情已ムヲ得ズト認メタル場合ノ特定賃金	適格檢查豫定日ニ於ケル集結人員ニ對シ檢查豫定日ヨリ檢查實施前日迄一人日額七十錢	勞務者受領時、供出行政官公署ヲ通シ供出勞務者ニ支給ス	
細則第十七條	輸送待機間ノ特定賃金	勞務者受領後直チニ輸送シ得ズ待機スル場合ノ特定賃金	適格檢查當日ヨリ輸送開始前日迄一人日額勞務者七十錢分隊長又ハ班長九十錢	輸送開始前供出行政官公署ヲ通シ勞務者ニ支給ス	一、輸送待機間特ニ宿泊ヲ要スル場合ハ本項所定ノ特定賃金ノ他其ノ實費ヲ支拂フ

三七

細則第十七條	輸送間ノ特定賃金	準軍事輸送ニ依ル從ツテ現品給與ニ依ル場合ノ特定賃金	輸送開始當日ヨリ就勞迄及就勞地出發ヨリ解散迄、一人日額勞務者ハ三十錢分隊長又ハ班長ハ五十錢	就勞地出發前又ハ就勞地到着後勞務者ニ支給ス	二、細則第十七條末項ノ場合ハ供出市、縣、旗、公署所在地最寄驛出發當日ヨリ輸送開始前日迄本項所定ノ輸送待機間ノ特定賃金及市縣旗公署所在地最寄驛ヨリ授受地迄ノ輸送ニ要シタル實費ヲ輸送開始前供出行政官公署ヲ通シ勞務者又ハ官公署長ニ支拂フ又此ノ場合ノ檢查不合格者ニ對シテハ市縣旗公署所在地最寄驛迄ノ輸送實費ヲ勞務者授受時行政官公署ヲ通シ勞務者ニ支給ス
		準軍事輸送ニ依ラス從ツテ現品給與ニ依ラサル場合ノ特定賃金	同右ノ日數トシ、一人日額勞務者ハ七十錢分隊長又ハ班長ハ九十錢		
細則第十四條	旅費	單獨又ハ少數ノ人員ヲ輸送スル場合ノ旅費	宿泊料、鐵道(船)賃、車馬賃トシ、宿泊料ハ關旅規別表第一及陸旅規第四表ノ兵額ノ二分ノ一 鐵道（船）賃ハ三等運賃額 車馬賃ハ實費		三、業務上、非業務上ヲ問ハス傷痍疾病ノ爲歸還セシムル場合（輸送中ノ下車療養患者ヲ含ム）モ本項ニ據リ支給ス 四、運賃支給ハ軍ノ定ムル旅行經路ニ據リ又宿泊料支給ハ陸旅規及關旅規ニ據ル（以下同斷） 五、勞働報國隊ノ幹部（分隊長ヲ除ク）ニ對シテハ準軍事輸送中食費トシテ日額四十錢ヲ減額ス
細則	輸送中ノ死亡者下車療養患	輸送中死亡シタル者ニ對スル葬祭料遺族扶助料及下車療養患者ニ對スル療養費特定賃金及之カ引取人ニ對スル支拂經費	葬祭料及遺族扶助料ハ夫々第四十七條及第四十八條ニ據ル 下車療養患者ニ在リテハ十日以内ニ於ケル療養費ノ全額及特定賃金日額七十錢 引取人ニ對シテハ本俸八〇圓以上	葬祭料ノ殘額ハ關係駐屯地司令官ヲ通シ遺族扶助料ハ直接供出市、縣、旗長ニ交付シ夫々遺族ニ支給ス 療養費及特定賃金ハ關係駐屯地司令官ヲ通シ夫々其ノ地ノ關係機關又ハ供出市、縣旗長ヲ	一、下車療養患者ニ在リテハ必要ニ應シ細則第四十六條ニ準シ障害慰藉料ヲ支給スルコトヲ得 二、引取人ニ對シテハ本項該當者ニ在リテモ所屬官廳ヨリ旅費支給ヲ受クルモノニハ支給ヲ要セス（以下同斷）

51

第十九條	者ニ對スル支拂經費		運賃 二等 日當 三圓 宿泊料 七圓 本俸八〇圓未滿 運賃 三等 日當 二圓五十錢 宿泊料 六圓五十錢	經テ勞務者ニ支拂フ 引取人ニ對スル運賃、日當、宿泊料ハ供出市、縣、旗長ノ請求ニ應シ、一括交付シ、本人ニ支拂フ 療養費ハ通常勞務者用酒保利益金ヲ以テ支辨ス	
細則第二十條	輸送間ノ保護係官ニ對スル支拂經費	軍ノ要求ニ依リ勞務者輸送中ノ保護補導ニ任シタル滿洲國關係機關ノ職員ニ對スル支拂經費	本俸八〇圓以上 運賃 二等 日當 三圓 宿泊料 七圓 本俸八〇圓未滿 運賃 三等 日當 二圓五十錢 宿泊料 六圓五十錢	供出市、縣、旗長ノ請求ニ應シ一括交付シ本人ニ支拂フ	準軍事輸送間ニ在リテハ運賃ノ支拂ヒヲ要セス
細則第三十四條	就勞間ノ指導掛官ニ對スル支拂經費	就勞地ニ在リテ勞働報國隊ノ幹部トシテ其ノ直接ノ指導ニ任シタル滿洲國關係機關ノ職員ニ對スル支拂經費	就勞地到着ノ翌日ヨリ就勞地出發ノ前日迄トス 旅籠料ハ一夜ニ付五圓 但シ官舍ヲ貸與セル場合ハ三圓七十錢又官舍貸與糧食官給ノ場合ハ之ヲ給セス	本人ノ請求ニ應シ其ノ都度支拂フ	供出行政官公署ヨリ派遣セラルル連絡者及慰問者ニハ之ヲ給セス
			班長又ハ分隊長 勞務者ノ賃金ニ手當トシテ五十錢ヲ加算シタル額 小隊長 月給七〇圓以上但シ分隊長ノ月收總額ニ五圓ヲ加算シタル額カ七〇圓		一、日割計算ニ依リ減額スル場合輸送間ハ減額セス 二、分隊長班長ノ給與ハ勞務者ノ就勞ヲ促進スル爲勞務者ノ賃金ニ其ノ稼働日數一日一人當二錢ヲ加算シタル額ヲ標準トスルコトヲ得

三九

條	事項	內容	金額	支給方法	備考
細則第三十三條	特殊給與	班長及勞働報國隊幹部トス	ヲ超ヘタル場合ハ其ノ額 中隊長　月給、小隊長ノ額ニ一〇圓ヲ加算シタル額以上 中隊付　月給、小隊長ト同額以內 大隊長　月給、中隊長ノ額ニ二〇圓ヲ加算シタル額以上 大隊付　月給、中隊長ト同額以內 醫師、通譯其ノ他　現地ノ實情ニ應シ部隊長ハ供出市、縣、旗長ト協議決定シタル額	毎月一回乃至二回ニ區分シ支拂フ給與始期ハ受領日トシ終期ハ解散日トス 但シ班長、分隊長ニ在リテハ就勞地到着翌日ヨリ就勞地出發前日迄トス	
細則第三十二條	部隊長ノ命シタル休務日ノ特定賃金	諸種ノ事情ニ據リ部隊長ニ於テ之ヲ命シタル休務日ニ於ケル特定賃金	一人日額 勞務者　七十錢 分隊長又ハ班長　九十錢		防疫（適用傳染病ハ法定傳染病ノ他回歸熱、マラリヤ、流行性出血熱トス）ノ爲ノ健康隔離者ニ對スルモノハ本項ニ準ス
	休業間ノ療養費	勞務者業務ニ起因シ傷痍疾病ヲ受ケタル場合ノ療養費	療養費ノ全額	必要ノ療養ヲ施ス	傳染病罹患者及疑似者ニ對シテハ療養費ノ金額ヲ支給スルカ又ハ必要ノ療養ヲ施シ且一人日額勞務者七十錢以內分隊長又ハ班長九十錢以內ノ特定
		同右ニ非サル場合ノ療	必要ト認ムル療養費	必要ノ療養ヲ施スコト	

52

細則第四十五條		養費		ヲ得 勞務者用酒保利益金ヲ以テ支辦ス	賃金ヲ支給スルコトヲ得
	休業間ノ特定賃金	勞務者業務ニ起因シ負傷又ハ疾病ニ罹リタル場合ノ特定賃金	一人日額 勞務者 七十錢 分隊長又ハ班長 九十錢		
		同右ニ非サル場合ノ特定賃金	一人日額 勞務者 四十錢 分隊長又ハ班長 六十錢		
細則第三十七條	收容	軍施設以外ノ他ノ有利ナル方法ニテ收容シタル時ノ經費	必要最小限度ニ於テ軍ノ借上收容		
	採煖照明	軍施設ニ收容シタル場合ノ所要經費	必要最小限度ニ於テ現物支給		
細則第四十六條	障害慰藉料	勞務者業務ニ起因シ傷痍疾病ヲ受ケ其ノ治癒後ニ於テ身體ニ障害ヲ存シタル時ノ慰藉料	附錄第四「身體障害等級及慰藉料表」ニ據ル	供出市、縣、旗長ヲ通シ勞務者ニ支給ス	一、障害慰藉料及打切慰藉料ハ災害カ勞務者ノ非行又ハ故意ト認メラルル場合ハ支給セス 二、勞務者互助共濟金等ヲ組織シタル場合ニ於テ其ノ災害ニ關スル給付ヲ受クル時ハ業務ニ起因スル災害ニ係ルモノノ外支給ヲ要セス 三、傷害慰藉料ヲ支給スル勞務者ニシテ引續キ就勞中再發シ歸還セシムル場合ニ在リテモ必要ニ應シ打切慰藉料ヲ支給スルコトヲ得 四、傳染病ニヨル死亡者ハ情況ニヨリ業務起因トシテ取扱フコトヲ得
	打切慰藉料	勞務者勞務ニ起因シ傷痍疾病ヲ受ケ療養開始後二ケ月ヲ經過スルモ治癒セス或ハ其ノ自宅ニ於テ療養セシムルヲ適當ト認メ歸還セシムル時ノ慰藉料	雇傭後一ケ年未滿ノ者ハ賃金日額ノ七五日分 一ケ年以上五年未滿ノ		

四一

細則第四十七條	遺族扶助料	業務基因	者ハ九五日分、五年以上ノ者ハ一一五日分トシ必要ト認ムル時ハ適宜増額スルコトヲ得但二三〇圓ヲ超エルヲ得ス	供出市、縣、旗長ヲ通シ遺族ニ支給ス	
		基因セス	雇傭後一ヶ年未滿ノ者ハ賃金日額ノ三五日分、一ヶ年以上五年未滿ノ者ハ五五日分、五年以上ノ者ハ七五日分トシ必要ト認ムル時ハ適宜増額スルコトヲ得但シ一五〇圓ヲ超ユルヲ得ス		
細則第四十八條	葬祭料	勞務者死亡シ其ノ葬祭ヲ行フ遺族ニ支給スヘキ經費	三〇圓	供出市、縣、旗長ヲ通シ遺族ニ支給ス	勞務者死亡シ、現地ニ於テ假埋葬其ノ他處置ヲ爲シタル場合ノ經費ニシテ三〇圓未滿ノ時ハ其ノ剩餘ハ本項ニ準シ遺族ニ支給ス
細則第四十九條	皆勤手當	一ヶ月間(部隊ノ命シタル休務日ヲ除ク)皆勤セル勞務者ニ對スル手當	月毎ニ賃金日額一日分		
	就勞奬勵手當	就勞期間ヲ延長シ(通常就勞豫定期間ニ對シ二ヶ月ヲ超ユル場合)勞務者宣撫ヲ特ニ必要トスル場合ノ手當	毎回一人當賃金日額ノ五日分以内但シ毎回ノ總額カ受給總人員ニ十圓ヲ乘シタル額ヲ限度トス		
	表彰金	成績優秀ナル勞務者ノ團體又ハ個人及特ニ善行アリタル勞務者ニ對シ交付スル經費	個人ニ在リテハ一回一〇圓ヲ限度トシ團體ニ在リテハ一回ノ總額ハ受給總人員ニ三圓ヲ乘		

四二

53

			シタル額ヲ限度トス	
要領第四十二條	慰安ニ要スル經費	芝居、映畫等ヲ觀覽セシメ又樂器等ヲ備付ケル等慰安ニ要スル經費	現品支給	勞務者用酒保利益金ヨリ支辨ス
	傷痍疾病逃亡等ニヨル缺損ノ補塡	勞務者勞務ニ起因セサル傷痍疾病ノ爲所要勞需品ノ代金ヲ支拂ヒ得サル場合及逃亡等ニ因ル缺損ノ補塡	所要額	勞務者用酒保利益金ヨリ支辨ス
細則第二條	標識		現品支給	

四三

集結費地區別一覽表

一、市地區　二圓
二、一級地　五圓
三、二級地　七圓
四、三級地　十圓
五、四級地　十二圓
六、五級地　十五圓

新京特別市

市地域　新京特別市

吉林省

市地域　吉林市、公主嶺市
一級地　永吉縣、蛟河縣、盤石縣、九臺縣、長春縣、懷德縣、敦化縣、農安縣、德惠縣、舒蘭縣、
郭爾羅斯前旗

二級地　扶餘縣、樺甸縣、榆樹縣
三級地　乾安縣、通陽縣

龍江省

市地域　齊々哈爾市
一級地　龍江縣、富裕縣、訥河縣、泰來縣、鎮東縣、大賚縣、安廣縣、白城縣、洮南縣、開通縣、
　　　　依克明安旗
二級地　林甸縣、杜爾伯特旗、景星縣、甘南縣、瞻榆縣
三級地　醴泉縣

北安省

一級地　北安縣、通北縣、綏稜縣、鐵驪縣、綏化縣、慶城縣、海倫縣、克山縣、克東縣
二級地　德都縣、依安縣
三級地　望奎縣、拜泉縣
四級地　明泉縣

黑河省

一級地　璦琿縣、孫吳縣、嫩江縣

二級地　遜河縣
三級地　奇克縣
四級地　烏雲縣、呼瑪縣
五級地　漠河縣、鷗浦縣

三　江　省

市地域　佳木斯市
一級地　樺川縣、鶴立縣、湯原縣
二級地　依蘭縣
三級地　富錦縣、方正縣、通河縣
四級地　綏濱縣、羅北縣、佛山縣、撫遠縣、同江縣

東　安　省

市地域　東安市
一級地　密山縣、勃利縣、林口縣、虎林縣、鷄寧縣
四級地　寶清縣
五級地　饒河縣

55

牡丹江省

市地域　牡丹江市

一級地　寧安縣、穆稜縣、綏陽縣、東寧縣

濱江省

市地域　哈爾濱市

一級地　呼蘭縣、阿城縣、五常縣、双城縣、肇東縣、安達縣、珠河縣、葦河縣

二級地　蘭西縣、肇州縣、賚縣、巴彥縣

三級地　延壽縣、青岡縣、木蘭縣

四級地　郭爾羅斯後旗、東興縣

間島省

市地域　間島市

一級地　延吉縣、琿春縣、汪清縣

二級地　和龍縣

四級地　安圖縣

通化省

市地域　通化市
一級地　通化縣　柳河縣、輯安縣、臨江縣
二級地　輝南縣、金川縣
三級地　長白縣
四級地　濛江縣、撫松縣

安東省

市地域　安東市
一級地　安東縣、鳳城縣
二級地　寬甸縣
三級地　桓仁縣
四級地　岫巖縣
五級地　莊河縣

四平省

市地域　四平市
一級地　西安縣、東豐縣、海龍縣、西豐縣、開原縣、昌圖縣、梨樹縣、双遼縣

56

三級地　長嶺縣

奉　天　省

市地域　奉天市、撫順市、本溪湖市、遼陽市、鞍山市、營口市、鐵嶺市

一級地　瀋陽縣、撫順縣、本溪縣、遼陽縣、海城縣、蓋平縣、復縣、新民縣、鐵嶺縣、清原縣

三級地　遼中縣、法庫縣、興京縣

四級地　康平縣

錦　州　省

市地域　錦州市、阜新市

一級地　錦縣、黑山縣、盤山縣、綏中縣、興城縣、錦西縣、吐默特左旗、特默特中旗、吐默特右旗、彰武縣、義縣

二級地　臺安縣、北鎮縣

熱　河　省

一級地　承德縣、灤平縣、翁牛特右旗、喀喇沁右旗、喀喇沁中旗

二級地　喀喇沁左旗

三級地　興隆縣、豐寧縣、青龍縣、翁牛特左旗、敖漢旗、隆化縣

興安西省

三級地　奈曼旗、開魯縣

四級地　阿魯科爾沁旗

五級地　巴林右翼旗、巴林左翼旗、札魯特旗、克什克騰旗、林西縣

興安南省

一級地　科爾沁右翼前旗、通遼縣、科爾沁右翼後旗

二級地　科爾沁左翼後旗、喜札嘎爾旗

三級地　庫林旗、科爾沁右翼中旗、札賚特旗

四級地　科爾沁左翼中旗

興安東省

二級地　布特哈旗

三級地　阿榮縣

四級地　莫力達瓦旗、巴彥旗

興安北省

市地域　滿洲里市、海拉爾市

57

一級地　陳巴爾虎旗、索倫縣
二級地　新巴爾庫右翼旗、新巴爾虎左翼旗
四級地　額爾克納左翼旗
五級地　額爾克納右翼旗

五一

附表第二

勞務ニ關シ特ニ整備スヘキ書類一覽表

書類名稱（様式）	保存期限	書類ノ目的	摘要
勞務者名簿（様式第三ノ一）	二ケ年	在籍勞務者ノ現況ヲ明カナラシメ且事故發生時ノ處置ニ便ナラシム	軍標識照合簿ヲ兼ネシムルコトヲ得 關係憲兵隊ニ一部通報ス
軍標識照合簿（様式第三ノ二）	二ケ年	軍標識交付ノ概況ヲ明カニシ防諜ニ資ス	
勞務者點呼實績簿（様式第四）	一ケ年	日々ノ出缺ヲ明カニシ賃金支拂等ノ準據タラシム	就業前後ニ點呼ヲ行ヒテ記入シ月末部隊長ノ點檢ヲ受クルモノトス
勞務者賃金計算書（様式第五）	三ケ年	毎月各人ノ收支ヲ明カナラシメ關係證憑書ト共ニ各人ノ支拂ノ證憑トス	
勞需品配給出納簿	二ケ年	勞需品配給受拂ヲ明確ナラシメ關係證憑書類ト共ニ物品受拂ノ證憑トス	様式ハ陸軍會計簿表規程様式第十六ニ準ス

一、直傭勞務者ニ關スルモノハ部隊ニ整備スルモノトシ常備勞務者及其ノ他ノ勞務者ニ區分スルモノトス

58

記事

二、直營及請負勞務者ニ關スルモノハ業者ヲシテ其ノ作業現場ニ備付ケシムルモノトス

三、勞務者賃金計算書同證憑書類ハ請負勞務者ニ關スルモノニ限リ左記要領ニ依リ整備セシムルモノトス

（イ）本號ハ業者直接管理シアル勞務者ニ對シテ作製セシムルモノトス但シ下請人、把頭等ニ對スル一括支拂ハ總テ勞賃ト見做ス即チ下請人、把頭ノ受領證ニテ整理セシムルモノトス

（ロ）業者下請人、把頭等ニ一括シテ勞賃ノ支拂ヲナストキハ下請人、把頭ニ命シ樣式第五號ニ準シ其ノ配下勞務者ノ賃金計算書ヲ作製セシム證憑書ノ整備亦同シ即チ勞務者各個ノ受領高ヲ飽ク迄モ明確ナラシムルモノトス

四、勞需品配給出納簿及所要ノ證憑書ハ請負勞務者ニ關スルモノニ限リ軍ノ配給斡旋ニ係ル勞需ノ品目別ニ概ネ陸軍會計簿表規定樣式第十六ニ準シ整理シ得ル如ク整備セハ可ナルモノトス

五、勞務者ノ在籍數常時三十人未滿ノ部隊ニ在リテハ勞務者名簿以外ノ書類ヲ缺クコトヲ得

五三

勞務關係提出書類一覽表

書類名（樣式）	勞務者區分		調製官	報告通報先	提出期日	部數	摘要
年度勞務者所要數一覽表（要領樣式第一）	全		部隊長	駐屯地司令官 防衞司令官	防衞司令官ノ定ムル期日	同上	一、翌年度勞務動員計畫策定ノ資料トス
	全		防衞司令官	關東軍司令官	十一月十五日	一	
	請負（直營）	築城關係	關東軍築城部長	關東軍司令官	十一月十五日	一	
		同右以外	關東軍經理部長				
勞務者補充計畫（要領樣式第一ニ準ス）	全		部隊長	駐屯地司令官 防衞司令官	防衞司令官ノ定ムル期日	同上	一、各期勞務者配當ノ資料トス
	全		防衞司令官	關東軍司令官	二月末日 八月末日	一	二、請負（直營）ニ關スルモノハ業者ノ指導監督及證明ノ資料トス
	請負	築城關係	關東軍築城部長	關東軍司令官	二月末日、八月末日	一	
			業者	部隊長	下命ノ都度	必要トスル部數	
			部隊長	募集監督官	必要アル場合	一	

59

	(直營) 同右	關東軍經理部長	關東軍司令官	二月末日 八月末日	一	一、勞務統制ノ資料トス
	(直營) 以外ノモノ	業者	部隊長	下命ノ都度	必要トスル部數	
		部隊長	募集監督官	必要アル場合	一	
請負勞務者募集證明書發給報告(通報)(直營)(樣式第七)	請負(直營)	最終證明官	募集地ノ防衛司令官 關東軍經理部長又ハ關東軍築城部長	毎月末取纏メ 翌月十日	一	二、管區外就勞ノ場合ハ募集地ノ防衛司令官ニ對スル通報ヲ要ス
		關東軍經理部長又ハ關東軍築城部長	關東軍司令官	翌月二十日	一	
勞務者現況報告(樣式第八)	請負(直營)	業者	部隊長	部隊長ノ定ムル期日	同上	一、各月間ニ於ケル人員ノ異動ヲ明カナラシメ就勞狀況及給養、衛生、勞需品ノ配給、慰問等管理狀況ノ概要ヲ附記シ希望又ハ所要ノ意見ヲ記ス
	全	部隊長	駐屯地司令官 防衛司令官	二、四、六、八、十、十二月ノ各月二十五日現在トシ防衛司令官ノ定ムル期日	同上	二、部隊長ハ必要ニ應シ關係憲兵隊長ニ一部通報ス
		防衛司令官	關東軍司令官	翌月十日	三	
年度勞務概況報告	請負(直營)	業者	部隊長	作業終了後一ヶ月又ハ十一月十日	必要トスル部數	一、翌年度勞務運營ノ參考トス
	全	部隊長	駐屯地司令官 防衛司令官	作業終了後一ヶ月半又ハ十一月二十日	同右	二、各月現況報告ニ基キ年度統計トシ就勞管理ノ概況ヲ附シ希望竝ニ所要ノ意見トス

五五

		防衛司令官	關東軍司令官	作業終了後二ヶ月又ハ十二月十五日	五	
鐵道輸送證明書	請負（直營）	業者	部隊長	部隊長ノ定ムル期日	四	一、業者ノ指導監督ノ資料トス
勞務者名簿					一	二、業者ノ滿洲國又ハ關東州行政官署ニ報告スルモノニ在リテハ其ノ寫ヲ提出セシム
軍標識照合簿寫					二	三、部隊長ハ關係憲兵隊長ニ一部通報ス
勞務者傷病報告					一	
勞務者傷病統計報告					一	

備考

一、部隊長ハ駐屯地司令官、防衛司令官及募集監督官ニ提出スル書類ヲ別ニ順序ヲ經テ本屬長官ニ報告スルモノトス

二、部隊長ハ現況報告中必要ナル事項ヲ募集地ノ防衛司令官及關係行政官公署長ニ通報スルモノトス

60

附圖第一

常傭勞務者軍標識

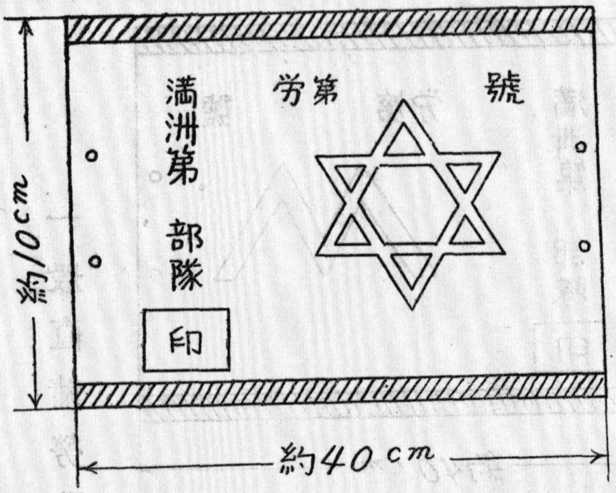

備考

一、地質ハ白地トシ✡ハ朱線トス

二、番號ハ部隊ニ於テ一連番號トス

三、横線ハ左ノ區分ニ依リ其ノ身分ヲ表スモノトス

分隊長又ハ班長	上縁ニ黒一本
小隊長　中隊付	上、下縁ニ黒一本
中隊長　大隊付　醫師　通譯	上縁ニ朱一本
大隊長	上、下縁ニ朱一本

附圖第二

一般直傭勞務者軍標識

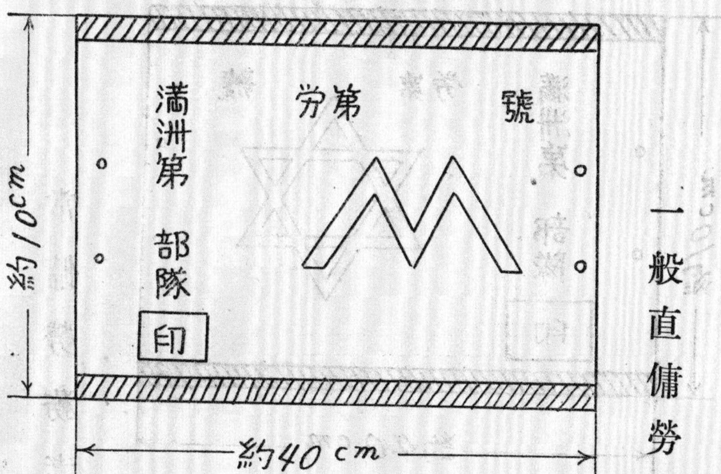

備考

一、地質ハ白地トシ M ハ黒線トス

二、附圖第一ノ備考ノ二、三ニ同シ

61

附圖第三

請負(直營)勞務者軍標識

備考

一、地質ハ白地トシ M ハ朱線トス

二、附圖第一ノ備考ノ二、三ニ同シ

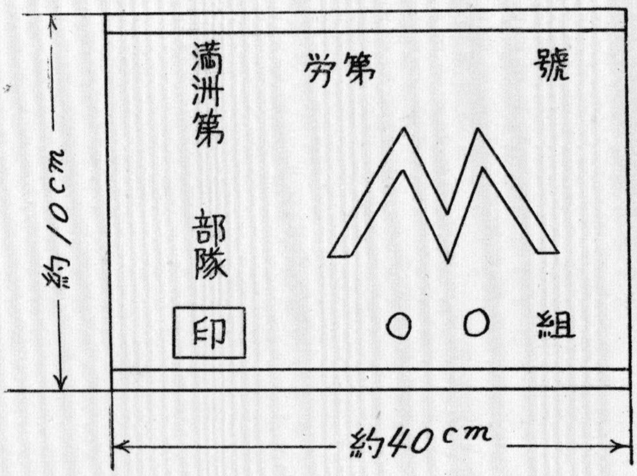

五九

附圖第四

勞務者居住施設標準圖

本圖ノ外浴室、厠、独身者宿舍ニハ炊事ノ小屋ヲ附設スルモノトス

浴室、炊事小屋ハ宿舍仝程度ノモノヲ別棟トシテ設ク

厠ハ木造（便溜式）トシ簡易ノモノトス

〇用水ハ支那井戸ニヨルヲ原則トス

〇電燈施設ヲ有スル地區ニアリテハ最少限ノ配線ニヨリ電燈施設ヲナスコトヲ得

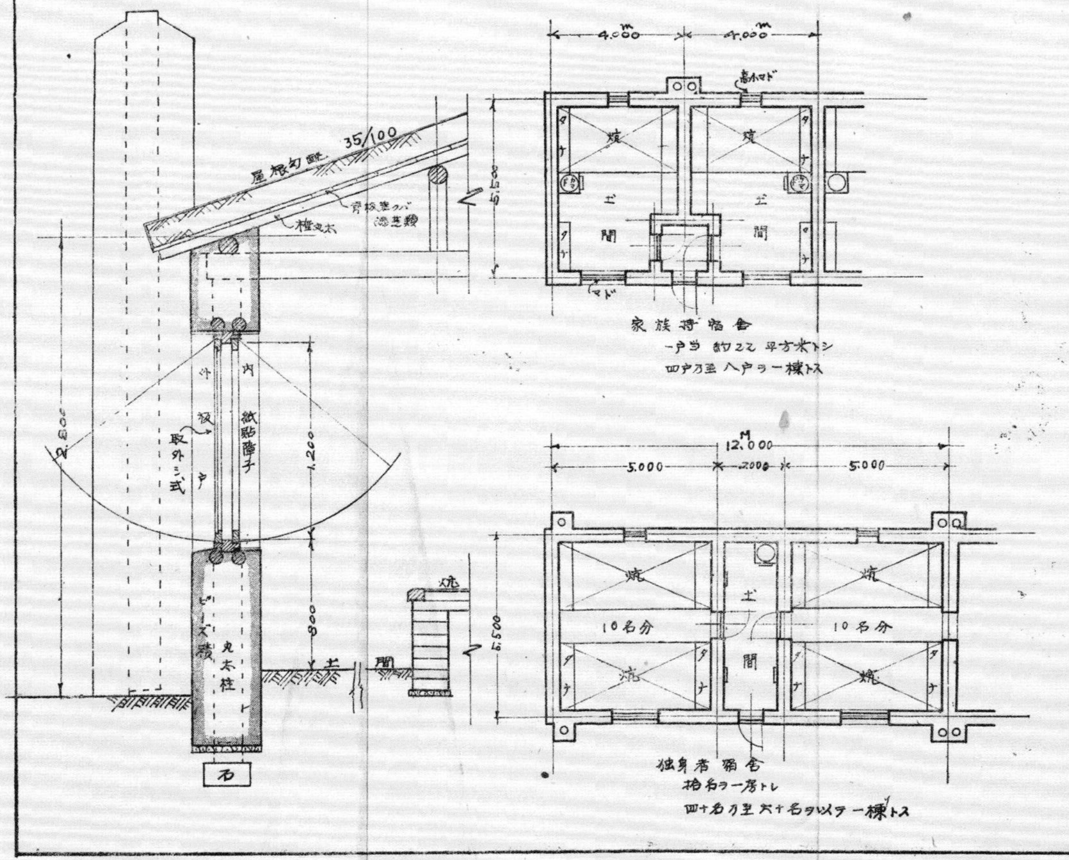

63

様式第一

軍用勞務者募集證明願

就勞地	
募集期間	自昭和　年　月　日 至昭和　年　月　日
募集地	
募集責任者住所氏名	
證明欄　部隊長證明欄	
證明欄　省內就勞證明欄（省外就勞經由欄）	
證明欄　省外就勞證明欄	

業者名	住所 氏　　名㊞
願出月日	昭和　年　月　日
募集勞務者職種別人員	

調製上ノ注意

一、募集地域ハ省市縣旗等詳細ニ記入スルモノトス

二、工事ニ在リテハ欄外ニ作業種類及工事名稱ヲ記入スルモノトス

（但シ部外ニ提出スベキモノヲ除ク）

六二

様式第二

軍用労務者鐵道輸送證明願

住所
業者名　　氏　　名㊞

昭和　年　月　日

關係部隊長殿

左記工事用人夫ニ對シ鐵道輸送證明相成度及御願候也

左記

工事名稱	願出人ニ交代スベキモノニハ記載セズ	輸送期間	
發驛名		著驛名	
人員			

右ノ通相違無キコトヲ證明ス

昭和　年　月　日

部隊名　　氏　　名㊞

64

様式第三ノ一

勞務者名簿

勞働登錄番號	職種	氏名	年令	募集地	前職業	留守擔當者 本人トノ續柄	留守擔當者 氏名	留守擔當者 職業	留守擔當者 住所	供出前軍就勞日數	今次雇傭期日	同解雇期日	摘要	備考

調製上ノ注意

一、前職業ハ部隊ニ雇傭前ノ職業ヲ記スルモノトス

二、軍就勞日數ハ勞務者ノ雇傭時供出市縣旗長ノ提出スル勞務者名簿ノモノニ依ルモノトシ既往ニ於ケル軍部隊ノ就勞總日數トス

三、摘要ハ死亡、逃亡及解雇ノ區別其ノ他本名簿整理上必要ナル事項ヲ記ス

六三

様式第三ノ二

軍標識照合簿

標識番號	交付年月日	本籍地	職名	氏名	受領印	返納月日	係員受領印	摘要

調製上ノ注意

一、摘要欄ニ死亡逃亡解雇等返納事由ヲ記載スルモノトス

二、本様式ハ直傭勞務者ニアリテハ様式三ノ一ヲ以テ兼ネシムルコトヲ得請負（直營）勞務者ニアリテハ各人ノ受領印ヲ要セズ業者代表者ニ一括シテ交付スルヲ妨ゲズ

65

様式第四

勞務者點呼實績簿

職業別	氏名年齡	就勞票番號	何月 一日	二日	三日	四日	五日	六日	七日	八日	九日	一〇日	一一日
點呼實施者認印			印										
立會監督者認印			印										
大工	何某 何歳	何々 第號	在										
大工	何某 何歳	何々 第號	在										
左官	何某 何歳	何々 第號	在										
左官	何某 何歳	何々 第號	在										
人夫雜役													
人夫雜役			病休										
人夫雜役			歸鄉										
人夫雜役			逃亡										
人夫雜役			病休										
人夫雜役			歸鄉										
點呼實績	在籍定員數												
點呼實績	缺員數		六										
點呼實績	現在籍者數												

六五

月

一二日	一三日	一四日	一五日	一六日	一七日	一八日	一九日	二〇日	二一日	二二日	二三日	二四日	二五日	二六日	二七日	二八日

66

二九日															
三〇日															
三一日															
計（延工數）															

調製上ノ注意

一、本樣式ハ一例ヲ示スモノニシテ各部隊工夫改善ヲ圖リ多少ノ修正ヲ加フルヲ妨ゲズ

二、請負業者（勞力供給業者）ニ在リテハ「土建勞働者保護規則」ニ依ルモノヲ以テ兼ネルコトヲ得

三、記入方法ハ出來高數字ヲ記入スル等能率增進ニ關シテハ特ニ意ヲ用フルモノトス

六七

様式第五

賃金計算書（昭和　年　月分）

氏名	職別	日給制			出來高給制			控除金					支拂金額
		稼働工數	一日當賃金	收得賃金	出來高	單價	收得賃金	募集前貸金	貯金	內貸金	食費	計	
	下請人												
	把頭												
	同												
	大工												
	同												
	土工												

調製上ノ注意

一、本樣式ハ請負勞務者ニ關スル一例ヲ示ス

二、請負勞務者ニ在リテハ「土建勞務者保護規則」ニ依ルモノヲ以テ兼ネシムルコトヲ得

三、內貸金欄ニハ勞需配給控除金等ヲ記載スルモノトス

様式第五屬表（賃金計算證憑書類トス）

勞務者賃金受領書（昭和　年　月分）

一金

內譯

期間	支拂賃金	控除額	支拂額	職	氏名	受領印
自　月　日 至　月　日				下請人		
				把頭		
				同		
				大工		
				其ノ他		

但シ勞務者點呼實績簿ト對照濟

註　下請人把頭等ハ請負人ニシテ下請ヲ用フル場合之ニ對スル支拂金額ハ總テ勞賃ト見做シ本證ニ記入セシムルコトヲ示ス

様式第六

請負(直營)勞務者補充計畫

何部隊(何組)

工事名稱	工事期間
	起工 昭和　年　月　日 竣功 昭和　年　月　日

職別		下命時ノ保有勞力	補充數內譯 月	月	月	月	計	合計
職工	大工							
	左官							
	小計							
人夫	土工							
	人夫雜役							
	小計							
合計								

備考

調製上ノ注意
一、募集ニ對スル見込其ノ他所要ノ事項ヲ記入スルモノトス
二、細則第十一條ニ據リ緊急供出ニ係ル勞務者ノ補充ヲ申請スル場合ハ補充數內譯ヲ受領希望人員月日トシ受領期日ヲ明記スルモノトス

68

様式第七

勞務者募集證明發給通報/報告（昭和　年　月）

昭和　年　月　日

部隊名

區分／組名	證明數 大工	左官	煉瓦工	其他職工	人夫	計	募集官	就勞地（工事名）
計								
前月迄ノ合計								
總計								

調製上ノ注意

一、手元、土工ハ人夫欄ニ記入ス

二、組別、募集省別ニ小計掲上ス

三、作業ノ種類ハ建築工事飛行場整備工事等ノ種類ヲ記シ工事ニ在リテハ工事名ヲ記ス

七一

様式第八

勞務者現況報告（　月分）

年　月　日

部隊名

作業ノ種類

作業地

一、人員ノ異動

職種	前月末現在數	當月雇傭				月間異動者數				月末現在數	摘要
		期日	人員	場所	方法	死亡	逃亡	解雇	轉出		

調製上ノ注意

一、勞務者ノ區分ニ從ヒ別表ニス
二、前月末現在數ハ一、三、五、七、九、十一月二十五日現在數トシ可及的雇傭地別ニ別項トス
三、當月雇傭ノ方法ハ供出、斡旋、自體募集、轉入等雇傭ノ方法ヲ記ス
四、死亡者、逃亡者等ニ對シテハ要スレハ明細書ヲ附ス
五、摘要ハ解雇轉用ノ理由、期日等ヲ記ス
六、業者ノ提出スルモノハ「土建保護規則」ニ依ルモノヲ以テ行フコトヲ得

69

合計

二、就勞狀況

作業ノ種類、稼働率、就勞成績等ヲ記ス

三、管理狀況

管理一般特ニ勞需品ノ配給狀況、保健衛生ノ狀況等ヲ記ス

四、其ノ他特ニ必要ナル事項

五、將來ニ對スル希望

七三

様式第九

勞務者就勞實績通報

年　月　日

部隊名

就勞地

一、人員

ーーー以下　名ト記ス（勞務者名簿寫添付）

二、就勞實績

就勞月日、歸還月日、就勞期間ヲ記ス

三、就勞概況

稼働率、就勞成績等ヲ記ス

四、其ノ他必要ナル事項

五、將來ニ對スル參考事項及希望

附錄第一

短期就勞勞務者取扱要領

一、本要領ハ飛行場ノ除雪、除草作業竝ニ應急的軍需品荷役等臨時不定期ニ必要トスル短期就勞勞務者ノ取扱ニ關シ特ニ必要ナル事項ヲ定ムルモノトス

二、本要領ニ依リ取扱フ勞務者ハ一作業地毎ニ毎回一〇〇名以內、就勞期間一回十日以內トシ日日通勤セシムルヲ原則トス

三、要領第十四條ノ駐屯地司令官ハ要領第十一條ニ準ジ駐屯地內各部隊ノ要求ヲ取纏メ關係市縣旗長ト募集雇傭條件等ニ關シ半ケ年ヲ期限トシテ協定シ、供出ヲ準備スルモノトス

四、部隊長ハ前條ノ協定ニ基キ供出要領ノ細部ヲ協定スルト共ニ募集手數料トシテ供出總人員ニ對シ一人當五圓ヲ關係市縣旗長ニ豫メ支拂フモノトス（協定期間中一回モ就勞セシメザル場合ニ在リテモ回收スルコトナシ）

五、本勞務者ノ授受ハ供出街村ニ於テ行ヒ輸送ハ使傭部隊擔任スルヲ原則トシ輸送ヲ供出市縣旗長ガ擔任シタル場合ニ限リ輸送ニ要シタル實費ヲ支拂フモノトス

六、本勞務者ニハ糧秣被服其他ノ勞需物資ノ配給又ハ取得斡旋ヲ行ハザルモノトス

但シ已ムヲ得ズ通勤セシムルコトナク官ノ準備シタル宿舍ニ收容シタル場合ノ糧秣及燃料ハ其ノ限リニ非ズ

七、本勞務者ノ使傭ニ關スル報告ハ附表第三規定ノ現況報告中ニ特ニ期間及人員數ヲ明記シ行フモノトス

71

勞務者用糧秣補給要領

附錄第二（關經衣第一〇八五號）

一、配給範圍

1、他省及北支方面ヨリノ供出勞務者竝ニ其ノ家族（父母妻子ヲ謂ヒ其ノ他ノ家族ニ在リテハ關係部隊長ノ認ムルモノニ限ル以下同ジ）及之ニ附隨スル馬匹

2、常傭勞務者竝ニ其ノ家族及之ニ附隨スル馬匹

註　常傭勞務者トハ要領第二條ニヨリ直傭勞務者中六ケ月以上同一部隊ニ於テ就勞シ成績優秀身體强健身元確實ナル者ニシテ長期間勤續セシムルタメ採用シタルモノヲ謂フ

3、1 2以外ノ勞務者中軍又ハ請負者ニ於テ特ニ其ノ居住施設ニ收容シ關係部隊長ノ認ムルモノ竝ニ其ノ家族及之ニ附隨スル馬匹

4、滿洲國一般民、勞需ノ配給ヲ受クル勞務者（馬）中勞働ノ程度ニヨリ地方配給量ニテハ不足スルモノニ在リテハ關係部隊長ノ認ムルモノ（本人ノミ）ニ限リ左ノ定量以内ヲ特配スルコトヲ得

品目		一人（馬）日量	摘要
人糧	小麥粉 雜穀（粉共）	二〇〇瓦	小麥粉ト雜穀トノ比率ハ概ネ二對八トス
	豆油	五瓦	
	食鹽	五瓦	
馬糧	豆粕	五〇〇瓦	

72

附録第三（關參一發第九一一三號）

勞務者醫療用衞生材料取扱要領

一、傭給、需品費、糧秣費、被服費、兵器費、馬匹費、患者費、運輸費、築造費支辨ニ係ル直傭（直營）勞務者ニ要スル醫藥品類（當分別紙第一ノ品種トス）ハ概ネ三ケ月分（四—六、七—九‥‥）ノ所要量ヲ取纒メ所要前月十日迄ニ勞務者使用部隊ヨリ別紙第二ノ様式ニ依リ作業相當費目別ニ關東軍野戰貨物廠ニ請求スルモノトス

但シ業務ニ基因セザル傷病者ニ要スル醫藥品ハ勞務者用酒保品トシテ請求スルモノトス

二、關東軍野戰貨物廠ハ前項請求書ヲ檢討シ必要アル場合ハ査定ヲ加ヘ患者費支辨ノ材料ヲ補給シ三箇月毎ニ別紙第三ニ依ル費目別補給實績調書（單價ハ關東軍野戰貨物廠調製ノ補給單價表ニ據ル）ヲ請求部隊及關東軍司令部豫算主務部（科）經由關東軍軍醫部ニ送付スルモノトス

三、關東軍軍醫部ハ十月及四月ニ於テ前項補給實績調書ヲ取纒メ關東軍經理部（主計科）ニ送付、主計科ニ於テ移換ノ手續ヲ為スモノトス

七九

別紙第一

勞務者用醫藥品類補給品種表

品目	單位	摘要	品目	單位	摘要
體溫計	箇		モヒ錠	瓦	一〇〇包
洗眼杯	箇		樟腦軟膏	瓦	一五瓦入 五〇瓦入
長鑷子（竹製）	箇		皓礬（眼藥）	瓦	一〇〇瓦入 五〇〇瓦入 （他ニ眼藥容器附）
ベルオキシード	瓦	五〇〇瓦入	クロールナトリウム（洗眼用）	瓦	五〇〇瓦入
ルゴール液	瓦	一〇〇瓦入	柴胡ノ煎錠	箇	五〇箇入 五〇〇箇入
沃丁	瓦	五〇〇瓦入	黃蓮錠	箇	同
クレゾール石鹼液	瓦	五〇〇瓦入	桔梗浸錠	箇	同
皮膚病藥	瓦	二〇〇瓦入 五〇〇瓦入	遠志浸錠	箇	同
アルコール	瓦	五〇〇瓦入	使君子煎錠	箇	同

73

品目	單位	摘要
沙參浸錠	箇	同
牽牛子煎錠	箇	同
車前子煮錠	箇	同
梓浸錠	箇	同
牻牛兒苗丸	箇	二〇〇箇入 五〇〇箇入
淫羊藿湯	包	五包入
夏枯草湯	包	十包入
防風芍藥湯	包	同
蒲公英湯	包	同
牻牛兒苗湯	包	同
麻黄湯	包	同

品目	單位	摘要
黄蓮鹿柏湯	包	十包入二
卷軸帶二號	卷	
ガーゼ	反	
脫脂綿	瓦	五〇〇瓦包
氷嚢	箇	
防水紙	枚	

別紙第二

自　月
至　月　勞務者用醫藥品補給請求書

部隊名

費目（　　費）

品目	單位	員數	摘要

調製上ノ注意

一、當該費目ノ勞務者數ヲ末尾ニ記載シ置クモノトス

二、特ニ多量ヲ要スル場合ハ摘要欄ニ詳記シ置クモノトス

別紙第三

自　月 至　月 勞務者用醫藥品補給實績調書

關東軍野戰貨物廠

費目（　　　　費）

補給部隊	金額	摘要（請求番號）
合計		

調製上ノ注意

部隊ニ送付スルモノハ當該部隊ニ係ル分ノミヲ記載スルモノトス

八三

身體障害等級及慰藉料表

等級	身體障害	障害慰藉料
一級	一、眼 兩眼ヲ失明シ又ハ兩眼ノ視力〇、〇一以下ニ減シタルモノ 二、口 咀嚼及言語ノ機能ヲ全廢シタルモノ 三、精神及神經 精神又ハ神經系統ニ著シキ障害ヲ貽シ常ニ介護ヲ要スルモノ 四、胸腹部、臟器ノ機能ニ著シキ障碍ヲ貽シ常ニ介護ヲ要スルモノ 五、上　肢 1、兩上肢ノ腕關節以上ヲ失ヒタルモノ 2、十指ヲ失ヒタルモノ 3、兩上肢ノ用ヲ全廢シタルモノ 六、下　肢 1、兩下肢ノ足關節以上ヲ失ヒタルモノ 2、兩下肢ノ用ヲ全廢シタルモノ	雇傭後一年未滿ノ者ハ賃金日額ノ一一〇日分 一年以上五年未滿ノ者ハ一三〇日分 五年以上ノ者ハ一五〇日分トシ必要ト認ムル時ハ適宜增額スルコトヲ得 但シ三百圓ヲ超ユルコトヲ得ズ

二級

一、眼
兩眼ノ視力〇、〇四以下ニ減ジタモノ

二、耳
兩耳ヲ全ク廢シ又ハ兩耳ノ聽力ガ耳殼ニ接セザレバ大聲ヲ解シ得ザルモノ

三、口
1、咀嚼又ハ言語ノ機能ヲ全廢シタルモノ
2、咀嚼及言語ノ機能ヲ著シク障害ヲ貽セルモノ

四、精神及神經
1、精神ニ障害ヲ貽セルモノ
2、神經系統ニ著シキ障害ヲ貽シ終身勞務ニ服スルコト能ハザルモノ

五、胸腹部、臟器ノ機能ニ著シキ障碍ヲ貽シ終身勞務ニ服スル能ハザルモノ

六、上肢
1、一上肢ノ腕關節以上ヲ失ヒタルモノ
2、一手指全部ヲ失ヒタルモノ
3、一上肢ノ用ヲ全廢シタルモノ

七、下肢
1、一下肢ノ足關節以上ヲ失ヒタルモノ
2、十趾ヲ失ヒタルモノ
3、一下肢ノ用ヲ全廢シタルモノ

雇傭後一年未滿ノ者ハ賃金日額ノ七五日分
一年以上五年未滿ノ者ハ九五日分
五年以上ノ者ハ一一五日分トシ必要ト認ムル時ハ適宜增額スルコトヲ得
但シ二三〇圓ヲ超ユルヲ得ズ

三級

一、眼
1、一眼ヲ失明シ又ハ視力〇、〇四以下ニ減ジタルモノ
2、兩眼ノ視力〇、三乃至〇、〇四ニ減ジタルモノ

二、耳
1、一耳ヲ聾シタルモノ
2、兩耳ノ聽力ヲ四十糎ニテハ尋常ノ話聲ヲ解シ得ザルニ至レルモノ

三、鼻
鼻ノ全部又ハ大部分ヲ缺損シタルモノ

四、口
咀嚼又ハ言語ノ機能ニ著シシ障害ヲ貽セルモノ

五、精神及神經
神經系統ノ機能ヲ障碍シ從來ノ勞務ニ服スルコト能ハザルモノ

六、頭、顏及體軀
1、頭蓋骨又ハ顏面骨ノ一部ヲ缺損シタルモノ
2、脊柱ニ著シキ畸形ヲ貽セルモノ
3、頸又ハ腰ニ著シキ運動障害ヲ貽セルモノ

七、胸腹部臟器
胸腹部臟器ノ機能ニ著シキ障害ヲ貽シ從來ノ勞務ニ服スルコト能ハザルモノ

八、上肢
1、一手ノ拇指示指又ハ二指以上ヲ失ヒタルモノ
2、一手ノ拇指、示指又ハ三指以上ニ著シキ障害ヲ貽シ從來ノ勞務ニ服スルコト能ハ

雇傭後一年未滿ノ者ハ賃金日額ノ五〇日分
一年以上五年未滿ノ者ハ六五日分
五年以上ノ者ハ八〇日分トシ必要ト認ムル時ハ適宜增額スルコトヲ得
但シ一六〇圓ヲ超ユルヲ得ズ

ザルモノ

3、一上肢ノ肩胛關節、肘關節又ハ腕關節ニ著シキ障碍ヲ貽セルモノ

九、下　肢

1、一肢ノ股關節、膝關節、足關節ニ著シキ運動障害ヲ貽セルモノ

2、一足ノ五趾ヲ失ヒタルモノ

十、泌尿、生殖器

1、睾丸ヲ失ヒタルモノ

2、泌尿生殖器ノ機能ニ著シキ障碍ヲ貽セルモノ

四級

一、眼

兩眼半盲症ヲ貽セルモノ又ハ視野狹少ヲ貽セルモノ

二、耳

兩耳殼ヲ缺損シタルモノ

三、鼻

鼻ノ機能ヲ失シタルモノ

四、口

齒ヲ缺損シ義齒ヲ以テ補綴シ得ザルモノ

五、上　肢

關節ニ運動障碍ヲ貽スモ從來ノ勞務ニ服シ得ルモノ

六、下　肢

第一趾、第二趾又ハ三趾以上ヲ失シタルモノ

雇傭後一年未滿ノ者ハ賃金日額ノ三五日分
一年以上五年未滿ノ者ハ四五日分
五年以上ノ者ハ五五日分
トシ必要ト認ムル時ハ適宜增額スルコトヲ得
但シ一一〇圓ヲ超ユルヲ得ズ

五級

一、眼

1、兩眼ノ視力〇、〇五乃至〇、〇四ニ減ズルモ眼鏡ヲ以テ補正シ得ルモノ
2、一眼ノ視力〇、〇三乃至〇、〇六ニ減ジタルモノ
3、一眼ニ半盲症ヲ貽スモノ又ハ視野狹少ヲ貽スルモノ
4、一眼ノ眼瞼ヲ缺損シタルモノ
5、眼球又ハ眼瞼ニ運動障碍ヲ貽セルモノ

二、耳

1、一耳ノ耳殼ヲ缺損シタルモノ
2、一耳ノ聽力ガ一米以上ニシテ尋常ノ話聲ヲ解シ得ザルモノ

三、鼻

鼻ノ一部ヲ缺損シタルモノ

四、口

咀嚼又ハ言語ノ機能ニ障碍ヲ貽スモ其ノ程度輕キモノ

五、精神及神經

神經系統ノ機能ニ障害ヲ貽スモ從來ノ勞務ニ服シ得ルモノ

六、頭、顏及體軀

1、顏面、頭又ハ頸部ニ醜痕ヲ貽セルモノ
2、脊柱ニ畸形ヲ貽セルモノ
3、頸又ハ腰ニ障碍ヲ貽スモ從來ノ勞務ニ服シ得ルモノ

七、胸腹部臟器

腰腹部臟器ノ機能ニ障碍ヲ貽スモ從來ノ勞務ニ服シ得ルモノ

雇傭後一年未滿ノ者ハ賃金日額ノ三〇日分
一年以上五年未滿ノ者ハ三五日分
五年以上ノ者ハ四〇日分トシ必要ト認ムル時ハ適宜增額スルコトヲ得
但シ八〇圓ヲ超ユルヲ得ズ

77

八、上　肢

1、一手ノ一指以上ヲ失ヒタルモノ

2、一手ノ指骨ノ一部ヲ失ヒタルモノ

3、上肢ニ運動障碍ヲ貽セルモノ

九、下　肢

1、一足ノ一趾以上ヲ失ヒタルモノ

2、第一趾又ハ第二趾ノ骨ノ一部ヲ失ヒタルモノ

備　考

一、視力ノ測定ハ萬國視力表ニ依ル屈折異狀アルモノニ就テハ正視力ニ付測定ス

二、指ヲ失ヒタルモノトハ拇指ハ指關節其ノ他ノ指ハ第一指以上ヲ失ヒタルモノヲ謂フ

三、指ノ用ヲ廢シタルモノトハ指ノ末節ノ半以上ヲ失ヒ又ハ掌指關節若クハ第一指關節（拇指ニ在リテハ指關節）ニ著シキ運動障碍ヲ殘スモノヲ謂フ

四、趾ヲ失ヒタルモノトハ其ノ全部ヲ失ヒタルモノヲ謂フ

五、趾ノ用ヲ廢シタルモノトハ第一指末節以上其ノ他ノ指ハ末關節以上ヲ失ヒタルモノ又ハ蹠趾關節若クハ第一趾關節（第一趾ニ在リテハ趾關節）ニ著シキ運動障碍ヲ貽スモノヲ謂フ

日本关东军总司令官梅津美治郎关于第四四部队长从「北支那」方面军接收俘虏事宜的命令（一九四三年六月二十三日）

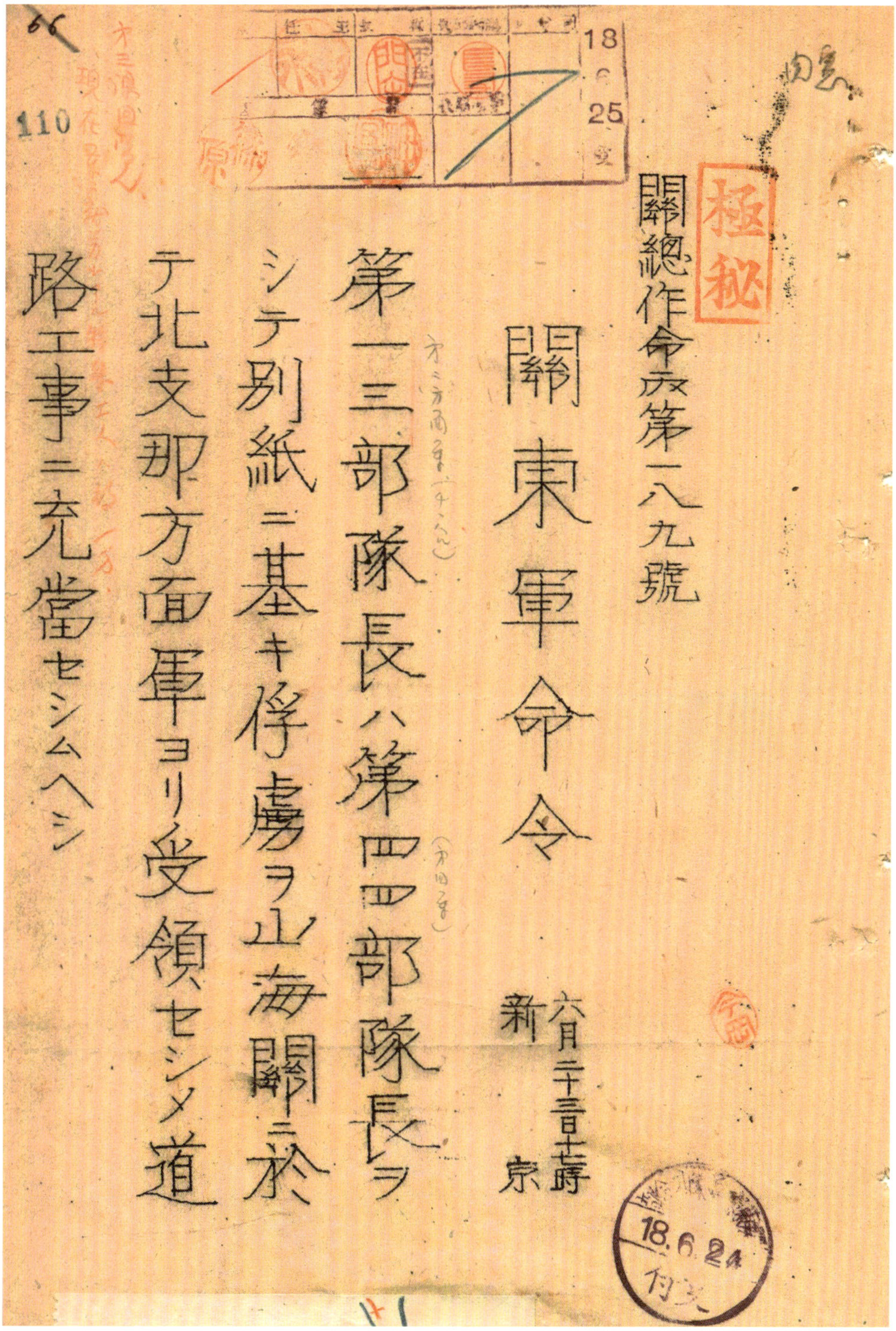

極秘

關總作命丙第一八九號

關東軍命令

六月二十三日十一時 新京

第一三部隊長ハ第四四部隊長ヲシテ別紙ニ基キ俘虜ヲ山海關ニ於テ北支那方面軍ヨリ受領セシメ道路工事ニ充當セシムヘシ

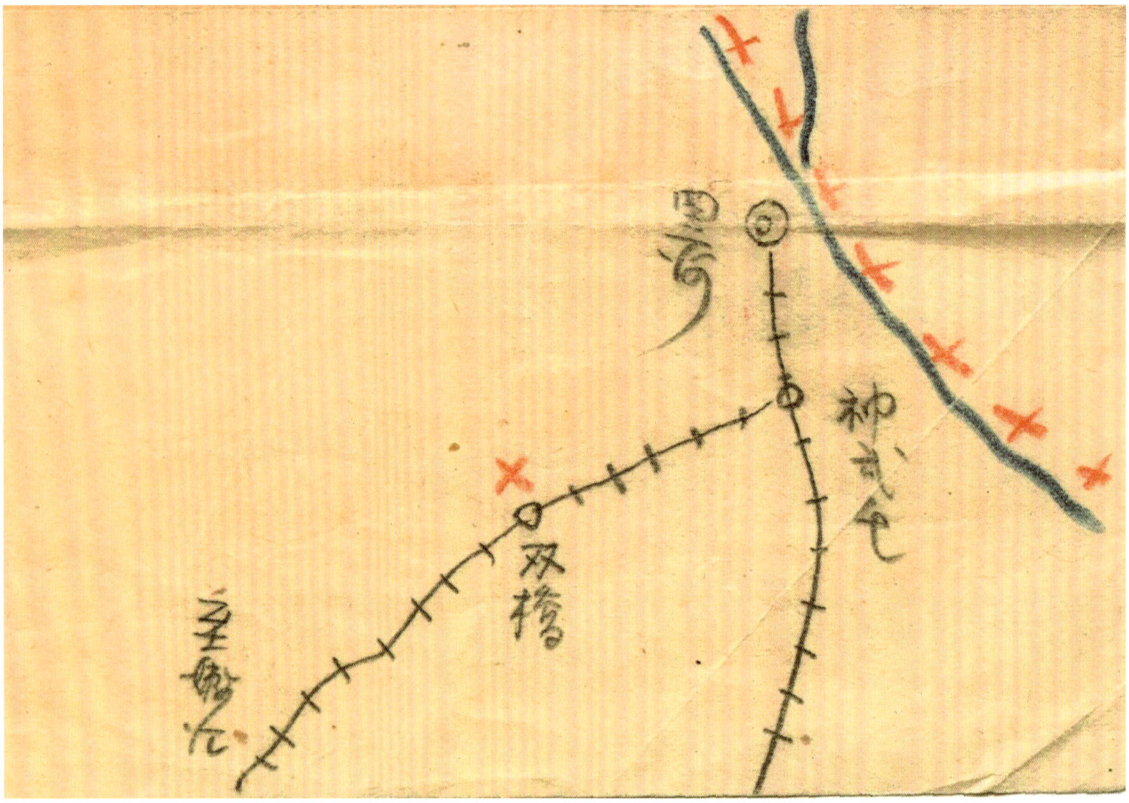
图们
神武屯
双桥
至敦化

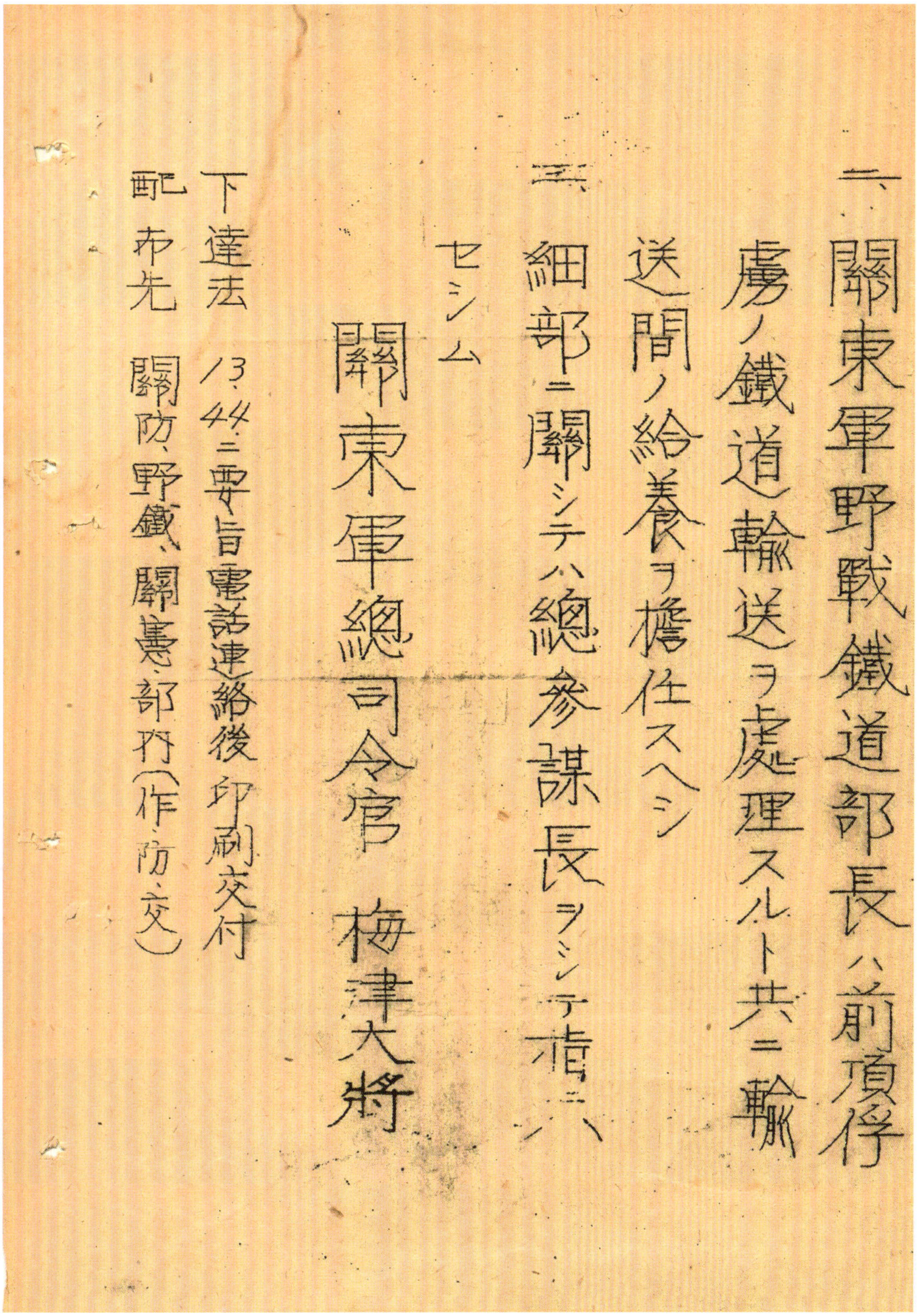

二、關東軍野戰鐵道部長ハ前項俘虜ノ鐵道輸送ヲ處理スルト共ニ輸送間ノ給養ヲ擔任スヘシ

三、細部ニ關シテハ總參謀長ヲシテ指示セシム

關東軍總司令官　梅津大將

下達法　13.44ニ要旨電話連絡後印刷交付

配布先　關防、野鐵、關憲部、附(作、防、交)

附一：日军第四四部队到站接收情况表

69

111

别紙

部隊名	人員	着驛	山海関ニ於ケル接受月日	摘要
四四	一、五〇〇	双橋	六月二十八日	第三六一九部隊受領分トス

關總作命丙第一八九號ニ基ク總參謀長指示

一、本俘虜ハ受領ノ時ヲ以テ特種工人トシテ取扱フモノトシ其ノ授受及鐵道輸送ノ要領ハ昭和十七年十月關參一發第九三五四號ニ準ズルノ外左記ニ據ルモノトス

(1)輸送間ノ警戒兵ハ俘虜約三十名ニ對シ一名ノ割合トシ別ニ所要ノ幹部及經理並ニ救護要員ヲ附スルモノトス

(2)授受ニ當リテハ所要ノ檢疫ヲ行ヒ且防疫ニ必要ナル處置ヲ講ズルモノトス、之カ為在山海關防疫機關ノ協力ヲ受クルコトヲ得

二、授受ノ期日及人員ハ状況ニ據リ變更スルコトアルモ

ノトス
三、授受並ニ輸送ノ細部ニ關シテハ關係各官相互
協定スルモノトス

日本关东宪兵队司令部警务部长关于转发《关东军特殊工人管理规定》致关东宪兵队各队（抄送教习队、八六部队）长的通牒（一九四三年七月二十二日）

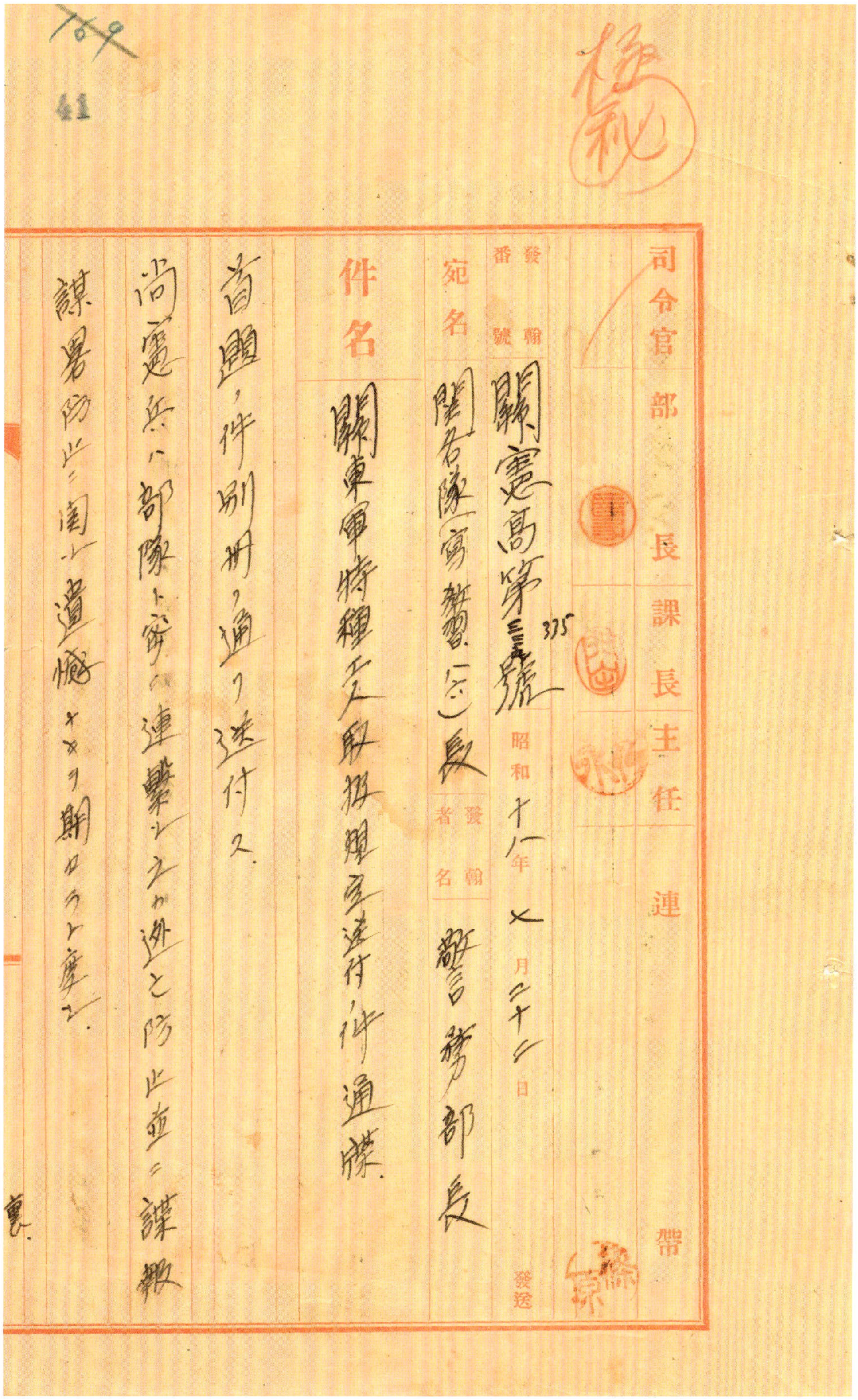

769
41

極秘

司令官 部長 課長 主任 連帶

發翰番號 關憲高第三七五號

宛名 関各隊（写教習（八六））長

昭和十八年七月二十二日

發翰者名 警務部長

件名 關東軍特種工人取扱規定送付ノ件通牒

首題ノ件別冊ノ通リ送付ス。

尚憲兵ハ部隊ト密ニ連繋シ之カ逃亡防止並ニ諜報謀略防止ニ関シ遺憾ナキヲ期セラレ度。

裏。

41

（註）昭和十七年十月十五日関憲高第三一七号「関東軍築城工事
就労特殊工人取扱規定」ハ廃止セラル

（了）

発送先

関各隊（分駐所迄）

写、教習、八六、

42

極秘

關憲高第三三五號

關東軍特種工人取扱規定送付ノ件通牒

昭和十八年七月二十二日

關東憲兵隊司令部警務部長

關各隊長

首題ノ件別册ノ通リ送付ス

尚憲兵ハ部隊ト密ニ連繫シ之カ逃亡防止並ニ諜報謀略防止ニ關シ遺憾ナキヲ期セラレ度

（註）昭和十七年五月十五日關憲高第三一七號關東軍築城工事就勞特種工人取扱規定ハ廢止セラル

（了）

發送先　關各隊（分駐所迄）、

寫　教習、八六

附：日本关东军总司令部编制《关东军特殊工人管理规定》（一九四三年七月）

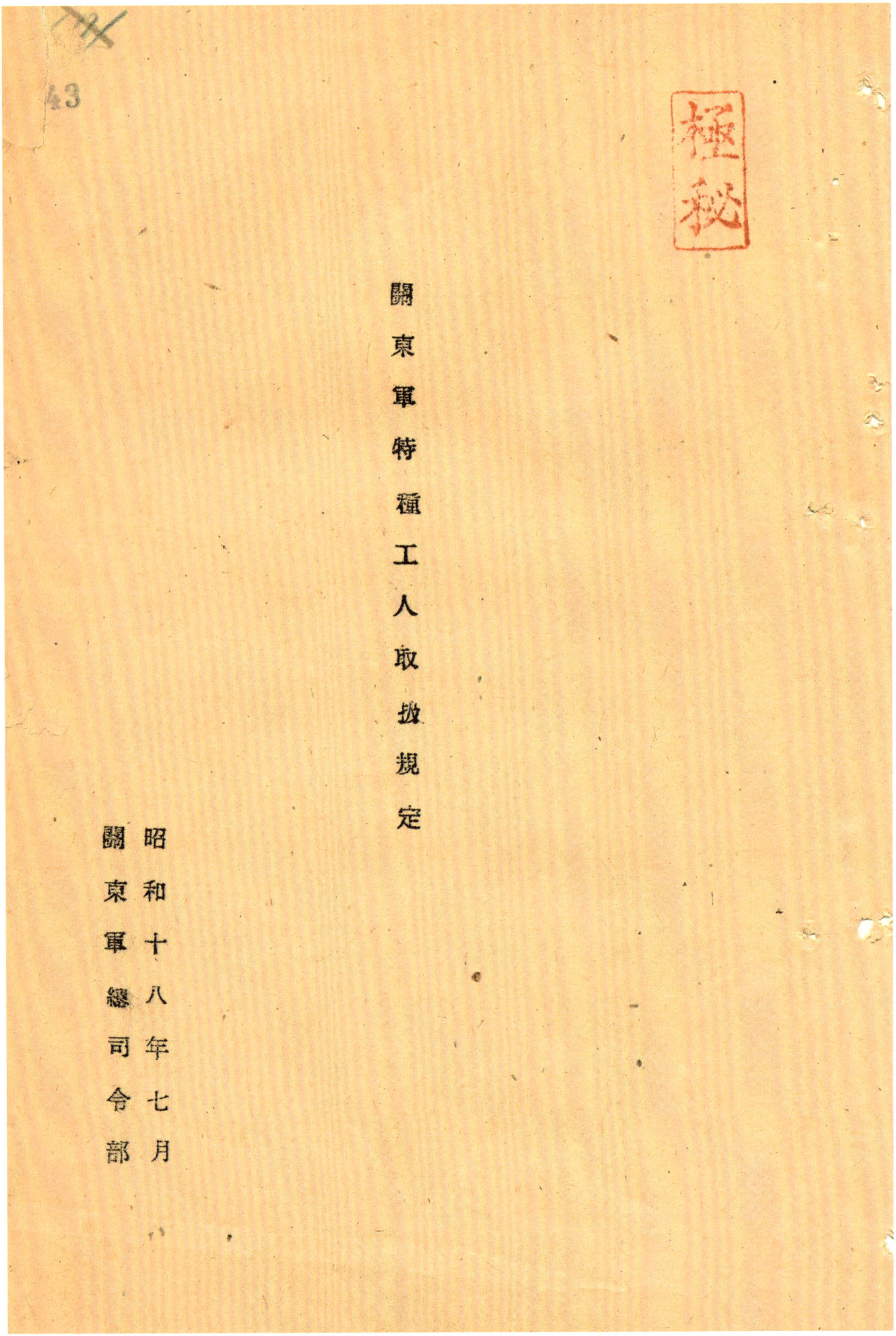

43

極秘

關東軍特種工人取扱規定

昭和十八年七月

關東軍總司令部

44

關總參一發第九二二二號

關東軍特種工人取扱規定制定ノ件達

隷下一般

首題ノ件本冊ノ通リ定ム

昭和十八年七月十三日

關東軍總司令官

45

目次

第一章　通　則……一
第二章　輸　送……一
第三章　使　役……一
第四章　管　理……二
第五章　監視及警戒……三
第六章　經　理……三
第七章　報　告……五
附　則……五

第一章 通則

一、本規定ハ在北支那日本軍ヨリ關東軍ニ移管セラレタル俘虜、歸順匪（以下特種工人ト稱ス）ヲ軍ノ作業ニ從事セシムル場合ノ取扱ニ關シ特ニ必要ナル事項ヲ定ムルモノトス

二、特種工人ノ取扱ハ特ニ定ムルモノノ外俘虜ニ準ス

三、本規定ニ定メナキ事項ニ關シテハ俘虜ニ關スル諸規則及關東軍勞務處理要領其ノ他現行諸規定ヲ準用スルモノトス

四、特種工人ハ當分ノ間引續キ軍ノ作業ニ就勞セシムルモノトシ特ニ在北支那日本軍ニ返還スルカ又ハ其ノ身分ヲ解放スル場合ノ處置ニ關シテハ其ノ都度別ニ之ヲ示ス

五、特種工人ヲ配屬セラレタル部隊長（以下被配屬部隊長ト略稱ス）ハ工人ノ使役管理及警戒等ノ細部ヲ規定シ工人ヲ使傭スル部隊長（以下單ニ部隊長ト稱ス）ヲシテ直接工人ノ使役、管理及警戒ニ任セシムルモノトス

六、部隊長ハ特種工人ヲシテ只ニ其ノ勞力ヲ利用スルニ止ラス其ノ使役並ニ管理ヲ通シ之ヲ軍律下ニ壓伏セシムルト共ニ皇軍信倚ノ念ヲ助長シ思想ノ善導、更生ヲ圖ルモノトス

第二章　輸送

七、特種工人ノ輸送ハ適任ノ將校ヲ輸送指揮官トシ準軍事輸送ニ依リ行フモノトス

八、部隊長ハ特種工人概ネ五十名ニ付一名ノ警戒兵ヲ派遣シテ輸送間工人ノ警戒ニ任セシムルノ外所要ノ通譯並ニ經理及救護要員ヲ付スルモノトス

第三章　使役

九、特種工人ハ其ノ就勞全期間ヲ通シ從來ノ身分ニ拘ラス夫々其ノ特性技能ニ應シ勞務ニ服セシムルモノトス

但シ准士官以上ノ者ニ在リテハ通常直接就勞セシムルコトナク其ノ

47

指揮能力ヲ利用シテ第十三條ニ定ムル隊組織ノ幹部トシテ使用スルヲ便トスルコトアリ

七、特種工人ノ使役ハ勉メテ其ノ宿舍ヲ單位トシ工人中ノ適任者ヲ長トシテ編成ヤル工人組織ヲ活用シテ行フモノトシ部隊長ハ之カ指導員トシテ所要ノ係官ヲ附シ工人ノ作業指導ニ任セシムルモノトス

十一、特種工人ノ使役ニ當リテハ作業地、作業種類ノ選擇等ヲ適切ナラシメ特ニ機密保持ニ留意スルモノトス

之カ爲成ルヘク電氣施設、火藥庫等主要ナル要警護施設及其ノ附近ニ於ケル作業ニ就勞セシムルコトヲ避クルモノトス

十二、特種工人ト一般勞務者トノ合同若クハ混合作業ハ勉メテ之ヲ避クルモノトス

十三、被配屬部隊長ハ特種工人ヲ軍ノ作業場以外ニ於テ就勞セシメントスル場合ハ其ノ事業主、勞務ノ種類、場所及期間其ノ他必要ナル事項ヲ具シ關東軍總司令官ニ申請スルモノトス

十四、前條ニ關シ認可セラレタル被配屬部隊長ハ特種工人ノ使役管理及警戒ニ關シ事業主ヲシテ其ノ責ニ任セシムルト共ニ其ノ實施ヲ指導監督シ要スレハ所要ノ援助ヲ與フルモノトス

第四章 管理

十五、特種工人ノ管理ハ軍ノ紀律ニ依リ嚴トシテ苟モ假借セサルト共ニ特ニ思想ノ善導ヲ圖リ又直接ノ管理ハ第十條ノ隊組織ニ基ク自体管理ニ依ラシメ部隊長ハ所要ノ係官ヲ附シテ之カ指導監督ニ任セシムルモノトス

十六、被配屬部隊長ハ就勞地ニ於テ特種工人收容所ヲ設ケ之カ管理ニ任スルモノトス

收容施設（照明採暖共）ハ一般勞務者ト離隔シ又周圍ニ外柵（要スレハ鐵條網）等ヲ設ケテ保護管理並ニ監視ニ便ナラシムルモノトス

十七、特種工人收容所ニハ特種工人名簿ヲ調製保管シ置クモノトス

本名簿ニハ工人ノ氏名、年齡、本籍地舊所屬部隊黨所屬ノ有無及

身分階級竝ニ使傭期日、其ノ他必要ナル事項ヲ記載シ且其ノ指紋ヲ採取シ置クモノトス

十八、部隊長ハ特種工人ヲ受領セハ速カニ防疫及身體檢査ヲ實施シ傳染病ノ豫防ニ努ムルモノトス

第五章　監視及警戒

十九、特種工人ノ監視及警戒ハ其ノ素質並ニ前歴ニ鑑ミ特ニ逃亡防止並ニ諜報、謀略防止ニ關シ嚴重ナラシムルモノトス

之カ為部隊長ハ所要ノ兵力ヲ以テ直接工人ノ監視及警戒ヲ行フノ他關係憲兵隊ト密ニ連繫シ工人平常ノ起居、言動等ヲ監視警戒スルニ必要ナル措置ヲ講スルモノトス

二十、特種工人ノ發受スル電信、郵便物ハ總テ豫メ之ヲ檢閲スルモノトス

二十一、特種工人罪ヲ犯シ又ハ不從順、其ノ他懲戒ヲ要スル行為アリタル時ハ監禁制縛其ノ他必要ナル處分ヲ加フルコトヲ得

又逃亡ヲ圖リタル者ニ對シ之ヲ要スル場合ニハ兵器ヲ用フルコトヲ得

二十二 特種工人ニハ一定ノ標識ヲ附シ一般勞務者ト一見識別ヲ容易ナラシムルモノトス

第六章 經理

二十三 特種工人ニ對シテハ特ニ金錢給與ハ行ハサルモノトス

但シ就勞セシメタル場合ハ左ノ區分ニ依リ賃金ヲ支給スルモノトス

前項賃金ハ特種ノ技術ニ従事セシムル者ニ限リ本人ノ技倆、作業ノ種類、時間、場所等ヲ斟酌シ、三十錢以内ヲ增額スルコトヲ得

將校、同相當者　一日最高五十錢以内

准士官、同相當者　一日　二十五錢

下士官、同相當者　十五錢

兵　同相當者　十錢

二十四 前條賃金ハ工人ニ支給スルコトナク部隊一括之ヲ保管シ嗜好

品、其ノ他日用物品ヲ購入スル費用ニ充テ、尚餘剰アル時ハ本人ノ返還又ハ解放ノ際之ヲ交付スルモノトス

二十五　特種工人ノ給養ハ左記ニ依リ現品ヲ給シ自炊セシムルモノトス

區分	定量及定額	摘要
小麥粉	一般勞務者ニ準ス	病氣其他ノ事情ニ依リ上記定量(額)ニ依リ難キ場合ハ一人一日總額四十錢以內實費支辨ニヨリ代用食ヲ給スルコトヲ得
精雜穀(粉共)		
豆油		
食鹽		
其ノ他副食物燃料費	一人一日十八錢以內實費支辨	

二十六　特種工人ノ被服及寢具ハ本人著裝又ハ携行ノモノヲ使用セシムルモノトシ其ノ交換ヲ要スルカ又ハ之ヲ有セサル場合ニハ一般勞務者ニ準シ之ヲ取得シ貸與スルコトヲ得

但シ本人カ解放又ハ死亡ノ際之ヲ本人ニ支給スルコトヲ得
二十七、被服ノ補修ハ材料ヲ官給シ自ラ修理セシムルモノトス
二十八、特種工人ノ死亡セル者ノ埋葬ハ土葬トシ（傳染病其ノ他必要ノモノハ火葬）其ノ費用ハ左記ニ依ルモノトス

將校・同相當官　二十五圓以內
准士官・下士官、兵、同相當官　二十圓以內

三十、特種工人ノ死亡或ハ逃亡セル時ノ遺留金ハ左記ニ據リ處置スルモノトス

左記

1、死亡セル時ハ本人埋葬ニ要スル經費ニ充當シ其ノ殘額アル時ハ出身地ノ縣長ヲ通シ確實ナル方法ニ依リ遺家族ニ送付スルモノトス
但シ出身地ノ捜査困難ナルモノ並ニ送金不能ノ者ニ在リテハ殘留工人ノ福利施設ニ充當スルコトヲ得

178

50

2.逃亡セル時ハ本人捜査ノ為要スル經費ニ充當スルノ外、必要ニ應シ殘留工人ノ警護施設ニ充當スルモノトス

3.第1號但書並ニ第2號ニ依リ取扱フ金錢ハ總ヘテ共有金ニ準シ處理スルモノトス

三十一、特種工人取扱ニ要スル經費ハ特ニ示スモノノ外夫々作業相當費目支辨トス

第七章　報告

三十二、被配屬部隊長ハ特種工人ノ狀況ニ關シ一般勞務者ニ準シ報告スルモノトス

附　則

一、本規定ハ昭和十八年八月一日ヨリ之ヲ適用ス

二、關東軍築城工事就勞特種工人取扱規定昭和十六年關參一發第九〇二一號、昭和十七年總經主第三七五號、關參一發第九一四七號及昭和

5

十八年關經衣第五六一號、關經衣第九六一號ハ本規定ノ適用ト共ニ之ヲ廢止ス

东安宪兵队长关于接收分配管理直佣劳务者的命令（一九四三年九月一日）

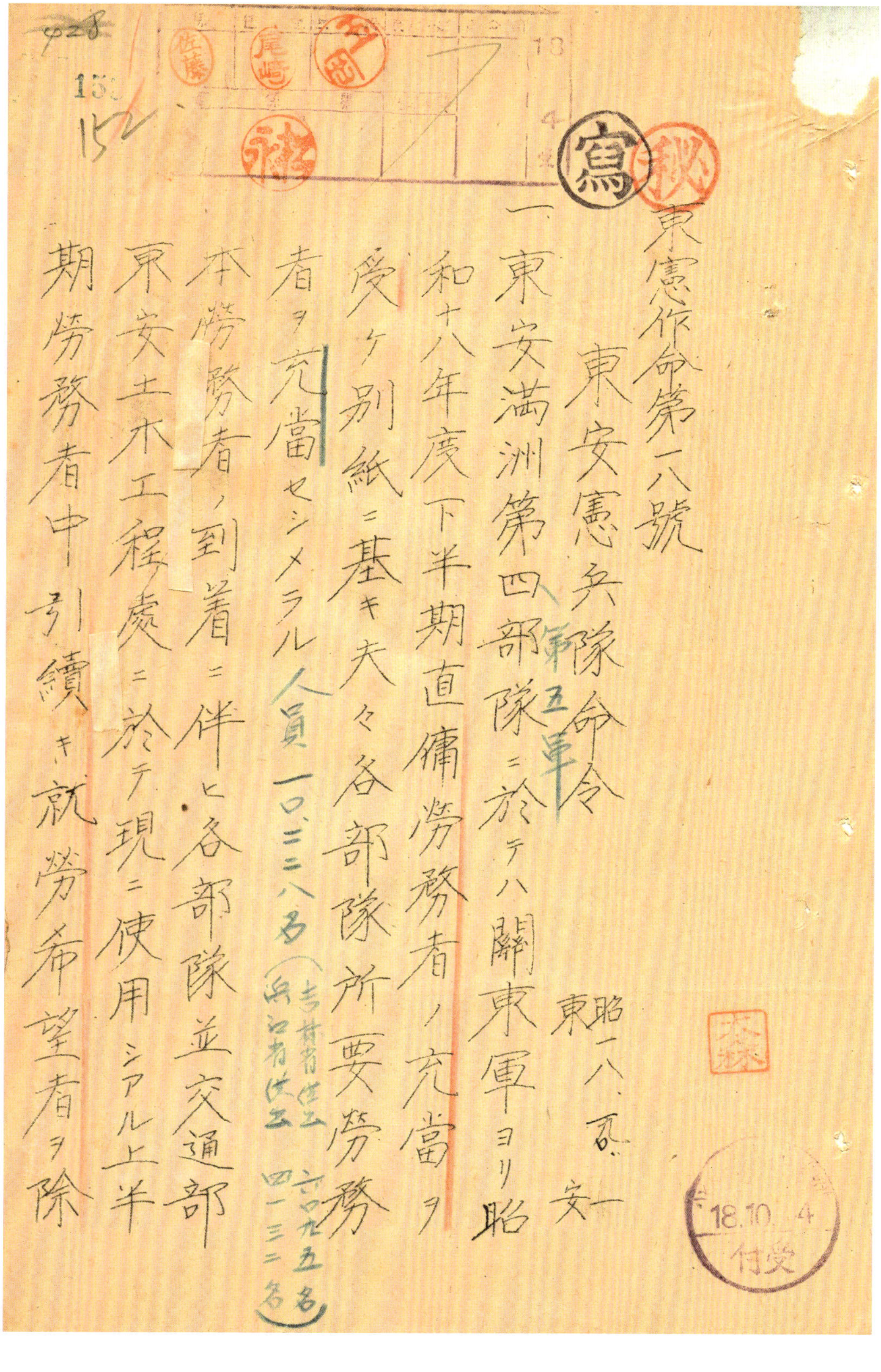

東憲作命第一八號

東安憲兵隊命令　昭一八、九、一　東安

一、東安満洲第四部隊（第五軍）ニ於テハ關東軍ヨリ昭和十八年度下半期直傭勞務者ノ充當ヲ受ケ別紙ニ基キ夫々各部隊所要勞務者ヲ充當セシメラル人員一〇、二二八名（吉林省出工六、〇九五名　濱江省出工四、一三三名）

本勞務者ノ到着ニ伴ヒ各部隊並交通部東安土木工程處ニ於テ現ニ使用シアル上半期勞務者中引續キ就勞希望者ヲ除

キ夫々歸還セシム

二、東安憲兵隊ハ勞務者ノ歸還並供出受領ニ當リ防諜及勞務者ニ對スル策謀ノ査察ニ任シ遺憾ナキヲ期セントス

三、東安、虎林、虎頭、斐德各分（遣）隊ハ現地關係部隊並交通部ト密ニ連絡シ前項目的達成ニ遺憾ナキヲ期スヘシ
之カ實施ニ當リテハ本命令ニ據ルノ外「關東軍勞務處理要領」ニ依ルヘシ

429

153

四、各分(遣)隊ニ於テハ勞務者ノ充當(返還)實施終了後其狀況ヲ報告スヘシ

東安憲兵隊長

下達法　東安、虎林、虎頭、斐德　印刷交付

寫送先　關憲司、五五、

伪满警务总局经济保安科关于劳务统制关系要纲一览表（一九四五年七月十日）

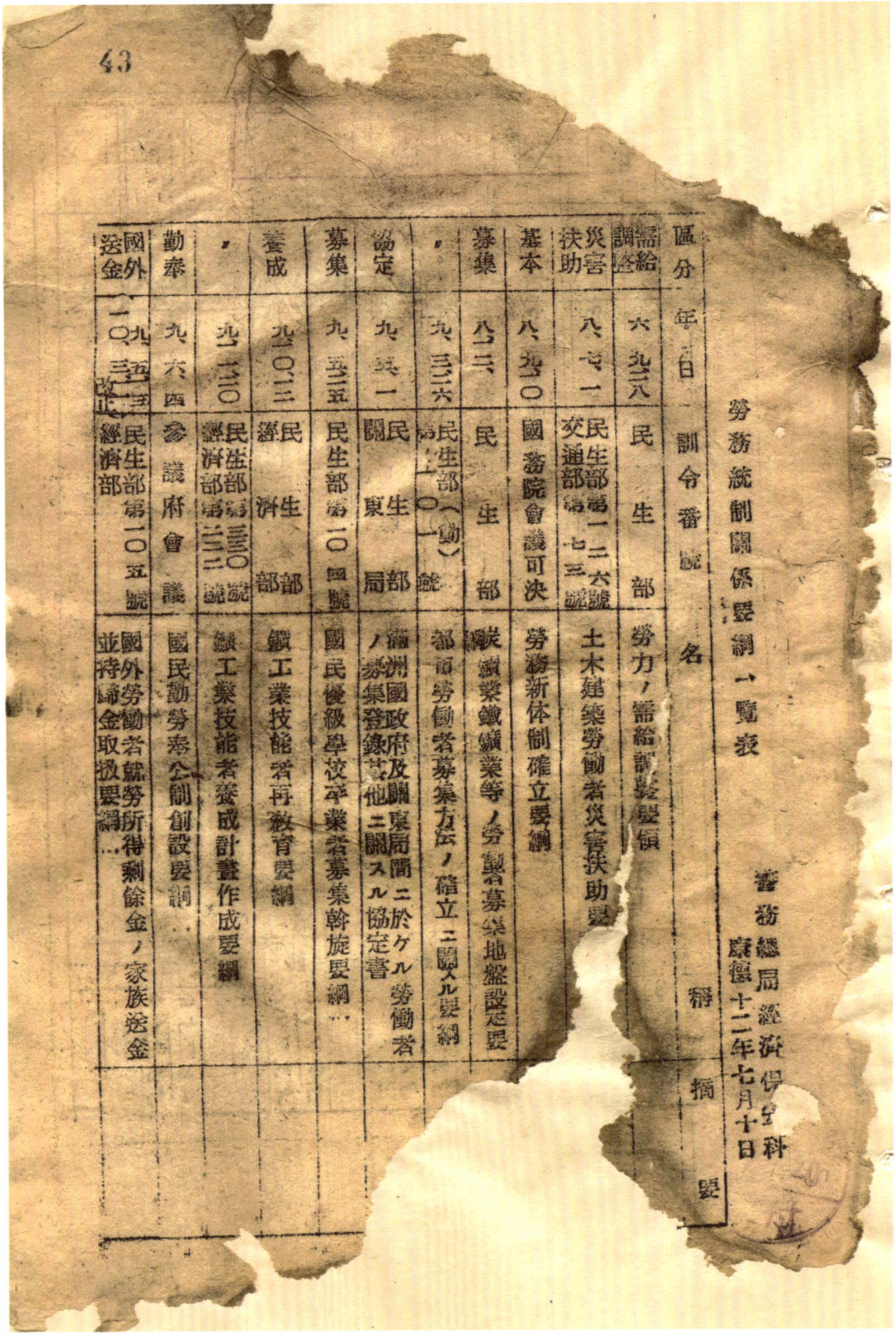

43

勞務統制關係要綱一覽表

警務總局經濟保安科
康德十二年七月十日

區分	年月日	訓令番號	名稱	摘要
需給調整	六、九、二八	民生部	勞力ノ需給調整要領	
災害扶助	八、七、一	民生部第一二六號 交通部第七三號	土木建築勞働者災害扶助要…	
基本	八、九、一〇	國務院會議可決	勞務新体制確立要綱	
募集	八、一二、二	民生部	炭礦業鑛業等ノ勞働募集地盤設定要	
〃	九、三、二六	民生部第一〇一（勤）號	都市勞働者募集方法ノ確立ニ關スル要綱	
協定	九、六、一	民生部 關東局	滿洲國政府及關東局間ニ於ケル勞働者ノ募集登錄其他ニ關スル協定書	
募集	九、五、二五	民生部第一〇四號	國民優級學校卒業者募集斡旋要綱…	
養成	九、一〇、一三	民生部 經濟部	鑛工業技能者再教育要綱	
〃	九、一二、一〇	民生部第三二〇號 經濟部第三二二號	鑛工業技能者養成計畫作成要綱	
勤奉	九、六、四	參議府會議	國民勤勞奉公制創設要綱	
國外送金	九、五、三（一〇、三改正）	民生部第一〇五號 經濟部	國外勞働者就勞所得剩餘金ノ家族送金並持歸金取扱要綱…	

勞需	一〇、三、八	民生部第一七九號 經濟部第一三一號 興農部第一五八號	技能者及勞働者用生活必需品配給要綱
募集	一〇、七、三〇	民生部第一八八號	技術工要員ノ募集地盤[illegible]
動員	一二、三、三	民生部第三八一號	康德十二年度決戰勞務動員實施要綱
國民手帳	一〇、一二、	參議府	國民手帳制度整備要綱
勤勞對策	一二、二、	民生部	決戰勤勞對策實施要綱
〃	一二、五、二四	參議府會議通過	勤勞動員特別措置制度要綱
〃	一二、三、九	參議府會議決定	官公署並會社團体職員緊急動員實施要綱
學生勤	一一、三、三	民生部 文教部	工科系中等學校卜重要事業体卜ノ連繫要綱
	一二、二、一	民生部	學生勤勞動員配置要領
	一二、二、二〇	國民勤勞部 文教部	學生勤勞奉公隊ノ處遇等ニ關スル措置要領
	一二、三、八	文教部	學生勤勞奉公所要物資ノ取扱要領

45

奉

二、六、一	文教部	臨時學生勤勞奉公所要物資ノ取扱要領
九、九、	民生部	學生勤勞奉公制創設要綱
二、九、	文教部	生勤勞奉公制度強化要綱

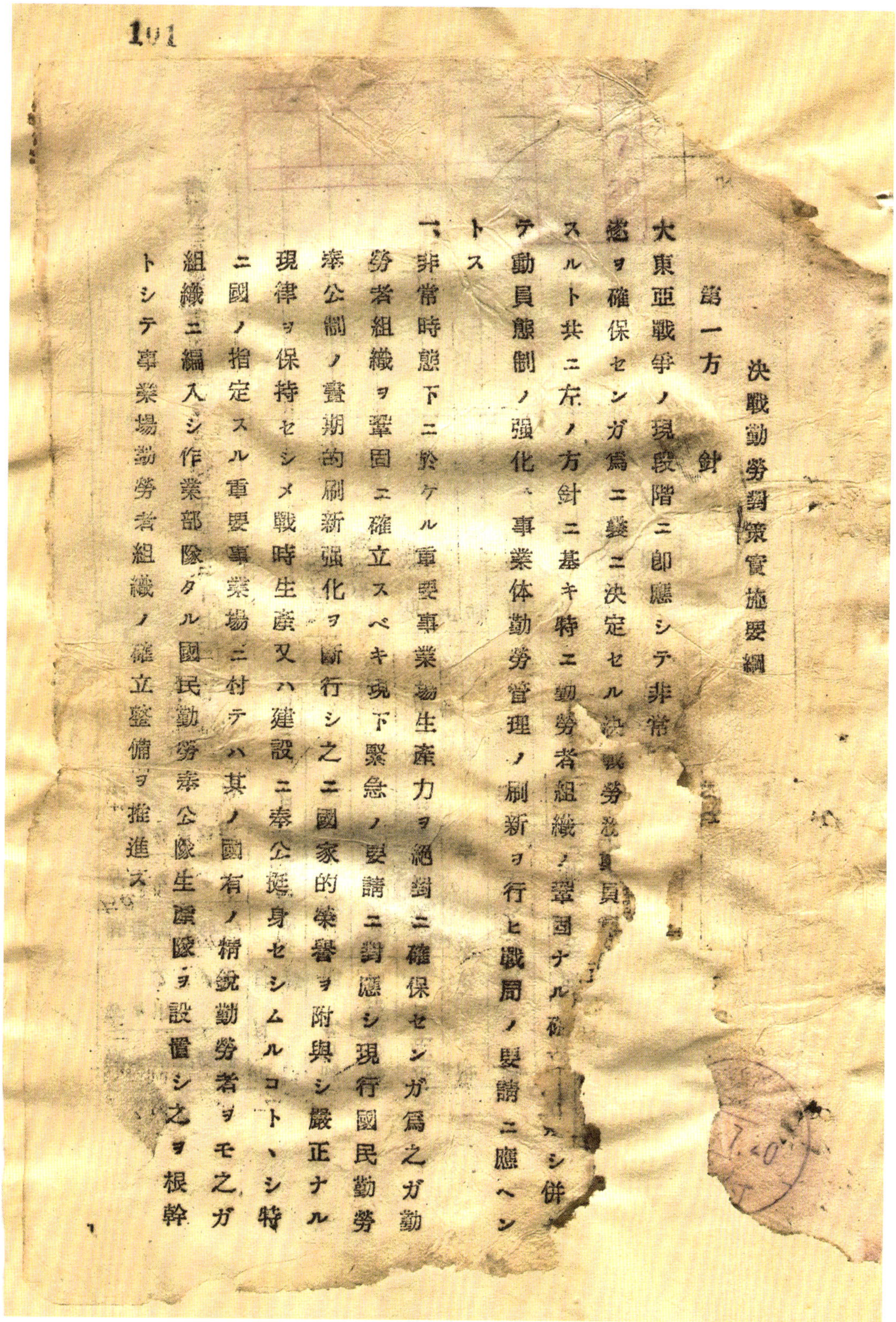

101

決戰勤勞對策實施要綱

第一　方針

大東亞戰爭ノ現段階ニ即應シテ非常態ヲ確保センガ爲ニ曩ニ決定セル決戰勞務員[illegible]スルト共ニ左ノ方針ニ基キ特ニ勤勞者組織ノ鞏固ナル確[illegible]シ併テ動員態制ノ強化、事業体勤勞管理ノ刷新ヲ行ヒ戰局ノ要請ニ應ヘントス

一、非常時態下ニ於ケル重要事業場生産力ヲ絶對ニ確保センガ爲之ガ勤勞者組織ヲ鞏固ニ確立スベキ現下緊急ノ要請ニ對應シ現行國民勤勞奉公制ノ畫期的刷新強化ヲ斷行シ之ニ國家的榮譽ヲ附與シ嚴正ナル規律ヲ保持セシメ戰時生産又ハ建設ニ奉公挺身セシムルコト、シ特ニ國ノ指定スル重要事業場ニ付テハ其ノ國有ノ精鋭勤勞者ヲモ之ガ組織ニ編入シ作業部隊タル國民勤勞奉公隊生産隊ヲ設置シ之ヲ根幹トシテ事業場勤勞者組織ノ確立整備ヲ推進ス

102

二、緊急供出制度ハ單ナル勞務提供タル從來ノ觀念ヲ脱國民的指導又ハ鍊成ヲ行ヒ之ガ勤勞意慾ノ[illegible]ニ刷新ヲ加ヘルコト、シ特ニ隊幹部ノ素質向上ヲ期ス

三、職能者ノ養成確保ノ重要性ニ鑑ミ特ニ事業場ニ於ケル之ガ定着保育ニ勤勞管理上ノ重點ヲ指向スルト共ニ行政力ニヨル職能者ノ把握並ニ重點的配置動員ノ徹底ヲ期ス

四、國民勤勞力ノ實体ヲ確把シ之ガ配置動員ノ強化ヲ圖ランガ爲別紙國民手帳整備要綱ノ急速ナル實施ヲ期ス

五、重要事業場ニ於ケル決戰勤勞管理体制ノ確立ヲ行ハンガ爲勤勞管理ニ對スル政府ノ指導監督ヲ強化シ事業体ノ之ガ責任ヲ明確ナラシムルト共ニ特ニ職場幹部ノ素質ヲ刷新向上スル措置ヲ講ジ勤勞者ノ保育指導ニニ遺憾無カラシム

第二要領

一、國民勤勞奉公隊ノ刷新強化

2

103

1. 國民勤勞奉公隊ノ使命

國民勤勞奉公隊ノ使命ハ皇國ノ實踐トニ指定ス、國民身スル榮譽及矜持ヲ保持セシムル如ク格段ノ指導

2. 國民勤勞奉公隊ノ管理及組織

(イ)國民勤勞奉公隊ハ主管部大臣之ガ行政ヲ所管スルト共ニ隊ノ總司令トシテ其ノ統督ニ任ス

(ロ)國民勤勞奉公隊ハ其ノ勤務ノ性質ニ應ジ左ノ隊種ニ分ツ

(一)生産隊　重要事業場生産ニ勤務ス

(二)建設隊　主トシテ土木建設ニ勤務ス

(三)特科隊　建設工作物架設輸送通信等ニ勤務ス

(ハ)國民勤勞奉公隊内ニ於ケル指揮命令ノ系統ハ左ノ通トシ各級司令部ヲ設ク

104

- 總司令 副總司令
  - 省司令 省副司令
    - 生産隊司令 同副司令
      - 各生産隊
    - 市縣旗總司令 同副司令
      - 特
    - 特設建設隊司令 同副司令
      - 各特別建設隊
    - 特科隊
  - 特科隊
  - 特設建設隊司令
    - 各種設特技隊

生産隊司令ハ生産隊ノ勤務地ヲ管轄スル司令ニ直隷ス

(二) 各級各隊司令、副司令ハ左ノ者ヲ以テ充ツ

總司令　主管部大臣

副司令　主管部適當者

省司令　省長（新京特別市長ヲ含ム以下同ジ）

省副司令　省次長

4

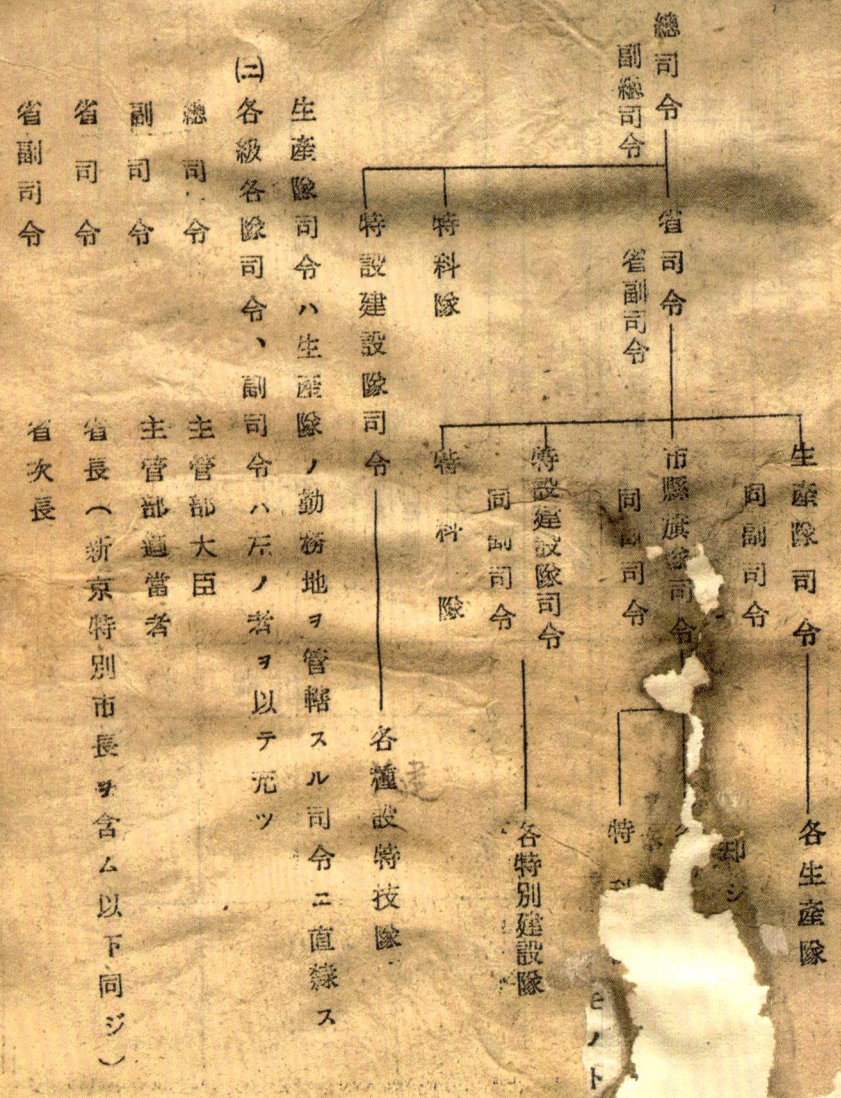

生産隊司令　事業場最高責任者人ハ他ノ適[illegible]

同副司令　隊固有ノ責任者又ハ事業場幹部

市縣旗隊司令　市縣旗長

同副司令　[illegible]　副縣長等

特設建設隊司令　國民勤勞奉公隊職員又ハ當該事業主体ノ適任者ヲ充ツ

同副司令　隊固有ノ責任者又ハ建設主体ノ幹部

特科隊　其ノ性質ニ應ジ總司令省司令又ハ市縣旗司令ニ直隷ス

3. 國民勤勞奉公隊ノ規律

國民勤勞奉公隊ハ軍隊的組織ニヨリ指揮命令ノ透徹ヲ圖ルモノトシ左ニ依リ階級制度ヲ確立シ服務ノ整備及賞罰ノ嚴正化ヲ期スモノトス

(イ)隊ノ組織及階級制度ハ其ノ使命及運營ニ適合スル如ク簡明直截

106

ニ定ムルコト、シ幹部ノ服制ハ之ガ威容ヲ保持セシムル如ク審議ス

(ロ)規則及賞罰ハ嚴正ナラシ[illegible]ス

(ハ)隊團結ノ中心タルベキ隊旗ノ制式ヲ定ム

4.國民勤勞奉公隊員ノ服役

國民勤勞奉公ノ服役義務ハ左ノ通強化ス

(イ)國民勤勞奉公ノ服役義務者ヲ日本人ニ擴充ス

(ロ)服役義務期間ヲ延長シテ三ケ年トシ試ミ一年ノ歸休制度ヲ設ク

但シ康德十三年度服役義務者ヨリ適用スルモノトス

5.幹部ノ素質ノ刷新

隊幹部ノ素質ノ刷新向上ニ重點ヲ指向シ中央地方ヲ通シ錬成機構ノ擴充整備幹部ノ身分並ニ地位ノ確立向上ヲ期ス

6.建設隊ノ強化

(イ)建設隊ハ特ニ作業實施ニ必要ナル技術面ノ強化ヲ圖ルモノトス

(ロ)日本國政府ノ直營建設事業又ハ特定ノ機関ノ施行スル建設事業ニ勤務スベキ建設隊ハ特設建設[illegible]協力作[illegible]メ総司令又ハ省司令ニ直隷[illegible]

(ハ)事業体ノ關係者ヲ必要ニ應ジ建設隊ノ司令員又ハ[illegible]トシテ任命シ作業部隊タル實ヲ擧ゲシム

三 國民勤勞奉公隊生産隊ノ設置

(イ)國ノ特ニ指定スル重要事業場ニ對シテハ國民勤勞奉公隊員ヲ重點的ニ勤員スルコト、シ事業場ニ於テハ之ト其ノ固有ノ精鋭勤勞者ヲ以テ作業部隊タル國民勤勞奉公隊生産隊ヲ設置ス生産隊ハ特ニ國民勤勞奉公隊トシテノ使命ノ貫徹ヲ期スルト共ニ之ヲ事業場勤勞者組織ノ根幹タラシムルガ如ク格段ノ指導育成ニ努ムルモノトス

(ロ)政府ハ生産隊ノ設置ニ付事業主ニ對シ命令スルコト、シ之ヲ設

當スベキ事業場ハ當分ノ間鐵、アルミ、液体燃料、飛行機兵器
等戰時重要物資ヲ生産スル重要事業場ニ限定ス
事業体ハ國民勤勞奉公隊ノ動員[illegible]ハ生[illegible]
ヲ負フ如ク措置ス

(3)生産隊ノ組織運營ハ左ニ依ルコト、シ之ガ指導ニ付テハ事業場
ノ性格實体ニ適合スル如ク強力性ノ保持ニ努ムルモノトス

(イ)生産隊ハ市縣旗ヨリ動員セラレタル國民勤勞奉公隊幹部隊員
（第一種隊幹部及第一種隊員）ト事業場技術者及作業指導者、
一般勤勞者ノ內精鋭ナル適格者（第二種隊幹部及第二種隊員）
ヲ事業体ニ於テ選定シ兩者ヲ有機的ニ混成シ編成スルモノト
ス

前項第二種隊幹部及第二種隊員ノ國民勤勞奉公隊服務ノ義務
ニ關シテハ必要ナル法令ヲ整備ス

(ロ)生産隊ニハ生産司令及生産隊司令部ヲ置ク

生産隊司令ハ當該事業場最高責任者又ハ適任者ヲ以テ充テ總司令ニ於テ之ヲ任命シ司令部員ニハ事業体關係職員及國民勤勞奉公隊關係市、縣、旗職員ヲ以[illegible]充ツ

(ハ)生産隊第一種隊員ハ技能ノ向上ニ應シ迅速ニ階[illegible]ムルモノトス服役滿一年後ニ於テハ能率比率ニ依ル給與ヲ支給シ得ル樣措置スルモノトス

(ニ)第一種生産隊員服役終了後ハ極力第二種隊員トシテ殘留セシムル如ク指導スルモノトス

(ホ)生産隊ハ司令以下ノ隊幹部職員ハ生産隊ノ隊務ニ行政上ノ責任ヲ負フモノトス

(ヘ)事業場ニ勤員セラレタル學徒ハ事務職員其ノ他特殊動員者ハ之ガ隊員タルコトヲ得ザルモ其ノ規律服務ハ極力之ト調整ヲ行フ如ク指導スルモノトス

(ト)國民勤勞奉公隊ノ定置ヲ明確ナラシメ必要ナル施設ヲ整備ズ

110

三、緊急供出制度運營刷新
緊急供出勤勞者ニ付テハ之ニ
化ヲ促進スル如ク指導ヲ行
(1)指名動員ノ徹底ヲ期スル
ス
(2)中隊長以上隊幹部ノ選定
要素ヲ重視シ市縣旗長ニ於
化ス

四、職能者ノ確保並ニ動員ノ強化
職能者ノ確保並ニ動員ノ強化ニ付テハ特ニ官民關係機關ノ積極的協力ヲ全面的促進スルコト、シ左ニ依リ之ヲ行フ
(1)事業体ハ職場ニ動員セラレタル國民勤勞奉公隊員ニ付極力動員期間終了後ニ於ケル之ガ定着ヲ促進スル措置ヲ講ジ職能者育成ノ中核タラシム

10

(2)事業体ニ於ケル職能者ノ身分給與[illegible]ニ關ノ[illegible]
途ヲ講ズルト共ニ之ガ引拔キ[illegible]
(3)現行技能者養成制度ノ運營ヲ[illegible]
成ニ關シ特ニ市縣旗協和會[illegible]
シ之ガ爲要スレバ市縣旗ニ協[illegible]特ニ隊員ノ悦服信頼ヲ受クベキ人格的
技能者養成地盤育成會ヲ設ゲ[illegible]ノ選定シ中央地方ヲ通ジ之ガ錬成ヲ強
協力ヲナサシム
(4)建設部門職能者ノ確保並ニ動員ニ付テハ國民手帳制ノ整備ト相俟チ
行政力ニ依ル實員確把ノ徹底ヲ期シ之ガ動員ノ適正化ヲ圖ルコト、
シ必要ニ應ジ市縣旗ニ於テ建設職能者協會（假稱）ヲ設立セシム
建設職能者講習ハ市縣旗ニ居住スル職能者全員加入セシムルコト、
シ職能者ノ動員及之ガ賃銀統制等ニ對シ積極的ニ協力セシムルノ外
其ノ育成ニ應ジ建設用器具其ノ他ノ物資ノ配給斡旋徒弟等ノ養成等
ニ當ラシム

(5) 建設實施事業者中重要ナルモノヲ主管部大臣ニ於テ嚴選シテ一定數ノ職能者ノ常時保有並ニ養成ヲ行ハシムルコト、[illegible]保有係ル職能者ノ個々ノ動員ハ[illegible]ノ場合ハ原則トシテ之ガ保有部ヲ施行セシムル如キ動員[illegible]

五、重要事業場ニ於ケル勤勞管理體制刷新

右ニ即應シテ重要事業場ニ於ケル決戰勤勞体制ノ確立ヲ圖ランガ爲左ニ依リ之ガ勤勞管理ニ關スル責任ヲ明確ナラシムルト共ニ職場幹部ノ素質ヲ刷新向上シ確實ナル勤勞者ノ養成確保ニ遺憾ナカラシム

(1) 經營指揮者中勤勞管理ニ關スル責任者ヲ明定シ之ガ職場ニ對スル指揮系統ヲ簡明强力ナラシメ命令ノ透徹ヲ圖ル措置ヲ講ゼシム

(2) 事業体特ニ生產隊ヲ設置スベキモノニ付テハ其ノ固有勤勞者中特ニ職場幹部隊員等ニ對シテ決戰意識ヲ徹底シ之ガ指導鍊成ノ强化ニ努ムルコト、シ政府ニ於テ特殊勤勞者ヲ對象トセル勤勞鍊成所ヲ設ケ短期ノ鍊成ヲ行フモノトス

六、勞務行政機構ノ整備
國民勤勞奉公制ノ刷新强化並ニ一般勞[illegible]ノ擴充
方ヲ通ジ勤勞行政機構ヲ整備ス
(1)中央機構
(イ)民生部ヲ廢止シ新ニ厚生部及國民勤勞部ヲ設置ス
(ロ)國民勤勞部ハ一般勤勞行政並ニ國民勤勞奉公制ニ對スル行政ヲ管
掌シ其ノ機構ハ概ネ別表ニ依ル
(2)地方機構
省、市、縣、旗ノ勤勞行政機構ヲ整備スルコト、シ特ニ奉天省ニ付
テハ動員廳ヲ設置ス
第三　措　置
本要綱ハ康德十二年三月十五日ヲ目途トシテ實施スルモノトシ所要ノ準
備ヲ爲ス

日本关东防卫军司令部从防卫角度制发的目前和防卫令下达时重要矿山及工厂的参考劳务对策（时间不详）

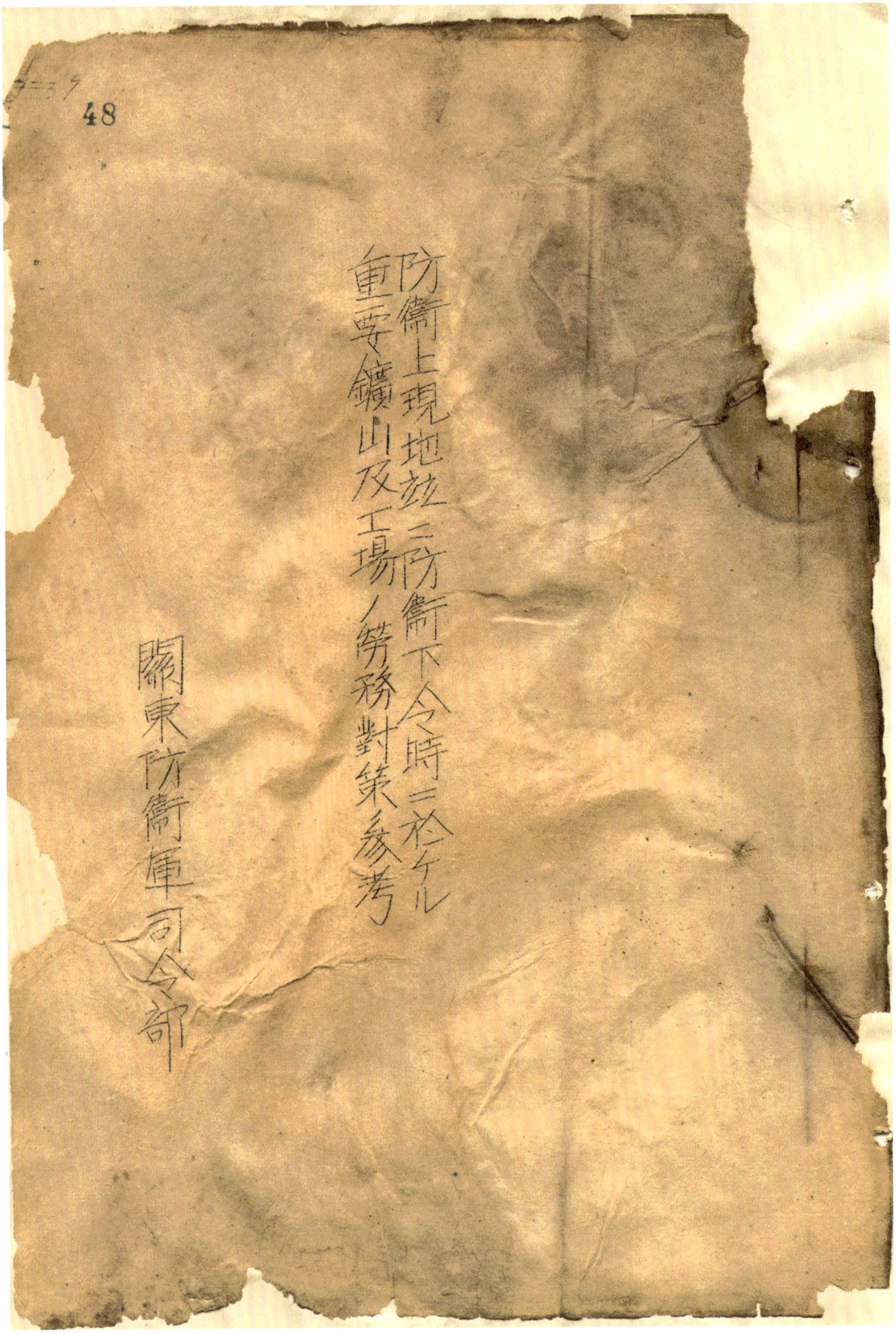
48

防衛上現地茲ニ防衛下令時ニ於ケル
重要鑛山及工場ノ勞務對策參考

關東防衛軍司令部

序言

本資料ハ現下滿洲ニ於ケル重要鑛山工場ノ現ニ執リツツアル防衛上必要ナル勞務對策ヲ基礎トシ當部職員ノ一部ノ研究ニ係ルモノニシテ尚検討ノ餘地アルモ此種對策確立上ノ參考事項ト認メ之ヲ配布スルコトトセリ

50

目次

第一、要旨

第二、對策

一、労務者ノ確保及安定ノ為ノ手段

1、要旨

2、應募諸機關及住民トノ連繫ノ強化

3、労務者ノ定着性ト福利施設ノ強化

4、労務者体力ノ強化手段

5、給與制度ノ刷新

6、労務者ノ指導

7、特種労務者ニ就キ

二、労務者ニ對スル防諜謀畧特別對策

1、防諜謀畧ニ関スル組織

2、防諜謀略防止ノ教育及演習ノ実施
3、偵諜組織ト其ノ実施
4、機秘密ノ保持
5、重要物件ニ對スル防諜謀略防止
6、出入者ノ取締
三、労務者ニ對スル防空對策
1、警報並ニ之ニ應スル行動
2、空襲下ノ行動
3、安全場所
4、燈火管制下ニ於ケル注意
5、流言蜚語防止
6、逃亡ノ防止
7、労務者ノ積極的防空對策

ニヌニ/

52

四、勞務者ニ對スル災害防止對策
1、重要警護物件ノ災害防止對策
2、火災防止對策
3、各種災害防止對策

第一　要旨

現時並ニ防衛下令時ニ於ケル重要鑛山及工場ニ於ケル労務對策ハ満洲國ノ特性上治安作戰生産擴充等萬般ニ亘リ深甚ナル影響アルニ鑑ミ一層周密適確ナル對策ノ樹立実行ヲ緊急トシ特ニ在来労務政策ノ根幹タリシ數ノ獲得、確保主義ヨリ綜合効率増進主義ニ飛躍スルヲ要ス

第二　對策

一、労務者ノ確保安定及能率向上對策

イ、確保對象ノ刷新

労務ノ類別ニ應シ国内、国外ノ需要按配ヲ更新シ特ニ常傭又ハ熟練工並ニ中堅労務者ノ国内獲得ノ増加ニ勉メ防衛下令時ニ際スル緊急事態ニ處シ遺憾ナカラシムル為左ノ如キ各種方法ヲ講スルヲトスヘシ

故者獲得

内(成シ得レバ国外)ノ一定地域ヲ某鑛山又ハ工場ニ配當、理想

トシテハ半径五千粁以内若クハ二日一往復(一泊)距離以内

(ハ) 都市ニ於ケル轉業輔導ヲ行ヒ之ヨリ獲得ス

(ニ) 期間附交代制

農村ノ如キハ一定ノ期間ヲ定メ交互交代シ得ル如ク雇傭ス

(ホ) 労務者家族ノ労務利用

労務者ノ家族ヲ鑛山及工場ニ於テ相互協定ノ上利用ニ努ム、婦人ノ出勤、退勤時間ヲ加減シ家事整理ニ時間ヲ與ヘ又託児所ノ施設ヲ考慮ス

(ヘ) 日人労務者ノ増加

民族協和効率増進、勤労奉公ノ中堅労務者トシテ素質ノ善良ナル者ノ増加ヲ圖ル、之カ為開拓青年義勇團ノ一部ノ如キヲ利用スルヲ可トス

(ト) 國外労務者ニ在リテハ大苦力頭制ノ如キ家族主義ノ採用ト親心ノ發揚

(ハ) 特種工人、囚人等ノ工程隊組織ノ採用

(ニ) 労務義務奉仕(公設制)ノ採擇

2、応募諸機関及住民トノ連繋ノ強化

鉱山及工場等ノ所在地並ニ配當地域附近地方労務行政機関、警察、協和会、労務興国会及住民等ノ間ニ応募要領、宣撫、生活保護、身元調査其ノ他ニ関シ連繋ノ手段ヲ強化シ労務者ノ獲得ヲ容易ナラシム

3、労務者ノ定着性ト福利施設ノ強化

(イ) 食糧及生活必需品等ノ配給

主要鉱山及工場ニハ国家若クハ省ヨリ直接各種生活必需品殊ニ主要糧穀ノ必要量ヲ交付シ労務者ニ對シ配給機関ヲ設ケ配給セシム

又一定量(少クモ一ケ月分)ノ豫備糧穀ノ貯蔵並ニ配給ヲ厳守セシメ防衛下令時ニ於テ支障ナキ如ク分置等ニ関シ更ニ考慮セシム

(ロ) 住宅ノ供與

労務者ノ定着上住宅ノ供與ヲ要ス、目下家族持ニ労務者ニ對人

ル收容ハ20%ニ達セサルモノアルヲ以テ更ニ之カ増加ヲ圖リ特ニ
滿人労務者ニ對シテハ集団家屋ノ増設ヲ得策トス

(ハ) 醫療施設

醫療施設ニ関シテハ特ニ防衛下令時ニ支障ナキ如ク病院ノ收容
力及配置等ニ考慮ヲ要ス

4、労務者体力ノ増強手段

(イ)、労務者ノ体力増進向上ノ為間食ヲ與ヘ或ハ主食ニ大豆粉ヲ混合スル
ノ外所要ノ薬品ヲ配給スル等適宜ノ處置ヲ講シ労務者ノ体力
ヲ増強シ能率ノ向上ヲ圖ルヲ肝要トス

(ロ) 勤務時間ハ單ニ三交代制、二交代制ニ墮スルコトナク晝夜其ノ他ニ於
テ効率増進平均主義ヲ執ルノ要アリ

5、給與制度ノ刷新

(イ)、金銭及物資給與

賃銀物資ノ配給及其ノ他ニ関スル待遇並ニ給與要領(現在給與 未来給與等)

等ニ關シ各鑛山、工場及其ノ他ヲ統制スルヲ要ス

(ロ) 勤續賞與、年功加俸制、諸手當ノ刷新向上

轉職者ノ初任給ヲ減額、勤務加俸ノ増大、家族手當ノ増加

(ハ) 各種奨勵金ノ給與

出來高賞、協力賞、特種技能賞

6、勞務者ノ指導

(イ) 勞務關係職員ノ勞務者取扱觀念ノ刷新

(ロ) 指導組織勞務係ノ下ニ大(世)話頭又ハ班頭ヲ設ケ之等ニハ勤續多年ニ及ヒ衆望アル者ヲ充當シ其ノ連絡會議ヲ開催指導スル等ノ著意ヲ要ス、就中満人工員中ノ中堅層ヨリ指導者タルヘキ者ヲ養成スルヲ可トス、特ニ夜間勤務、特種勤務ニ對スル現場監督ニ關シ上級社員ノ陣頭指揮ヲ向上スルノ要アリ

(ハ) 指導法ハ勞務者ノ智能ノ程度ニ應シ勞務者ト工場ト一体化スル如ク既述各手段ト併行シ殊ニ指導者ノ選定ヲ適切ナラシムルト共

ニ協和會及其ノ他ノ連繋ヲ密ニシ紙芝居、映画、演劇、新聞等ヲ以テ慰安ヲ與ヘツヽ労務者ノ宣撫指導ニ勉ムルヲ要ス又労務者ノ掌握ヲ容易ナラシムル為団体的訓練ヲ施シ規律節制アル行動ニ慣熟セシムルヲ可トス

又休暇、休務制等ニ関シテモ飯郷、慰安等ヲ考慮シ特種ノ考慮ヲ拂フコト必要ナリ

ク、特種労務者ニ就テ

(イ) 北支投降兵ヲ以テ特種工程隊ヲ編成シ之ヲ数班ニ分ケ適任者ヲ以テ班長トシ優秀ナル日本人ヲ以テ隊長トシ特ニ周密ナル注意ヲ加ヘテ使用ス

(ロ) 囚人ニ関シテハ法ノ定ムル所ニ基キ使用シアルモ体力一般ニ低下シアル現状ニ鑑ミ労務加給品トシテ現品給與ヲ行ヒ若クハ其ノ出来高ニ應スル報酬ヲ引上ケ之ヲ給與ニ振リ向ク

二、労務者ニ對スル防諜、謀略特別對策

1、防諜、謀略ニ對スル組織

日蒲警務関係機関ノ統制又ハ指導ノ下ニ自体防諜、謀略對策ノ確立ヲ圖リ工場鑛山等ノ防衛掛ハ防諜（衛）規定ヲ定メ全般ヲ統制スルト共ニ各箇所毎ニ実施セシムルヲ要ス、特ニ労務者ノ定着性ヲ大ナラシムルト共ニ常ニ其ノ思想動向ヲ詳知シ防衛下令時之ニ應スル對策ヲ樹立セサル可カラス

組織ノ概要左ノ如シ

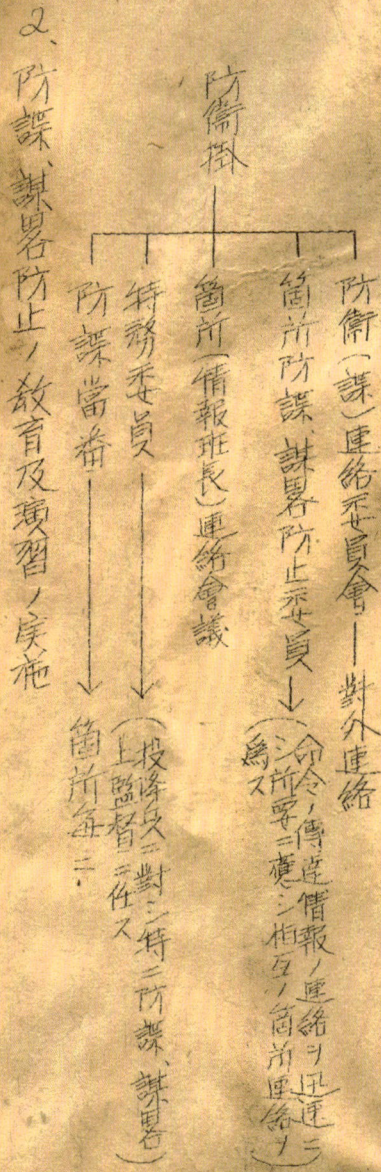

防衛掛
- 防衛（諜）連絡委員會 —— 對外連絡
- 箇所防諜、謀略防止委員 ↓ （命令ノ傳達情報ノ連絡ヲ迅速ニシ所要ニ應シ相互ノ箇所連絡ヲ為ス）
- 箇所（情報班長）連絡會議
- 特務委員 ↓ （投降兵ニ對シ特ニ防諜、謀略上監督ニ任ス）
- 防諜當番 ↓ 箇所毎ニ

2、防諜、謀略防止ノ教育及演習ノ実施

(イ)、防諜、諜略防止ニ関スル教育

防衛(諜)規定ヲ定メ又適任ノ教導員等ヲ設定シ之ニ関スル教育ヲ機会ヲ設ケテ計画的ニ行ハシメ尚不断ノ監督指導、現場訓練ヲ徹底セシムルヲ要ス

(ロ)防諜、諜略防止演習ノ実施

憲兵及警察協力ノ下ニ警備又ハ防空演習ト併行シ敵諜略員ノ潜入防止並ニ発見ノ演習ヲ実施スルヲ可トス

(ハ)防諜検査

時期ヲ定メ又ハ不時ニ全般或ハ箇所毎ニ防諜検査ヲ実施シ規定ヲ定メ実行徹底ヲ図ラサルヘカラス

3、偵諜ノ組織ト其ノ実施

(イ)偵諜ノ組織

諜略者ニ対スル為労務者ニ対シテハ常ニ其ノ動向ヲ偵知スル為、把(班)頭教導員、特務掛ヲ以テ内偵ニ任セシム、又警備員ヲ以テ内

外ニ對スル警備ト併セ偵諜ヲ実施セシムル等各種方法ヲ併用シテ防衛下令前後ヲ通シ對策樹立ニ遺憾ナカラシムルヲ要ス

(ロ) 偵諜実施

労務者ノ偵諜ハ常ニ実施ヲ周到ナラシメ特ニ指紋ノ励行、身元照會、保證人ノ適確ヲ期シ尚生計状態ヲ調査及所要ニ應シ警察ト連絡シ通信ノ検閲ヲ実施スル等各種ノ方法ヲ以テ思想動向ノ偵諜ニ努メ有害分子ト善良ナルモノヲ明カニシ置クヲ要ス

4、機秘密ノ保持

防諜上機秘密文(圖)書ノ保管取扱ヲ厳ニセサルヘカラス

(イ) 機秘密書類ハ金庫ニ收容シ責任者ヲ定ム、席ヲ離ル、際ハ必ス施錠ス

(ロ) 主任者ノ承認ヲ受クルニ非サレハ外部ニ持出シ又ハ貸與ヲ禁ス

(ハ) 浄書又ハ印刷ハ部数ヲ定メ主任者ニ於テ監視ノ下ニ行ヒ一連番號ヲ附シ配布先ヲ明確ナラシム

(ニ) 反古紙ハ之ヲ焼却ス

(ホ) 随時検査ヲ実施スルコト

(ヘ) 電話又ハ通信ニ當リ機秘密ヲ漏洩スルコト多キヲ以テ常ニ注意ヲ加ヘ防諜検査ノ際又ハ随時検査ヲ実施セサルヘカラス

5、重要物件ニ對スル防諜、謀略防止

重要警護物件破壊又ハ損害ヲ防止スル為掩体或ハ近接防止ノ為鐵網及電流鉄條網ヲ設ケ或ハ偽装スル等ノ處置ヲ講スルト共ニ之等ノ取扱ニ任スル者ノ素質ヲ選定シ且監視ヲ嚴ナラシムルヲ要ス

6、出入者ノ取締

(イ) 門鑑、参観許可證、労働票、腕章、帽章等明瞭ナル標識ヲ有セサルモノハ出入ヲ許可セサル如ク又構内ニ於テモ明瞭ナラシムルヲ要ス

外来労務者等ハ嚴重調査スルヲ要ス

(ロ) 特種構内取締ヲ嚴ニシ出入者ヲ制限ス、但シ「満人入ルヘカラス」等民族的對立意識ヲ助長スルカ如キ表現ヲ避クルヲ要ス

(ハ) 防衛下令ニオリテハ出入ヲ制限又ハ禁止シ警備員ヲ増加シ巡察、斥候等ヲ強化スルヲ要ス

三、労務者ニ對スル防空對策

1、警報並ニ之ニ應スル行動

警報傳達ヲ迅速ナラシムル如ク通信及警報施設ヲ充実シ特ニ労務者ヲシテ各種警報ニ應スル動作ヲ迅速整齊ニ実施セシムル如ク訓練スルヲ要ス

2、空襲下ノ行動

一般ノ場合ハ分散配置即チ職場ニ於テ作業續行ヲ原則トシ之ヲ指導シ動揺ナカラシムルヲ要ス

3、安全場所

状況眞ニ已ムヲ得サル場合ニ於テハ爆風、破片等ヲ防止シ得ル安全場所ヲ設ケ之ニ待避セシムル訓練ヲ併セ行フヲ可トスヘシ特ニ其ノ際靜粛秩序ヲ重ンシ狼狽セサル如ク留意スルコト特ニ肝要ナリ

4、燈火管制下ニ於ケル注意

燈火管制下ニ於テモ秩序ヲ紊シ或ハ不安動揺ヲ来サヽル如ク考慮指導スルヲ要ス

5、流言蜚語防止

流言蜚語ノ発生ニ關シテハ特ニ深甚ノ注意ヲ拂ヒ未然ニ之ヲ防止シ発生ニ當リテハ之カ根源ヲ究メ厳重ニ處分スル如ク指導シ特ニ流言蜚語発生ノ隙ヲ與ヘサル如ク指導スルコト緊要ナリ

6、逃亡ノ防止

防衛下令時ニ於テハ特ニ逃亡ノ防止ヲ圖リ出入ノ制限、監視、警備ヲ強化スルモ安心シテ服務シ得ル如ク常時ヨリ指導スルヲ要ス

7、労務者ノ積極防空對策

防空ノ為警備、警護等就中満人一般労務者指導ノ為優秀ナル満人従業員ヲ教育シ置キ積極的ニ各方面ニ活用スルノ著意緊要ナリ

四、労務者ニ對スル災害防止對策

1、重要警護物件ノ災害防止對策

重要物件ニ對スル掩護ノ處置ヲ周到ニ實施シ災害ヲ防止シ又災害ニ當リテハ之ヲ局限スルト共ニ労務者ノ被害ヲ減少スル如ク努ムルヲ要ス

2、火災防止對策

火災ニ對シ迅速ニ之ヲ消火スル如ク消防班ノ編成及之カ訓練ヲ實施シ統制アル行動ヲ行ヒ得ルヲ要ス、消防器材ハ單ニ自動車「ポンプ」ニ依存スレコトナク自体ニ於テ創意工夫シ設置スルヲ要ス

3、其ノ他瓦斯爆発、同中毒、運輸、技術、死傷等ノ事故防止ニ關シテハ現定ヲ設ケテ之カ對策ヲ指導奨勵シ災害ヲ未然ニ防止スルノ著意ヲ緊要トス

伪满洲国劳务警察关系法规一览表（时间不详）

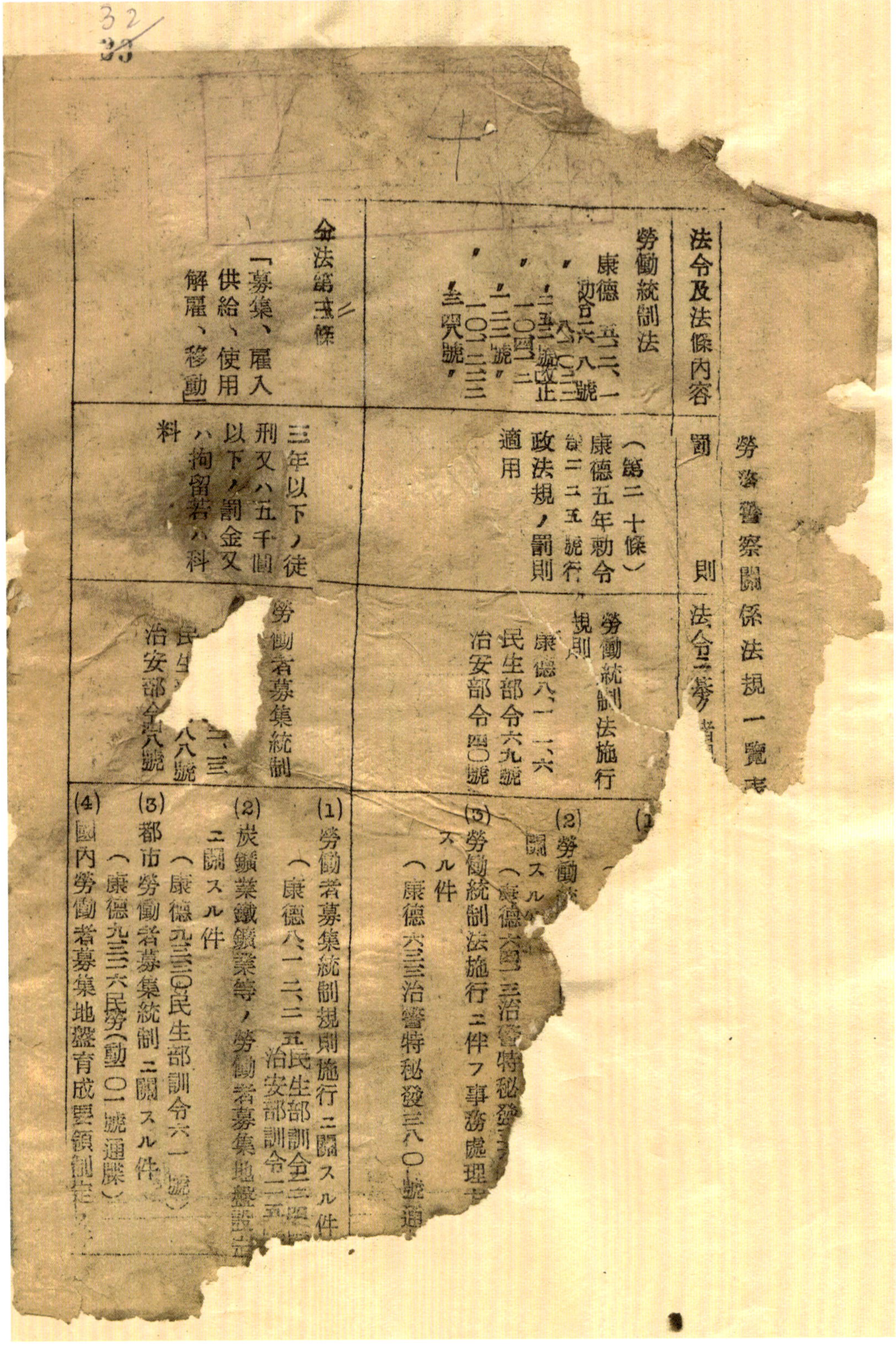

32
33

勞務警察關係法規一覽表

法令及法條內容	勞働統制法 康德五、二、一 勅令六八號 〃 八、一〇、三 二三二號改正 〃 一〇、四、二 一二三號 〃 一〇、三、三 三四八號	全法第二條 「募集、雇入、供給、使用、解雇、移動」
罰則	（第二十條） 康德五年勅令第二二五號行政法規ノ罰則適用	三年以下ノ徒刑又ハ五千圓以下ノ罰金又ハ拘留若ハ科料
法令ニ參考	勞働統制法施行規則 康德八、一一、六 民生部令六九號 治安部令四〇號	勞働者募集統制[illegible] [illegible]二、三 民生[illegible]八八號 治安部令六八號

(1) [illegible]

(2) 勞働[illegible]關スル[illegible]（康德六、四、一三治警特秘發[illegible]）

(3) 勞働統制法施行ニ伴フ事務處理[illegible]スル件（康德六、三、三治警特秘發三八〇號通牒）

(1) 勞働者募集統制規則施行ニ關スル件（康德八、一二、二五民生部訓令二四號 治安部訓令一二五號）

(2) 炭鑛業鐵鑛業等ノ勞働者募集地盤設定ニ關スル件（康德九、三、三〇民生部訓令六一號）

(3) 都市勞働者募集統制ニ關スル件（康德九、三、二六民勞(動)〇一號通牒）

(4) 國內勞働者募集地盤育成要領制定[illegible]

（康德一〇、四、二七民生部訓令一三三號）
(5)勞働者募集地竝ニ就勞地間ノ連絡適[illegible]方ニ關スル件
（康德七、五、三民生部訓令四〇號）

令法第三條
「對價條件」

仝

34

金法第四條

「保護、勞務管理」

仝 右

土 保

(7) 農業勞働賃金臨時措置規則第三條ノ賃金ノ上限

（民生部指令各省佈告）

[illegible]働賃金臨時措[illegible]スル件

仝法第十二條「勞働市場」	仝法第十一條「供給業許可」	仝法第十條「統制規程ノ變更廢止」	仝法第九條「統制規程」	
仝	六月以下ノ懲役刑五百圓以下ノ罰金又ハ拘留若ハ科料		（第九條第一項）五千圓以下ノ罰金又ハ拘留若ハ科料	以下ノ罰金又ハ拘留若ハ科料

右ノ規則

勞働統制法施行

康德八、一一、一六
民生部令六九號
治安部令四二號

康德一二、一、一七
民生部勞務部令三

(4) (5) (6)

(五) 勞働市場ノ運營ニ關スル件
（康德九、一一、四民生部訓令勞働〇四號ニノ）

36

仝法第十三條

「外國勞働者」

仝

右

(1) [illegible]勞働者取扱人指定ノ件（[illegible]一〇七號）

(2) [illegible]導及保護[illegible]（康德[illegible]）

(3) 中支勞務者取扱要領（[illegible]訓令[illegible]四三號）

(4) 出[illegible]（民[illegible]會決）

(5) 出國[illegible]正ニ關スル件（康德一〇、五、三[illegible]）秘發六四號通牒）

(6) 歸還勞働者保護要領竝ニ同施行細則（民國三〇、華勞訓令勞字一四四號）

(7) 省行勞働者募集取締要領（康德八、三滿華蒙勞務連絡會議決定）

(8) 國外勞働者就勞所得剩餘金ノ家族送金竝持歸金取扱要領（康德九、五 民生部、經濟部通牒）

(9) 國外勞働者就勞所得剩餘金ノ家族送金竝ニ持歸金豫定手續及取扱實施要領（康德九、五 民生部勞務司決定）

(10) 華北勞務者ノ賃銀竝ニ募集費ニ對スル補助金交附ヲ受ケ得ベキ事業体ノ指定ニ關スル件（康德一三、一、七民生部佈告三號）

(11) 入滿勞働者ノ家郷ヘ通信連絡方ニ關スル件（[illegible]）

37

			(4)朝鮮ヨリ本邦内ニ……締方ニ關スル件（康德四、八、二四治……
同法第十四條「報告、臨檢」 同法第十五條「權限、委任」	（第十四條第一項）六月以下ノ徒刑五百圓以下ノ罰金又ハ拘留若ハ科料	勞務者生計調査規則 康德八、八、一民生部令八〇號（康德九、三、二〇民生部令一八號改正） 賃金指數資料調査規程 康德八、六、一九民生部令三四號（康德九、一二、一民生部令一一號改正）	(1)勞務者生計調査…… 常……（…… (2)產業分……業分類……（康德一二、三、一六國務院訓令八三……
國民手帳法 康德一〇、二、一勅令三九號（康德一二、三、一勅令第六八號改正）	（第十八條）一年以下ノ徒刑又ハ千圓以下ノ罰金 （第十九條）五百圓以下ノ罰金又ハ拘留若ハ科料	國民手帳法施行規則 康德一〇、三、二八院令六六號（康德一二、三、三一國民勤勞部令第一號改正）	(1)國民手帳事務辦理規程（康德一二、三、三一國民勤勞部訓令一〇號）

38

職能登錄令 康德六、九、二三勅令二三二號	國民勤勞奉公法 康德九、一一、一八勅令二一八號 康德一一、三、一三勅令三三號改正
（國務院佈告八號前文） 六月以下ノ徒刑又ハ五百圓以下ノ罰金又ハ拘留若ハ科料	（第二十條第一項） 二年以下ノ徒刑又ハ二千圓以下ノ罰金 （第二十條第三項） 三年以下ノ徒刑又ハ三千圓以下ノ罰金 （同法施行規則）
職能登錄令施行規則 康德六、一〇、二院令四二號 康德六、一一、一院令五號改正 康德八、七、院令二一號改正 康德八、六、一號改正院 康德五、九、一〇院令三五號改正 康德一〇、四院令一五號改正	國民勤勞奉公法施行規則 康德一〇、二、二六民生部令四號 康德一一、三、八國民勤勞部令第四號、軍事部令第十一號改正
(1) 職能登錄事務辦理規程（康德六、一〇、二國務院訓令一二五號） (2) 職能登錄臨檢規程（康德六、一二、一七國務院訓令四六…） (3) 職…（康…國…） (4) 勞務者指紋事務處理規程（康德八、三、一七治安部民生部訓令（警）三一九…） (5) 勞働者指紋原紙作成心得（康德九、二、五治安部民生部訓令（警）三一四號）	

39

學校卒業者ノ使用制限ニ關スル件
康德五、一二、二六 勅令三四〇號
康德一〇、四、一 勅令九五號

第五條乃至第七條適用

百圓以下ノ罰金又ハ拘留若ハ科料

國民勤勞奉公隊編成令
康德九、一一、八 勅令二一九號

學校卒業者ノ使用制限ニ關スル件施行ニ關スル件
康德六、四、二八 産業部令一一號
〃 六、六 〃 二〇號改正
康德七、六 經濟部令一九號改正
〃 八、五 〃 二、六號改正
〃 八、六 〃 號改正
〃 三、二 〃 號改正
〃 九、四 〃 一、六號改正

(1) 空襲ニ因リ受傷又ハ死亡シタル國民勤勞奉公隊職員及隊員ニ對スル災害扶助扱ニ關スル件
（康德一一、一二、一七 民生部訓令四〇八號）

40

學生勤勞奉公令 康德九、一二、二三 勅令二七七號 康德一一、一二、一九 勅令三七六號 改正		學生勤勞奉公令施行規則 康德一〇、六、九 民生部令三六號 文教部令八號 康德一一、一二、一九 文教部令二六號 民生部令一〇號 改正 學生勤勞奉公從事者扶助規則 康德一一、六、一 國務院令三號 文教部令二六號
勤勞表彰令 康德一〇、一〇、二 勅令二七四號		勤勞表彰令施行規則 康德一〇、一〇、一一 院令五九號
國家總動員法 康德五、二、二六 勅令一九號 康德六、九、 勅令二三一號 改正	第三十二條乃至第三十六條適用	

(1) 學校勤勞奉仕ノ運營ニ關スル件
（康德一一、三、一 文教部訓令五〇號）

41

技能者雇入制限及移動防止法
康德九、六、二九
勅令一四五號
康德一〇、四
勅令九六號

第八條乃至第十四條適用

鑛工業技能者養成令
康德八、三、三一
勅令一一四號
康德一〇、四、一
勅令一一八號改正

滿洲鑛工技術員協會法
康德八、二、一七
勅令三三號

勞務興國會法
康德八、一〇、二二
勅令二五三號
康德一〇、一二、二三
勅令三四八號

技能者雇入制限及移動防止法施行規則
康德九、七、一
民生部令三八號
經濟部令三七號

鑛工業技能者養成令施行規則
康德八、四、二
經濟部令一二號
民生部令一〇號

滿洲勞務興國會ノ會員指定ノ件
康德八、一一、一七
民生部令八六號
康德九、一二、
三五號

(1) 滿洲勞務興國會ノ監督ニ關スル件
（康德九、二、一三 民生部訓令）

42

爲替管理法
康德一二、一三〇 勅令一四一號
康德六、七 勅令一八四號
行政法規ノ罰則適用ニ關スル件
康德五、九、一五 勅令三三五號

其他參考法規

爲替管理命令ノ件
康德四、[illegible] 經濟部令二三[illegible]號
康德八、四 〃 一〇號

工場取締規則
康德四、一二、一 治安部令四九號
鑛業警察規則
康德一〇、三、六 經濟部令六號
國有林伐採並ニ警備規程
康德五、九、一
治安部訓令七七號
産業部訓令五七七號
民生部訓令五四號
治安部訓令二一七號
興農部訓令一九七號改正
民生部訓令五七七號
治安部訓令三五號
興農部 〃 三五號改正
民生部 〃 一六五號

重要工場事業場空襲時勤勞對策

一、方針

重要工場事業場空襲時ニ於ケル生産[illegible]職場即戰場ノ精神ヲ徹底シ且勤[illegible]スルト共ニ生産又ハ事業繼續[illegible]當作業ニ緊要ナル[illegible]策ヲ講ジ以テ戰力增強上絕對不可欠ナル重要生産及ビ事業遂行ノ完璧ヲ期セントス

二、要領

(一) 基本對策

1. 事業一家体制ノ確立

イ 新勤勞觀ノ把握並ニ徹底的遵守

工場、事業場勤勞者ハ凡テ既往錯誤セル賃銀代價トシテ勞力提供者ニ非ズシテ苦力ニ非ズ非常時局下個人及一家ヲ犧牲ニシテ戰力增強ニ挺身セル國民總動員ノ建設及產業面戰士タ

125

ル根諦ニ新勤勞觀ヲ確立シ之ニ[illegible]シテ凡テノ[illegible]
要ス

ロ勤勞管理ノ眞諦

勤勞管理ノ眞諦ハ新勤勞觀ヲ[illegible]テ[illegible]ト[illegible]ノ
レタル事業場主以下勤勞者[illegible]ノ強固ナル團結ニアリ、親分
子分ノ關係ヲ更ニ徹底セシムル事業一家ノ完成ニアリ、新勤
勞觀ノ下凡有創意工夫ヲ講ジ勤勞者ノ實態ニ卽應セル勤勞管
理ノ刷新ニ萬全ヲ期スヲ要ス

ハ勤勞者ノ把握

職場各級幹部ハ常時職場及ビ社宅住居等ニ進出シ公私面ニ於
テ現地卽應ノ指導援護融和措置ヲ講ズルト共ニ國民手帳法ノ
施行ヲ徹底シ在籍ヲ確保スルノ處置ヲ講ズルノ他勤勞者各自
ノ身分殊ニ職種、住所、原籍地、家族ノ狀況、家族別居ノ場
合ハ家族ノ住所等ヲ明確ニ登錄整理シ之ヲ把握シネクモノトス

ニ特殊指導班（假稱）ノ編成

平時及空襲時ヲ通ジ各種情報ノ蒐集並ニ宣撫及ビ補導ニ任ジ得ルガ如キ特殊指導班ヲ日満系[illegible]一面勤勞者自興運動ノ推進力[illegible]共ニ[illegible]衞隊的存在タラシムル如クス

２．防空活動指導要點

イ 勤勞者ニ對スル防空思想ノ普及

爆撃ニ依ル人員死傷ノ被害ハ最少限度ニ止ムル如ク指導措置シ秩序統制アリ、迅速果斷ナル團体行動ヲトル事ニ依リ被害ハ更ニ僅少ニ防止シ得ル事實ヲ信知徹底セシメ對空襲ノ不安盲信ヲ一掃セシム

ロ 自体防護要員及非常要員（以下要員ト稱ス）ハ極力少數ノ日満系優秀者ヲ以テ充テ卒先職場ヲ死守セシムル如ク指導サス

117

ハ一般勤勞者ノ原則トシテ集團[illegible]
職場ノ隊組織ヲ確立若シクハ[illegible]
凡テ軍隊式行動ヲトリ得ル如[illegible]
ニ家族ノ安定待避ニ關シテハ[illegible]旗[illegible]協議[illegible]極的
ニ善處スルモノトス

ホ安全工作及施設ノ增强

イ空襲時要員ニシテ工場事業場ニ殘留ス可キ極限要員ニ對シ
構内又ハ構外隣接地ノ地形ニ應ジ可及的耐彈力强度ナル安
全待避壕ヲ早急整備スルモノトス

ロ集團待避個所ハ事業場ヨリ相當離レタル距離ニシテ可及的
附近郊 ノ緑地地帶又ハ其ノ他ノ安全地帶ヲ選定シ全員ヲ
收容シ得ル如ク待避壕ヲ整備シオクモノトス

ハ救護施設及ビ資材ヲ極力增强スルト共ニ救急處置ヲ講ジ得
ル如キ衛生員ヲ早急確保シオクモノトス

ニ空襲對策トシテノ配給機構及ビ其ノ配給要領ハ非[illegible]
資ノ確保社宅ノ移轉緊急炊出シ及ビ[illegible]
行計畫ヲ樹立シ勤勞者ニ明示シ[illegible]トス尚隣接[illegible]ニ[illegible]
ニ連絡シ補給ノ道ヲ講シ得ル[illegible]臨機措置ヲ計畫シ置クモノ
トス）

ホ 宿舍、社宅ノ防護ニ關シテハ一般防護計畫ニ依ルノ他殊ニ勤
務者相互間最モ信望厚キ者ヲ選定シテ其ノ要員ニ充テ集團待
避者ヲシテ後顧ノ憂ナカラシムル如クス

ヘ 各家庭重要物資ノ離散、燒失ヲ防止スルタメ之ガ地下埋藏ノ
特殊壕ヲ構築ス

ト 勤勞者ニ對シテハ可及的時局人体保險ニ全員加入セシメ保險
料ハ事業体ノ負擔トス
保險金額ハ左ノ標準ニ依ルモノトス
獨身者　一、〇〇〇圓
有家族者　三、〇〇〇圓

119

但シ勤勞者ニシテ右標準ヲ超エテ保險加入ヲ希望スルトキ超過額ニ對スル保險料ハ事業主ノ負擔トスルモノトス

チ 適宜待選訓練ヲ實施シ置クモノトス

ム 勤勞者機動配置計畫樹立

イ 空襲ニ備ヘ勤勞者ノ機動的配置ノ万全ヲ期スル爲事業体自体ニ於テ豫メ勤勞者ノ機動的配置計畫ヲ樹立シ置クモノトス
之ガ爲メ事務系勤務者ニシテ豫メ技術若シクハ作業面ニ代替シ得ル如ク錬成シ置クモノトス

ロ 市内工場事業場間ニ於テ緊急時勤勞者ノ相互機動的應援協力ヲ爲シ得ル如ク勤勞者配置隣組ヲ計畫シ置クモノトス

緊急對策

1 空襲時ニ於ケル行動要領

イ 各級幹部ハ冷靜克ク狀況ヲ判斷シ機宜ノ處置ヲ講ズベシ

ロ原則トシテ警戒警報發令ト共ニ要員ヲ除キ一般勤勞者ハ集[illegible]

待避セシム但シ市内有家族者ハ直ナニ歸宅セシ[illegible]

待避セシム

ハ集團待避ニ際シテハ指揮者ハ[illegible]ニ沈着果斷ノ處置ヲ講ズルト

共ニ統制ヲ[illegible]ニシ待避中途或ハ後ニ於テ動搖離散又ハ逃亡セ

シムル事ナキ樣特段ノ配慮ヲナスモノトス

ニ特殊指導班ハ其ノ重要使命ニ鑑ミ空襲下ト雖モ必要ニ應ジ所

要ノ任務達成ニ挺身敢鬪スルモノトス

ホ要員ハ勿論ノコト一般待避者等ニツイテモ死傷者ヲ出セル場

合ハ可及的速カニ万全ノ策ヲ講ジ丁重ナル處置ヲ講ズルモノ

トス

2空襲直後ニ於ケル行動要領

イ警戒警報解除ト共ニ集團待避者ハ待避時ト同樣ノ要領ヲ以テ

速カニ事業場ニ復歸セシム

121

ロ罹災者ニ對シテハ事業場首腦部陣頭ニ起チ炊出住居、[illegible]
恤物資ノ特配等ヲ[illegible]意ヲ以テ遲滯ナ[illegible]
ハ死者ハ概ネ殉職トシテ取扱ヒ特ニ鄭重ナル處遇ヲ講ズルト共
ニ援護輔導等ニ關シテハ遲滯ナク凡有措置ヲ講ジ家族ノ不安
除去民心安定ニ資スルモノトス
ニ傷者ニツイテモ前項ニ準ジ鄭重ヲ期スルモノトス
ホ空襲下ノ行動ニ於ケル功勞者ニ對シテハ即日賞狀金錢、賞品
拔擢等ニ依ル卽賞ヲ實施シ尙功績拔群ナル者ニ對シテハ勤勞
有功章勳章等ノ下附拜授等ニ付キ所要ノ申請ヲナスモノトス
尙惡質又ハ不良勤勞者ニ對シテハ假借ナク官憲ニ連絡シ國家
保安法又ハ時局特別刑法ニ依リ嚴重處分ス
ヘ關係市縣旗トノ連絡
勤勞者出身市縣旗長ニ對シ勤勞者ノ安否行動及ビ逃亡者等ノ
狀況ヲ速刻報告スルモノトス

ト特殊指導班ハ常時職場及社宅ヲ巡歴シ揺言不安、止等ノ指導宣撫ニ努ムルト共ニ種々生活相談ニ應
者ノ安定精勵ニ資スルモノトス

3空襲後ノ勤勞對策

イ空襲後一定期間（概ネ一〇日間）ハ賃銀ノ特別加給（五割増程度）及ビ物資ノ特配等ニツキ特別ノ措置ヲ講ジ出勤奬勵ニ資スルモノトス

ロ事業繼續又ハ復舊作業ノ爲メ時ニ勤勞者ノ臨時應援ヲ必要トスル時ハ勤勞者ノ職種別員數期間等ヲ遲滯ナク地盤若シクハ最寄市縣旗ニ連絡シ應援協力ヲ得ルモノトス

ハ離散者ノ復歸工作ニ關シテハ關係市縣旗ト連絡ヲ密ニシ凡有措置ヲ講ズルモノトス

三、措置

〔一〕工場事業場責任者ハ本要領ニ基キ早急現地即應ノ細部實行計畫ヲ

123

……勤劳部又ハ關係省市縣旗
行計畫ニ基キ實施狀況ヲ現地

電信
洲拓
洲映畫協會
満洲國通信社
満洲火藥工業株式會社
奉天造兵廠
満洲國赤十字社
満洲工鑛技術員協會
開拓保健團
満洲圖書株式會社
満洲棉花株式會社
満洲林産公社
満洲鹽業株式會社
開拓義勇奉公隊本部

合
中央
満洲工
満洲[illegible]業
満洲鑛[illegible]開發
満洲計器
満洲生命
満洲輕金屬
興業銀行
合成燃料會社
鴨緑江水力電氣

ヘルモノト
満洲自動車
吉林人造石油
日満商事
生活必需品會社
商工金融合作社
満洲投資證券
興農金庫
満洲製鐵
纖維公社
土建公會
満洲航空

125

監達株式會社ニ依[illegible]
會社其ノ滿洲新聞協會ト共[illegible]
ヲ締結シ八陸軍[illegible]協會[illegible]ト
[illegible]人　紙業統制協會　[illegible]生物協
滿洲法人電話鐵鋼協議會
滿[illegible]鮮殖報社　[illegible]産
滿洲レミヤ社　寫
濱江日報社
事業統制組合
（地方事業統制組合、地區事業統制組合及
事業統制組合聯合會ヲ含ム）
滿洲海運株式會社
滿洲鐵鋼工務株式會社
鶴岡炭礦株式會社
阜新炭礦株式會社
西安炭礦株式會社
北票炭礦株式會社
滿洲石綿株式會社

[illegible]洲興農産業株[illegible]
[illegible]洲毛皮革株式會社
[illegible]洲マグネシウム株式會社
安東輕金屬株式會社
滿洲日報社
糧棧組合
農産物零賣業組合
滿洲石綿株式會社
社團法人滿洲石炭協議會
滿洲人造石油株式會社
滿洲特殊製紙株式會社

126

左ニ揭グル法人其ノ他ノ[illegible]

奉天交通株式會社　滿[illegible]

滿洲曹達株式會社　滿[illegible]

株式會社滿洲證券取引所　滿洲[illegible]產

滿洲瓦斯株式會社　開拓[illegible]機製造

滿洲鑛山株式會社　事[illegible]電氣[illegible]

東滿洲鐵道株式會社　[illegible]滿洲[illegible]協[illegible]式會社

滿洲鉛山株式會社　滿[illegible]工業株式會社

財團法人滿洲帝國教育會　株[式會]社大興公司

財團法人滿洲軍人後援會　新京交通株式會社

吉林鐵道株式會社　密山炭礦株式會社

財團法人蒙民厚生會　勞務興國會

株式會社滿洲石炭液化研究所　札賚炭礦株式會社

協和鐵山株式會社　溪城炭礦株式會社

哈爾濱交通株式會社　康德新聞社

琿春炭礦株式會社　滿洲電線株式會社

財團法人蒙民裕生會　滿洲葉煙草株式會社

126-1

國民勤勞部大臣[illegible]勤員[illegible]
之ヲ受入ルベキ義務ヲ負フモ[illegible]
2.勤勞部大臣ハ會[illegible]團體[illegible]
ニツキ其ノ定ムル標準ニ基ク員數ヲ定[illegible]
社團體ニ對シ之ニ應ジ[illegible]勤員數ヲ示[illegible]
ベキ義務ヲ負[illegible]係セシムル場合ニ[illegible]トス
前項ノ標準ハ勤勞[illegible]一日ヲ要ヲ[illegible]員
ノ性質ニ依リ[illegible]ヲ得[illegible]得
ルモノトス
3.國民勤勞部大臣ハ勤員事務要員ヲ[illegible]
有ノ事務職員ノ一定員數ヲ當該事業
ベキコトヲ命ズルコトヲ得ルモノト
4.勤員事務員ノ年齡ハ數年三十六才以下
ベ 民 格者中ヨリ會社團體ニ於テ之ヲ選
其 ニ從